U0511563

国家社科基金后期资助项目
出版说明

　　后期资助项目是国家社科基金设立的一类重要项目,旨在鼓励广大社科研究者潜心治学,支持基础研究多出优秀成果。它是经过严格评审,从接近完成的科研成果中遴选立项的。为扩大后期资助项目的影响,更好地推动学术发展,促进成果转化,全国哲学社会科学工作办公室按照"统一设计、统一标识、统一版式、形成系列"的总体要求,组织出版国家社科基金后期资助项目成果。

全国哲学社会科学工作办公室

国家社科基金
后期资助项目
GUOJIA SHEKE JIJIN HOUQI ZIZHU XIANGMU

中国家庭
微观调查数据的实证研究

基于金融素养的视角

吴锟 著

上海三联书店

序　言

改革开放以来,我国经济一直保持较快的速度增长,居民家庭的收入、消费、储蓄和负债都大幅度地增加了。家庭财富管理的背景也在一个比较短的时期内发生了翻天覆地的变化。一方面,居民家庭经济福利达到前所未有的水平,有更多积累储蓄、对财富进行投资的机会;另一方面,人们被期待为他们自己的经济福利承担更多的责任。金融市场监管的放松导致金融机构之间的竞争更加剧烈,大量新的金融工具也随之出现。金融资产的选择行为越来越复杂,而与之形成鲜明对比的是,居民家庭的金融常识缺乏、金融素养水平比较低。因此,居民家庭对金融决策所承担的责任和风险越来越大。2008 年,起源于美国的金融危机的主要原因之一就是居民家庭部门不合理的借贷行为。在此期间,有的居民家庭财富严重缩水,而有的家庭财富不但没有缩水,反而增长了。那么,究竟是什么因素影响了居民家庭的金融行为呢? 本书试图从居民的主观和客观金融素养的视角来研究这个问题。

本书主要得到以下九个方面的结论:

(1) 使用清华大学中国金融研究中心发布的"中国消费金融现状及投资者教育调查"数据和西南财经大学中国家庭金融调查与研究中心发布的"中国家庭金融调查"数据,发现中国居民家庭对如股票等投资产品和房贷等贷款产品比较了解或非常了解的家庭占比不多,绝大多数居民家庭对投资产品和贷款产品不了解,居民家庭的金融素养水平比较低;对利率的计算、通货膨胀的理解以及投资风险的理解答对的家庭占比均比较低,没有一项占比达到 60%,而三个问项都没答对的家庭占比则高达 37.62%。按照人口统计学特征分类考察中国居民家庭的金融素养水平的分布,发现居民家庭的主观和客观金融素养水平与户主的受教育程度正相关,男性的主观和客观金融素养水平高于女性的主观和客观金融素养水平,平均来说,客观金融素养在性别之间的差距小于主观金融素养在性别之间的差距;主观和客观金融素养水平关于年龄均呈递减变化(当然也可能是群体效应);财富较多家庭的主观和客观金融素养水平明显高于财富比较少的家庭。

（2）单独考察主观或客观金融素养的时候，主观和客观金融素养均会显著促进家庭总支出和消费支出，也会显著促进家庭生存型消费支出和发展与享受型消费支出。同时考察主观和客观金融素养的时候，客观金融素养依然会显著促进家庭总支出、总消费支出、生存型消费支出和发展与享受型消费支出；主观金融素养则会显著促进家庭总支出、发展与享受型消费支出，以及提升家庭总消费中发展与享受型消费的占比。其中互联网使用是主观和客观金融素养影响家庭消费支出的可能渠道之一。

（3）单独考察主观或客观金融素养的时候，客观金融素养会显著提高家庭负债的意愿和偏好通过正规金融机构借贷的可能，同时会显著降低家庭发生过度负债的可能；主观金融素养则会显著提高家庭偏好通过正规金融机构借贷的可能和降低家庭发生过度负债的概率。同时考察主观和客观金融素养的时候，主观和客观金融素养的系数均有所变小，但对家庭负债决策的影响方向与显著性和单独考察时是一致的。主观和客观金融素养会通过提高家庭储蓄和提高家庭对自身财务状况的关注从而影响家庭负债意愿、借贷渠道偏好和过度负债发生的可能。主观和客观金融素养对家庭负债决策的影响因收入、教育和居住地区的不同有所差异：主观和客观金融素养会显著提高低收入家庭负债意愿和偏好通过正规渠道借贷的可能，会显著降低高收入家庭发生过度负债的可能；主观和客观金融素养在促进受教育程度较低家庭负债意愿的同时会降低家庭发生过度负债的可能，会显著提升受教育程度较高家庭偏好通过正规渠道借贷的概率；主观金融素养会显著提升东部地区家庭偏好通过正规金融机构借贷的可能和降低东部地区家庭发生过度负债的概率，客观金融素养不仅会促进东部地区家庭负债意愿和偏好通过正规金融机构借贷的可能，而且会同时降低东部地区和非东部地区家庭发生过度负债的可能。

（4）不管是单独考察主观或客观金融素养还是同时考察主观和客观金融素养，主观和客观金融素养均会显著促进家庭使用信用卡以及刷卡消费支出。此外，户主的学历、年龄和性别等均对家庭信用卡使用以及刷卡消费支出有显著的影响。而且，金融素养的提高有助于居民合理有效地使用信用卡。

（5）仅考虑主观金融素养这一维度时，户主的主观金融素养可以显著地提升家庭资产组合有效性；仅考虑客观金融素养这一维度时，户主的客观金融素养可以显著提升家庭资产组合有效性。当同时考虑主观、客观金融素养两个维度时：若构造夏普比率不包括住房资产，户主的主观和客观金融素养均显著提升家庭资产组合有效性;若构造夏普比率包括住房资产,则家庭资产组合有效性主要受主观金融素养的影响。机制分析表明,提高户主的主观和客观金融素养,会通过提高户主的投资能力,进而有效提升家庭资产组合的有效性。异质性分析表明,主观和客观金融素养的提高对东部地区家庭、户主为男性家庭、在婚家庭的资产组合的有效性均有显著的提升作用;而在非东部地区家庭、户主为女性的家庭以及非在婚家庭,户主的主观金融素养对家庭资产组合有效性有显著促进作用,客观金融素养的影响则相对有限。

(6) 仅考虑一个维度的金融素养时,户主的主观和客观金融素养能分别对家庭商业保险参与概率和参与深度产生显著的正向促进作用;当同时控制两个维度的金融素养时,主观和客观金融素养对商业保险的影响变小了,但依然显著为正。机制分析显示,提高户主的主观和客观金融素养,可以有效提高户主对外界的信任程度、扩大家庭的社交网络,进而有效促进家庭参与商业保险。异质性分析表明,在高收入家庭、高受教育水平家庭以及中西部地区家庭中,户主的主观金融素养对家庭商业保险参与的影响不再显著,而客观金融素养在分析的所有类型家庭中的影响均显著为正。

(7) 相对于未接受过金融教育的家庭,接受过金融教育的家庭资产组合的分散化程度更佳、夏普比率更高;更有可能制定理财规划,且制定规划的年限更长;当权益受损时,更懂得寻求帮助。随着社会互动水平的提高,金融教育的优化效果变得更大。主观和客观金融素养的提高是接受金融教育后改善居民金融行为的两个可能渠道。

(8) 理财建议会显著提升家庭部门资产组合的分散化和资产组合单位风险的收益;仅考虑主观或客观金融素养单一维度时,家庭的主观或客观金融素养可以显著提升家庭对理财建议的需求;当同时考虑主观、客观金融素养两个维度时:主观与客观金融素养均会促进家庭对理财建议的需求。资产越多的家庭,对理财建议的需求越强烈;受教育程度越高的家庭越可能咨询专业人员获取理财建议。收入与理财建议需求之间是"驼"形的关系;年龄与理财建议需求之间是"U"形的关系。家庭成员退休后,对理财建议的需求有所增加。

(9) 认知能力的提高有助于居民家庭作出更为理性的投资决策。而且认知能力越高的居民,其金融素养水平也越高。与此同时,家庭财富、户主学历、健康状态、对政治信息的关注程度以及风险态度均会显著正向影响居民金融素养水平。

本书可能的边际贡献主要体现在以下四个方面:

第一,使用清华大学中国金融研究中心"中国消费金融现状及投资者教育调查"2010年和2011年数据以及西南财经大学中国家庭金融调查与研究中心"中国家庭金融调查"2019年数据,分别构建主观金融素养和客观金融素养指标,并根据人口统计学特征,较为系统地考察了中国居民家庭主观和客观金融素养的分布特征。

第二,使用北京大学中国社会科学调查中心"中国家庭追踪调查"2014年数据和2018年数据、清华大学中国金融研究中心"中国城市居民家庭消费金融调研"2012年数据以及西南财经大学中国家庭金融调查与研究中心"中国家庭金融调查"2015年、2017年和2019年数据,分别构造居民家庭的福利效应指标(本书指消费支出)、金融行为指标以及主观和客观金融素养指标,并验证主观和客观金融素养的作用,包括:(1)中国家庭消费支出指标、生存型消费支出指标、发展与享受型消费支出指标、发展与享受型消费占比指标等,验证主观和客观金融素养对家庭消费支出的影响;(2)中国居民家庭负债意愿指标、贷款渠道偏好指标和过度负债指标,验证主观和客观金融素养对中国居民家庭负债决策的影响;(3)中国居民家庭信用卡使用指标和刷卡消费支出指标,验证主观和客观金融素养对中国居民家庭信用卡使用的影响;(4)中国居民家庭投资组合有效性指标,验证主观和客观金融素养水平对居民家庭投资组合有效性的影响;(5)中国居民家庭商业保险参与和保费支出指标,验证主观和客观金融素养水平对居民家庭商业保险购买的影响。

第三,较为系统地考察了金融素养的提升和替代方案:(1)基于国内外相关前沿文献,系统梳理并构建了金融教育提升金融素养的"成本—效益"分析评估框架。在此基础上,对我国当前金融教育改善居民金融行为的现状进行了科学评估,为全面评估我国金融教育的效果提供了经验证据;(2)在考察认知能力对家庭资产组合有效性影响的基础上,系统梳理并实证验证了认知能力对中国居民家庭金融素养的影响,这有助于制定有效的金融素养提升计划;(3)在考察理财建议对家庭理性投资行为和资产组合有效性影响的基础上,探讨了理财建议需求与主观和客观金融素养的关系,这一关系的明确有助于更好地制定通过专业人士帮助居民家庭作出更优金融行为决策的方案。上述工作也将为国内学术界相关研究提供重要借鉴。

第四,在本书诸多章节的实证分析中,考虑到可能存在样本选择偏差和其他内生性问题。为此,选取了两阶段最小二乘法(2SLS)、IV-heckit、倾向得分匹配法(PSM)、IV-probit等系列模型进行内生性处理。其中,使用IV-heckit等模型既有助于克服内生性又能够克服偶然断尾引起的样本选择问题；使用倾向得分匹配方法(PSM)能够克服反事实缺失的问题。为了检验结果的稳健性，尽可能地使用不同数据库的数据多角度加以验证。上述工作实际上是将前沿的计量工具应用于中国问题的分析当中。

目　　录

第一篇
研究背景篇

第二篇
福利效应篇——以消费为例

第三篇
机制一：家庭负债篇

第四篇

机制二：家庭资产配置篇

第五篇
金融素养提升和替代篇

第六篇

政策建议篇

第一篇

研究背景篇

第1章 绪 论

1.1 研究背景和意义

1.1.1 研究背景

自改革开放以来,我国经济一直保持快速稳定增长。国内生产总值由 1978 年的 3 678.7 亿元增长到 2022 年的 1 210 207.2 亿元,人均国内生产总值由 1978 年的不到 400 元增长到 2022 年的 85 698 元,经济总量位居世界第二位。人均消费由 1978 年的 184 元增长到 2022 年的 24 538 元。居民家庭财富总量和负债总额也增长迅速。根据中国人民银行的测算,截至 2023 年 3 月,我国居民家庭存款余额达到 130.23 万亿元(其中活期存款为 38.62 万亿元),负债则达到 77.48 万亿元。国家统计局 2022 年发布的《中国统计年鉴》中指出,总抚养比为 46.44%,其中老年抚养比由 1982 年的 8.0%增加到 2021 年底的 20.82%。而家庭财富管理的背景在一个比较短的时期发生了翻天覆地的变化。一方面,经济福利达到前所未有的水平,居民家庭有更多积累储蓄、对财富进行投资以及在劳动和休闲之间进行权衡的机会。另外一方面,人们被期待为他们自己的经济福利承担更多的责任(尽管企业职工退休金连年上调,但替代率却在持续下降[①])。因此,人们对金融决策承担的责任和风险越来越大。监管部门对金融市场监管的放松导致金融机构之间竞争加剧,一系列金融创新又导致大量新的金融工具出现。

金融产品越来越复杂,综合理解和评估这些存在竞争关系的产品,对消

---

① 清华大学公共管理学院社会政策研究所所长杨燕绥教授在 2014 年 9 月底公布的《中国老龄社会与养老保障发展报告(2013)》指出,目前中国养老金替代率是社会平均工资的 40% 左右。社科院世界社保研究中心发布的《中国养老金发展报告 2012》指出,中国养老金替代率在 2002 年是 72.9%,从那以后下降到 2005 年的 57.7%,再到 2011 年的 50.3%。中央财经大学社保研究中心主任褚福灵教授则认为,2011 年中国企业养老金的替代率仅为 42.9%。信达证券研发中心则认为 2020 我国养老金替代率为 44%。虽然这些结果并不一致,但都远低于 55% 的国际警戒线。

费者的分析能力有非同寻常的要求。因此，居民家庭所需要作出金融决策的复杂性达到前所未有的程度。有证据表明，居民家庭经常会作出违反生命周期储蓄模型的错误的金融决策（如过度负债，负债成本过高，不参与股票市场，投资分散不充分，没有退休计划等）。而合理的金融决策不仅有利于增加居民消费，也有利于保持经济的稳定发展。Haliassos 和 Bertaut(1995)比较早就提出居民不参与股票市场的现象，有的文献也称之为"有限参与之谜"，即为什么大量的家庭并没有持有股票。Guiso 和 Sodini(2012)认为就算是资本市场非常发达的美国，也只有一部分人参与了股票市场，有限参与的现象不仅在美国存在，世界上其他绝大多数国家也都存在这样的现象。西南财经大学中国家庭金融调查与研究中心在 2012 年编写的《中国家庭金融调查报告》显示，在中国居民家庭的金融资产中，股票资产只占15.45%，而中国家庭对股票市场的参与率也仅为 8.84%。另外，Calvet 等(2009a)指出居民家庭在风险资产市场上的投资分散不够充分导致投资效率低下。Lusardi 和 Tufano(2009)发现美国居民家庭存在过度负债的现象。吴卫星等(2013)指出负债的群体间差异可能是造成居民家庭财富分布差距扩大的原因之一。Lusardi 和 Mitchell(2007a)发现美国居民家庭没有为退休准备足够的储蓄，反而积累了过多的负债。

是什么原因导致居民家庭作出有偏的金融决策呢？Campbell(2006)、Calvet 等(2009b)、Lusardi 和 Mitchell(2014)都认为较高的金融素养是人们避免作出错误金融决策的前提。2011 年，美联储前主席伯南克在"美国金融扫盲月"的讲话中指出，金融素养和正确的金融决策是至关重要的，这种重要性不仅体现在家庭的经济福祉上，也体现在整体经济系统的健康稳定上。而大量的文献（如 OECD，2005；Lusardi 和 Mitchell，2007b；Christelis 等，2010；van Rooij 等，2011）研究显示，世界上绝大多数国家的居民家庭金融素养水平非常低，严重影响了居民家庭的金融决策，这种影响不仅体现在家庭资产负债表的资产端，也会体现在负债端。中国人民银行金融消费权益保护局 2013 年开始在全国范围内对消费者金融素养情况进行调查。2013 年的调查结果显示：认为自己的金融知识水平"比较好"或"非常好"的消费者只有 30.5%，而认为自己金融知识水平"一点也不好""不太好"或"一般"的消费者占比则分别为 9.4%、15.7%、44.3%。到 2019年，结果尽管有所好转，但认为自己的金融知识水平"比较好"或"非常好"的消费者也只有 39.13%，而认为自己金融知识水平"一点也不好""不太好"或"一般"的消费者占比则依旧不低，分别达到 6.10%、14.08%、40.69%。我国也有学者研究发现金融素养水平会显著影响居民家庭的金融行为。如尹志超等(2014)研究了金融知识对我国居民家庭资产选择的影响,曾志耕等(2015)研究了金融知识对家庭投资组合分散化的影响。关于金融素养水平对家庭消费、家庭负债(包括信用卡使用)、家庭资产配置的有效性、人身保险需求的影响以及金融素养替代方案的识别还有待进一步研究,特别是关于主观金融素养(感知金融素养)对居民金融决策的影响有待更为细致地探讨。

鉴于客观金融素养主要度量的是居民真实的金融知识水平,是一种认知层面的反映;而主观金融素养除了金融知识外,还进一步度量居民的主观决策行为,反映了居民在金融决策过程中的心理驱动因素。因此,本书将研究金融素养特别是区分主观金融素养和客观金融素养对上述经济金融行为的影响以及对金融素养的提升和替代方案的识别,是对已有研究的一个很好的补充。

另外,党的十七大报告中第一次提出"创造条件让更多群众拥有财产性收入"之后,党的十八大报告再次强调要"多渠道增加居民财产性收入"。增加财产性收入的目标是为了提高居民家庭的生活水平。生活水平是否能提高,提高的程度如何很大程度上取决于居民家庭自身的金融行为。为了提高居民作出合理金融决策的能力,中国人民银行从 2013 年开始,将每年 9月定为全国性的"金融知识普及月"以提高消费者的金融素养水平。因此,在大力推广普惠金融教育的今天,从金融素养的视角研究其对中国居民家庭经济金融行为的影响,显得更加重要和迫切。

1.1.2 研究意义

居民家庭的金融行为是直接关系到居民家庭自身福祉的核心业务。本书从金融素养的视角研究居民家庭的经济金融行为,一方面可以了解我国居民家庭金融素养的分布情况,为不同的消费者提供有针对性的普惠金融教育;另一方面有利于了解金融素养对居民家庭经济金融行为的影响,为提高居民家庭的福祉、促使金融市场健康稳定的发展和完善传统的投资组合理论提供依据。因此,研究影响居民家庭经济金融行为的因素有着非常重要的现实意义,具体表现为:

(1)理论方面。关于消费和储蓄行为的生命周期模型一直以来都是描述居民家庭金融行为最主要的出发点。这些模型最初强调的是居民家庭在工作期间为退休后的生活积累财富(Modigliani 和 Brumberg,1954;Friedman,1957)。后来生命周期模型通过包含不确定性、流动性约束和遗产动机等,使得模型更加符合现实。然而,一个最基本的假定并没有得到解决,即消费者被假定是理性的,能够收集和处理所有相关的信息,从而最大化他们一生的效用。心理学家质疑这些假定的有效性,因为他们认为消费者行为是有偏差的。现实与理论之间也确实存在比较大的差距。另外,以往的理论模型都认为家庭负债对于资产价格和宏观经济的影响比较小。然而,2007 年美国发生的次贷危机对传统理论提出了很大的挑战,因为这次金融危机最主要的原因之一就是美国居民家庭的次级抵押贷款。从金融素养的视角研究居民家庭经济金融行为可以为修正理论模型奠定良好的基础,为进一步改进和拓展模型提供实证依据。

(2) 实践方面。当前,家庭金融总量的规模已经发展到可以和公司金融相比甚至很多指标都已经超过公司金融的程度。但相比较于公司的金融决策,家庭的金融决策有他本身的特点,如计划期限更长,有不可交易资产和非流动性资产,面临更多的借贷约束,因此决策的难度有过之而无不及。Bernanke(2010)指出,帮助人们更好地理解如何作出明智的储蓄和借贷决策以及如何积累个人财富是决策者帮助居民家庭提高福利的最好的政策之一。世界上一些主要国家已经开始把家庭金融领域的研究作为制定政策的重要依据(高明和刘玉珍,2013)。对居民家庭经济金融行为的研究有利于引导居民家庭进行合理的资产配置。特别是从金融素养的视角研究这一问题,为普惠金融教育等提升消费者金融素养的政策提供实证和理论证据。

1.2 关键概念的界定

1.2.1 家庭金融行为

行为是指人在主观因素和客观因素影响下而产生的外部活动,是一个整体的行动过程。广义上讲,金融行为是指对资金的管理行为,涉及如何运作好资金和从何处得到资金等。按照主体的不同,金融行为可分为企业金融行为和家庭金融行为。具体到企业,企业金融行为是指企业对长期投资、长期筹资和营运资金投资与筹资活动的管理行为。家庭金融行为是指任何与家庭金融管理有关的人类行为(Xiao,2008),具体可以包括开支行为、收入行为、存储行为、借贷行为和保护行为等。李心丹等(2011)指出,家庭金融研究包括投资决策和消费决策。

根据研究需要的不同,有效行为变量的细节不同。例如家庭储蓄的目标可以不同(应对突发事件储蓄、为子女教育储蓄和为养老储蓄等)、情景不同(经济条件好和不好)、频率不同(定期和偶尔)。金融行为的测量方法很多,如类别、有无、程度和频率等。以负债为例,有关行为变量可以包括:是否有负债、有什么类型的负债、负债程度如何(实际的负债余额和是否过度负债)等。Dew 和 Xiao(2011)开发了一个家庭金融行为的量表,这个量表包括四个方面的家庭金融行为:借贷管理、现金管理、保险管理以及储蓄和投资等。有些发达资本主义国家对本国居民家庭金融行为进行了广泛的研究,取得了不少成果。我国在这方面的研究正在蓬勃展开,基于已有研究和家庭微观数据的可得性,本书主要研究的家庭金融行为包括家庭消费支出、家庭负债行为、家庭投资组合有效性、家庭人身保险需求以及金融素养的提升和替代方案等方面。

1.2.2 金融素养

素养是一个重要但非常复杂的概念,指一个人的修养。从广义上讲,素养包括道德品质、外表形象、知识水平与能力等各个方面。随着人类社会的进步,人的素养扩展为包括:思想政治素养、文化素养、业务素养和身心素养等各个方面。美国教育技术 CEO 论坛 2001 年第 4 季度报告提出 21 世纪的能力素质,包括基本学习技能(指读、写、算)、信息素养、创新思维能力、人际交往与合作精神、实践能力。《辞海》中素养有三个方面的定义,其中之一就是完成某种活动所必须的基本条件。总之,素养不仅包括理解(已经掌握了文字、符号和运算的能力),也包括对这些知识的使用(如读、写、计算的能力)。

素养的概念已经被拓展到一些特殊领域,例如:计算机素养(Wecker等,2007)、统计素养(Callingham 和 Watson, 2005)、健康素养(Baker,2006)和金融素养(Huston, 2010)等等。1989 年,美国图书馆学会(American Library Association, ALA)对信息素养(Information Literacy)作出过一个简单的定义:能够判断什么时候需要信息,并且懂得如何去获取信息,如何去评价和有效利用所需的信息。教育测试服务中心(The Educational Testing Service,缩写 ETS)定义了四种素养:散文素养、文件读写素养、定量识字素养和健康素养。ETS 提供了两种成人的素养测试。每一种素养的测试都是旨在了解个人能够多大程度地了解和使用信息。例如,健康素养的度量就是个人通过相关的五种活动,如健康提升、健康保护、疾病预防、医疗保养和系统导航来了解和使用与健康相关的信息。

金融素养是一个广泛的概念，相关研究围绕着分析金融素养的结果、评估不同群体的金融素养水平、影响金融素养的因素以及金融教育对提高金融素养的效果等方面展开。1787 年，美国金融素养之父约翰·亚当斯(John Adams)最早承认金融素养的重要性，并坚持认为迫切需要有关货币本质的基本知识。然而，直到 20 世纪 90 年代，这个主题才在研究中获得更多关注。最早的关于这个话题的研究是在中学生和大学生中进行的(Bakken，1967；Danes 和 Hira，1987)，他们发现在资金管理的特定领域需要教育。当金融素养最初被构思时，它被定义为金融能力(Kempson 等，2006)。1992 年，美国国家教育研究基金会将金融素养视为资金管理方面的决策能力(Noctor 等，1992)。这是迄今为止最早使用的术语——"金融素养"的含义。这个定义进一步扩展到金融能力，根据这个定义，一个有金融能力的人对信用、债务、预算、保险和其他的金融方面都应该有较好的了解。积极的金融行为被认为是金融素养的目的(Santini 等，2019)，这种行为也受到许多未探索的因素的影响(Riitsalu 和 Pōder，2016)。

Lusardi 和 Mitchell(2014)开发的生命周期模型表明，接受金融教育的人比没有接受教育的人表现得更好。为了理解金融行为的驱动因素，研究人员使用了不同的行为理论。计划行为理论(TPB)(Ajzen，1991)，消费者社会化理论(TCS)(Moschis，1987)和社会学习理论(SLT)(Bandura，1986)是文献中应用最广泛的理论。根据计划行为理论，对行为的态度、主观规范和感知的行为控制可能会影响意图和行为。消费者社会化理论指出，家庭成员可以在家庭文化和规范的范围内充当社会化代理人。关于家庭金融社会化对青少年金融素养的影响，已有大量的实证研究(Danes，1994)。社会学习理论认为年轻人的社会交往会影响他们的金融态度和金融知识。金融素养被认为是一个不仅局限于社会福利，而且对金融体系和实体经济也有重要影响的因素。

到目前为止，有很多关于金融素养的定义(具体的见表 1.1)。尽管它们并不完全统一，但都基本包括对金融知识的理解或运用的能力或两者兼具。纵观对金融素养的定义，本书倾向接受 OECD INFE(2011)提出来的概念，即金融素养是指作出合理金融决策和最终实现个人金融福利的意识、知识、技术、态度和行为的有机结合。在这个定义中，他们把知识当成是理解个人金融问题的能力，技术则是在日常生活中应用金融知识的能力，而意识、态度和行为涉及有作出合理金融决策的信心。

表 1.1 金融素养的定义

定 义	来 源
1. 金融素养是资金使用和管理的能力,这种能力能使居民家庭作出明智的判断和有效的决策。	Noctor 等(1992)
2. 金融素养是个人能够对会影响其金融福利的金融条件进行阅读、分析、管理和交流的能力。它包括对金融决策的选择、货币和金融议题的探讨、对未来的规划等。	Vitt 等(2000)
3. 金融素养是人们适应现代生活所需要的基本知识。	Kim(2001)
4. 金融知识是指在美国日常生活中需要理解的关键金融术语和概念。	Bowen(2002)
5. 消费者素养定义为自我评估的金融知识或客观金融知识。	Courchane 和 Zorn(2005)
6. 金融素养是指解释、沟通、计算和发展独立判断的能力,以及为了在我们复杂的金融世界中茁壮成长而从这些过程中采取的行动。	Danes 和 Haberman(2007)
7. 金融素养是指使用知识和技术有效管理个人金融资源、确保一生财务安全的能力。	Jumptart Coalition 2007
8. 金融素养是指使用知识和技术有效管理金融资源、提升自身金融福利的能力。	U. S. Financial Literacy and Education Commission(2007)
9. 金融素养是指居民理解金融概念和使用金融概念的能力。	Servon 和 Kaestner(2008)
10. 金融素养是衡量一个人理解关键金融概念(知识)的程度,以及在考虑生活事件和不断变化的经济状况的情况下通过适当的短期决策和健全的长期理财计划来管理个人理财的能力和信心。	Remund(2010)
11. 金融素养是指作出合理金融决策和最终实现个人金融福利的意识、知识、技术、态度和行为的有机结合。	OECD INFE(2011)
12. 金融素养是人们处理经济信息的能力,以及对金融规划、财富积累、养老金和债务作出明智决策的能力。	Lusardi 和 Mitchell(2014)
13. 债务素养是能够对债务合同作出简单决策的能力,具体是指居民在日常生活中能够应用复利等基本知识。	Lusardi 和 Tufano(2015)
14. 风险素养是居民家庭对一系列风险问题的理解。	Lusardi(2015)

1.3 本书的内容安排、研究方法和技术路线

1.3.1 本书的内容安排

本书是基于中国家庭微观调查数据研究主观和客观金融素养对中国居民家庭经济金融行为的影响。根据 Xiao(2008)的表述,居民家庭的金融行为可以定义为居民家庭与金融管理有关的行为,包括借贷行为、存储行为和投资行为等。因此,本书主要研究了金融素养对居民家庭消费支出的影响,金融素养对居民家庭负债行为(包括一般意义上的负债行为及信用卡使用)的影响,金融素养对居民家庭投资组合有效性的影响和金融素养对居民家庭人身保险需求的影响。此外,还探讨了金融素养对居民家庭获取专业理财建议的影响、金融教育对居民金融素养的影响以及认知能力对金融素养的影响,为政策制定和金融行业的发展提供经验证据。全书分六篇共十二章,各部分主要内容大体如下:

第一篇为研究背景篇,包括第 1 章、第 2 章和第 3 章。其中,第 1 章为绪论,这部分介绍了研究背景、研究意义、关键概念的界定、本书内容安排、研究方法和技术路线、本书可能的边际贡献等。第 2 章为相关理论概述及研究进展,这部分主要先从理论角度介绍家庭金融行为的理论基础,然后从家庭负债、家庭资产配置、家庭人身保险需求和专业理财建议需求等方面了解相关的研究进展,考虑到金融素养的特殊性,专门从各个角度梳理了与金融素养有关的研究进展。第 3 章为金融素养的度量及分布,这部分先是对金融素养的两种度量进行对比分析;然后采用清华大学中国金融研究中心 2010 年和 2011 年"中国消费金融现状及投资者教育调查"数据,对我国居民家庭主观金融素养进行量化并探讨中国居民家庭主观金融素养的分布;同时以 CHFS2019 数据对我国居民客观金融素养进行量化并探讨其分布。

第二篇为福利效应篇(以家庭消费为例),包括第 4 章,即金融素养对家庭消费的影响。该章使用北京大学中国家庭追踪调查 2014 年(CFPS2014)的数据辅以 CHFS2017 数据,采用普通最小二乘法及两阶段最小二乘法探讨了主客观金融素养对家庭消费支出和消费结构的影响。研究发现,当分别考察主观和客观金融素养的时候,主观金融素养和客观金融素养均会显著促进家庭总支出、消费总支出、生存型消费支出和发展与享受型消费支出,而只有主观金融素养会显著促进家庭发展与享受型消费占比。当同时

考察主观金融素养和客观金融素养对家庭消费的影响时,客观金融素养会显著促进家庭消费总支出及生存型消费支出,而主客观金融素养均会显著促进发展与享受型消费支出;在消费结构占比中,只有主观金融素养会显著提升家庭发展与享受型消费支出的占比。

第三篇为家庭负债篇,包括第 5 章和第 6 章。其中,第 5 章为金融素养与家庭负债,该章采用北京大学中国家庭追踪调查 2014 年的数据(简称为 CFPS2014),构造居民家庭负债意愿、信贷渠道偏好及过度负债等指标,使用 Probit 模型研究主客观金融素养水平对中国居民家庭负债行为的影响。考虑到模型可能存在内生性的问题,同时采用工具变量法证实从主客观金融素养到负债行为的因果关系,最后从多角度包括使用 CHFS2017 数据证明本章结果的稳健性。第 6 章为金融素养与信用卡使用,该章使用中国家庭金融调查与研究中心 2017 年的数据(简称为 CHFS2017)构造信用卡使用和刷卡消费支出指标,并采用 Probit 模型、IV-probit 模型、OLS 模型和 2SLS 模型考察了主客观金融素养对家庭信用卡使用的影响。并使用信用卡使用的不同度量、客观金融素养的不同构造方法以及倾向得分匹配法(PSM)等进一步考察了主观和客观金融素养对家庭信用卡使用影响的稳健性。

第四篇为家庭资产配置篇,包括第 7 章和第 8 章。其中,第 7 章为金融素养对中国居民家庭投资组合有效性的影响研究。本章首先以清华大学中国金融研究中心 2012 年“中国消费金融现状及投资者教育调查”数据,以居民家庭持有的股票、基金、债券和房产为基础,分别构造居民家庭三种资产组合和四种资产组合有效性指标——夏普比率;然后运用普通最小二乘法,检验主客观金融素养水平对居民家庭投资组合有效性的影响。考虑到可能存在的内生性的影响,使用两阶段最小二乘法进一步检验金融素养与居民家庭投资组合有效性之间的关系。其次从组合有效性的其他度量——资产组合分散化、金融素养的其他测度、使用不同时间区间收益率构造夏普比率、使用不同的实证方法以及使用 CHFS2017 数据等方面验证本章结果的稳健性。最后考察了主客观金融素养影响家庭资产组合有效性的机制和异质性分析。第 8 章为金融素养对中国居民家庭保险需求的影响研究。随着经济和科技的快速发展,金融自由化进一步深化,居民家庭面临的风险越来越多,如长寿风险、重大疾病风险和意外事故风险以及经济系统波动风险等。毫无疑问的是,保险可以起到提高居民家庭承担风险能力的作用。本章采用中国家庭追踪调查(CFPS)2014 年数据,首先使用 Probit 模型和 Tobit 模型从微观层面实证研究了户主的主观金融素养和客观金融素养对家庭商业保险参与可能性及参与深度的影响。通过改变样本量(扩大、缩小回归样本)，变换核心解释变量(客观金融素养)的度量指标，对模型中包含的家庭收入、家庭资产、商业保险支出数据进行缩尾处理，改变实证所用数据库(CHFS2019)四种方式进行稳健性检验；考虑到基准回归所得结论可能受到潜在的反向因果、测量误差以及遗漏变量的影响产生偏误，从不同角度缓解内生性；从对外界的信任程度和扩大家庭的社会网络等角度考察主客观金融素养影响家庭商业保险的参与概率和参与深度的可能渠道；最后从收入水平、教育程度和家庭所在地区考察主客观金融素养对家庭商业保险参与概率和参与深度的异质性影响。

第五篇为金融素养提升和替代篇，包括第9章、第10章和第11章。其中，第9章在系统梳理金融教育有效性评估框架的基础上，选取清华大学中国金融研究中心2012年中国城镇家庭微观调查数据，辅以CHFS2015的调查数据，采用丰富的测度变量，运用双变量分析、倾向得分匹配方法(PSM)以及普通最小二乘法(OLS)和两阶段最小二乘法(2SLS)，考察了金融教育对我国居民家庭金融行为的影响并探讨了主客观金融素养是可能的机制之一。第10章为认知能力对居民金融素养的影响研究。本章首先采用中国家庭追踪调查数据探讨了认知能力对居民资产组合有效性的影响，然后在此基础上探讨了认知能力对居民金融素养的影响。第11章为金融素养与家庭理财建议需求。该章首先采用CHFS2017的调查数据通过构建倾向得分匹配方法克服自我选择偏差引起的反事实缺失的影响和工具变量法克服不可观测因素的影响，探讨了理财建议对家庭金融决策的影响。然后在此基础上考察金融素养水平对理财建议需求的影响。金融素养水平会影响居民家庭一系列的金融决策，那么为了作出更好的金融决策，居民家庭可以去咨询专业人士，替代自己学习金融常识，进而提高自身金融素养。通过建立Probit模型，检验金融素养水平对专业理财建议需求的影响。考虑到咨询专业建议本身可能提高居民的金融素养，采用工具变量法检验金融素养与专业理财建议需求之间的因果关系，最后检验了本章结果的稳健性。

第六篇为政策建议篇，即本书的第12章，论文总结及研究展望。本章主要归纳总结本书的主要结论以及政策建议，分析本研究中存在的局限和对未来进一步研究的展望。

1.3.2 研究方法

1.调查法。本书对清华大学中国金融研究中心"中国消费金融现状及投资者教育调查"2010 年、2011 年和 2012 年数据,北京大学中国家庭追踪调查(CFPS)2012 年、2014 年和 2018 年数据,西南财经大学中国家庭金融调查与研究(CHFS)中心 2015 年、2017 年和 2019 年数据进行了综合对比。在不同章节,根据最佳匹配的原则选取相应的数据进行实证检验,并尽可能辅以不同来源数据做稳健性检验,并分别以清华大学中国金融研究中心"中国消费金融现状及投资者教育调查"2010 年和 2011 年数据以及 CHFS2019 数据对中国居民家庭主观和客观金融素养进行了汇总和统计分析。

2. 文献研究法。对国内外已有关于主观和客观金融素养对居民家庭金融行为影响的文献进行系统全面梳理,做到对已有研究的整体了解,确定从主观和客观金融素养的视角研究中国居民家庭经济金融行为。

3. 定量分析法。对调查数据做一些简单的统计分析,从感性上认知主客观金融素养水平在中国的分布特征及其对中国居民家庭金融行为的影响。为了进一步从主观和客观金融素养的视角探讨中国居民金融行为,本书采用 Probit 模型、Tobit 模型、最小二乘法(OLS)等方法进行实证分析。考虑到金融素养与金融行为之间存在内生性的可能,也采用 Iv-probit、Iv-tobit、两阶段最小二乘法(2SLS)、倾向得分匹配法(PSM)和 IV-heckit 等方法对原有结果进行稳健性检验。

1.3.3 技术路线

本书主要利用清华大学中国金融研究中心关于"中国消费金融现状及投资者教育调查"2010、2011 和 2012 年数据,中国家庭追踪调查 2012 年、2014 年和 2018 年数据,中国家庭金融调查与研究中心 2015 年、2017 年和 2019 年数据,国家统计局历年《统计年鉴》和中国人民银行网站上相关数据等从主观和客观金融素养的视角研究中国居民家庭金融行为并为政策制定者提供相关的经验证据。具体的研究路线如图 1.1。

1.4 本书可能的边际贡献

国内关于家庭金融行为的研究虽然取得不少成果,但从主观和客观金融素养的视角系统研究中国居民家庭的金融行为处于起步阶段,相关的文献还比较少。本书将丰富从主观和客观金融素养视角探讨中国居民家庭金融行为的学术研究,是对目前国内家庭金融行为研究的有益补充。本书可

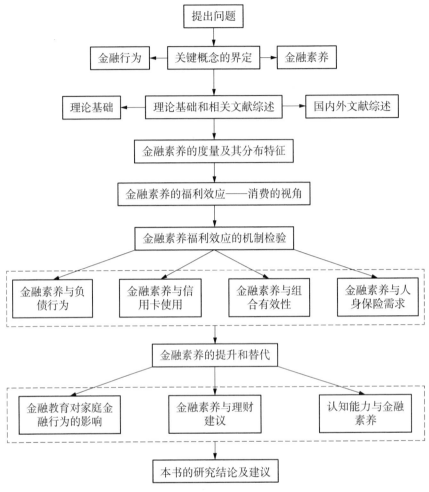

图 1.1　技术路线图

能的边际贡献主要体现在以下几方面:第一,使用清华大学中国金融研究中心"中国消费金融现状及投资者教育调查"2010 年和 2011 年数据以及西南财经大学中国家庭金融调查与研究中心"中国家庭金融调查"2019 年数据,分别构建主观金融素养和客观金融素养指标,并根据人口统计学特征,较为系统地考察了中国居民家庭主观和客观金融素养的分布特征。

第二,使用北京大学中国社会科学调查中心"中国家庭追踪调查"2014年数据和 2018 年数据、清华大学中国金融研究中心"中国城市居民家庭消费金融调研"2012 年数据以及西南财经大学中国家庭金融调查与研究中心"中国家庭金融调查"2015 年、2017 年和 2019 年数据,分别构造居民家庭的福利效应指标和金融行为指标,包括:(1)中国家庭消费支出指标、生存型消费支出指标、发展与享受型消费支出指标、发展与享受型消费占比指标,验证主观和客观金融素养对家庭消费支出的影响;(2)中国居民家庭负债意愿指标、贷款渠道偏好指标和过度负债指标,验证主观和客观金融素养对中国居民家庭负债决策的影响;(3)中国居民家庭信用卡使用指标和刷卡消费支出指标,验证主观和客观金融素养对中国居民家庭信用卡使用的影响;(4)中国居民家庭投资组合有效性指标,验证主观和客观金融素养水平对居民家庭投资组合有效性的影响;(5)中国居民家庭商业保险参与和保费支出指标,验证主观和客观金融素养水平对居民家庭商业保险购买的影响。

第三,较为系统地考察了金融素养的提升和替代方案:(1)基于国内外相关前沿文献,系统梳理并构建了金融教育提升金融素养的"成本—效益"分析评估框架。在此基础上,对我国当前金融教育改善居民金融行为的现状进行了科学评估,为全面评估我国金融教育的效果提供了经验证据;(2)在考察认知能力对家庭资产组合有效性影响的基础上,系统梳理并实证验证了认知能力对中国居民家庭金融素养的影响,这有助于制定有效的金融素养提升计划;(3)在考察理财建议对家庭理性投资行为和资产组合有效性影响的基础上,探讨了理财建议需求与主观和客观金融素养的关系,这一关系的明确有助于更好地制定通过专业人士帮助居民家庭作出更优金融行为决策的方案。上述工作也将为国内学术界相关研究提供重要借鉴。

第四,在本书诸多章节的实证分析中,考虑到可能存在样本选择偏差和其他内生性问题。为此,选取了 2SLS、IV-heckit、PSM、IV-probit 和 IV-tobit 等系列模型进行了内生性处理。其中,使用 IV-heckit 等模型既有助于克服内生性又能够克服偶然断尾引起的样本选择问题;使用倾向得分匹配方法(PSM)能够克服反事实缺失的问题。为了检验结果的稳健性,尽可能地使用不同数据库的数据多角度加以验证。上述工作实际上是将前沿的计量工具应用于中国问题的分析当中。

第 2 章　理论基础及研究进展

本书主要是从主观和客观金融素养的视角研究中国居民家庭经济金融行为,以及探讨金融素养对专业理财建议需求的影响和金融教育对居民家庭金融行为的影响。因此,接下来主要是从相关理论和实证文献两方面展开。相关理论包括生命周期理论和投资组合理论。研究进展主要包括居民家庭负债行为、家庭消费储蓄行为、资产选择行为、人身保险需求、对专业理财建议需求和金融素养等方面,回顾前人的研究成果,并作出相应的评述,为本书的研究打下相应的基础。

2.1　理论基础

2.1.1　生命周期理论

Modigliani 在 1986 年提出的生命周期模型是研究家庭金融行为的基础。在生命周期模型中,家庭是在给定的跨期预算约束条件下选择消费路径以最大化一生的效用。这样,生命周期理论预测一个家庭的负债头寸就可以由未来的收入路径、市场收益率、耐心决定。在人的一生中,当收入低于一生收入平均水平的时候,居民家庭就将通过借贷(或减少持有的资产)资助目前的消费,然后当收入高于平均水平的时候偿还贷款(或增加资产)。如果收入直到退休前都是随着年龄在增长,那么在年轻的时候往往会拥有负债,然后随着年龄的增长有正的净财富,退休后消费这些净财富和净财富带来的收益。然而利率对净负债的影响在不同的家庭影响是不一样的,这主要取决于利率的收入效应和替代效应。利率下降会减少家庭持有资产的收益率,也会减少负债的成本。老年人或即将退休的人会更多受到财富收益的影响,而年轻的家庭会更多受到负债成本的影响。

2.1.2 投资组合理论

美国学者 Markowitz 于 1952 年在美国金融期刊上发表了题为 "Portfolio Selection" 的论文,应用均值-方差模型,尝试解决居民家庭金融资产配置问题。Markowitz 假定居民家庭关心每种资产的预期收益和风险,以及每种资产收益与其他资产收益之间的协方差。其原则是在收益一定的情况下,选择风险最小的投资组合,或者在风险一定的情况下,选择收益最大的投资组合。Markowitz 创立了一套完整的均值-方差分析框架,是现代投资组合理论的起点。在 1959 年,Markowitz 系统地论述了他提出的资产组合理论,并提出要通过分散化投资降低风险的观点。Markowitz 认为资产选择最主要的关键是,在所有可供选择的资产中,建立有效前沿边界,然后消费者根据自身的风险偏好选择最佳的资产组合。

尽管 Markowitz 的均值-方差模型为投资组合理论提供了新的思维,但其假设条件苛刻,因此实用性不强。为了增加理论模型的实用性,很多学者对此展开了大量研究。在 1963 年,Markowitz 的学生 Sharp 提出简化的计算方法,也就是后来的单因子模型。

此后,对 Markowitz 投资组合理论在各个方面进行了拓展,如机会约束、多目标等。总之,Markowitz 投资组合理论为最优投资组合理论开辟了新的方向,成为后继者研究的基础。

2.2 研究进展

2.2.1 家庭负债的研究进展

在现实的世界里,居民家庭有许多理由拥有或增加负债。比方说家庭的耐心、收入、预期收入、利率的变化、信用卡的持有、住房价格的变化、信贷的可获得性(如金融创新)和人口学特征等因素都有可能会影响居民家庭的负债。根据 OECD 统计显示,2009 年末,英国、美国和加拿大居民家庭债务对个人可支配收入比率分别达到 170.6%、127.5% 和 148.4%,分别比 1998 年增加了 61.2%、32.1% 和 36.4%。在家庭债务总量快速增加的情况下,学者们进行了大量的研究。

一般来说,缺少耐心的家庭更注重当前的消费。Dynan 等(2003)利用美国 SCF1992 年的调查数据,研究发现,与有耐心的居民家庭相比,那些缺少耐心的家庭更可能拥有负债,拥有负债的规模更大,他们认为借钱买车等行为是一种合理的行为。

居民家庭当前的负债主要是用未来的收入偿还,也就是说,如果居民家庭预期未来收入会增长,那么其负债的能力也会增强,因此可以通过负债来平滑当前的消费;如果家庭对未来收入增长预期不乐观,那么其负债的可能性和负债的水平都可能会下降。Cox 和 Jappelli(1993)使用 SCF1983 年的数据研究发现,居民家庭的信贷需求与家庭的永久收入是正相关的,Ferri 和 Simon(2000)研究发现没有对未来收入增长预期的家庭拥有负债的可能性越小。而当前收入对负债的影响的结论却是不一致的。Cox 和 Jappelli(1993)的研究认为负债与当前收入是负相关的,也就是说收入越多,负债的可能性越小。Crook(2001)使用 SCF1995 年调查数据分析家庭负债需求的时候研究发现,收入与负债之间是非线性关系,当前的收入与期待的负债数量是正相关的,但与当前收入的平方是负相关的。然而在使用 SCF1998 年调查数据的时候,Chien 和 Devaney(2001)研究了影响消费者信用卡的负债因素,发现收入与信用卡贷款余额是负相关的。而 Baek 和 Hong(2004)进一步发现分期付款的可能性与收入是负相关的关系,同时发现金融资产的增加会减少分期付款和信用卡负债。非金融资产与拥有分期付款是正相关的,与是否持有信用卡是负相关的。吴卫星等(2013)发现在中国,只有较高负债规模家庭的负债与家庭收入呈正相关关系,在其他群体中收入并不显著地影响负债规模。沈红波等(2013)应用某商业银行信用卡中心数据,发现中国高收入者的信用卡的透支金额更多。

净财富对家庭拥有负债的影响是不确定的,一方面财富越多的家庭面临信贷约束的可能性越小,另一方面,在面临各种冲击的情况下,净财富越多的家庭抵御不利冲击的能力越强。Cox 和 Jappelli(1993)和 Duca 和 Rosenthal(1993)发现净财富和信贷需求是正相关的。他们认为财富越少的家庭更可能面临信贷约束。然而,Crook(2001)和 Lee 等(2007)认为净财富与负债需求是负相关的。

在研究老年人拥有负债可能性的时候,Lee 等(2007)发现自我意识的健康对是否拥有负债有影响。与那些认为健康状况非常差的家庭相比,那些认为健康一般、比较差或较好的家庭更少地持有负债。然而 Grafova(2007)在研究非抵押贷款与健康之间关系时发现,不太健康的家庭更可能持有非抵押贷款。

按照生命周期理论,在收入比较低的时候可能会产生负债,随着收入的增加,负债的可能性越小。而收入一般是先随年龄的增长而增长,到达一定年龄后,收入又开始随年龄增长而下降。因此负债关于年龄可能是倒"U"
形的。Cox 和 Jappelli(1993)使用美国 SCF 数据发现负债规模先随户主年
龄增长而增加,一直到大概 35 岁左右,然后随着年龄的增长而减少。Crook
(2001)发现,负债规模在 55 岁达到最大,然后随着年龄增长而递减。
Livingstone 和 Lunt(1992)使用英国数据研究影响负债的因素,发现年轻的
家庭比老年家庭更可能持有负债。Lee 等(2007)使用美国健康与退休调查
数据研究发现年龄与总负债、信用贷款和抵押贷款之间都是负向的关系。
何丽芬等(2012)则发现中国居民家庭拥有贷款的可能性也是先随年龄的增
长而增加,然后随着年龄增长而下降。

2.2.2　家庭消费储蓄的研究进展

洞察家庭储蓄和消费决策对于理解家庭退休的财务准备以及投资决策
具有重要的意义。对于那些更看重当前消费而推迟为退休储蓄的人们来说
可能是合理的。Laibson 等(1998)以荷兰为例讨论了推迟退休计划的问题,
发现许多人没有意识到为什么他们现在应该储蓄,以及他们应该如何做。
推迟退休计划的后果可能是,一个家庭在进入退休时,几乎没有什么经济手
段来满足消费需求。De Bresser 和 Knoef(2015)在一项研究中探讨了荷兰
人是否能够达到自己的退休支出目标时发现,约有 20%的人在 65 岁时的预
期财务状况会低于最低支出水平。

2.2.2.1　家庭消费的研究进展

不少文献从经济增长、经济周期、收入分配、资金流量约束、人口结构、
文化特征、制度因素、政策改革等角度,在总量层面探讨了储蓄率、消费率的
驱动成因(徐忠等,2010;朱鹤等,2021)。

随着各国(地区)家庭微观调查数据的日益完善,越来越多的文献开始
从微观层面探究居民消费的关键驱动因素,而家庭资产配置与消费的互动
关系是研究的重点。基于"资产端"的研究发现,住房资产、金融资产的财富
增值对消费具有显著的正向影响,这种影响又被称为"财富效应"。例如,
Mian 等(2013)利用工具变量法估算了房屋资产的"财富效应";李涛等
(2014)、周利等(2020)分别证实家庭住房数量增多、房价上涨对消费存在刺
激作用;王彦伟(2020)进一步发现,现阶段中国住房资产对消费的促进作用
大于金融资产。高云虹和刘津铭(2022)认为农民工拥有稳定的住房,则会
有效提升其在工作城市的长期居留意愿,进而对家庭消费产生促进作用。
刘宏等(2021)发现一旦因房屋拆迁,家庭获得了暂时的财产性收入,将显著
增加家庭总消费中的耐用品消费,而对家庭日常消费没有产生显著影响。

段忠东和吴文慧(2023)、王岳龙等(2023)认为居民对于房价上涨预期也会对家庭消费产生显著影响,一方面,适应性房价上涨预期会抑制家庭消费,且不利于消费结构升级;另一方面,居民的主观房价上涨预期则对家庭消费呈现显著的促进效果。

基于"负债端"的研究证实,提高居民的信贷可得性,对消费扩容意义重大。例如,韩立岩等(2012)研究发现,借贷一定程度上促进了家庭消费,杠杆率会影响居民消费对收入冲击的敏感性;潘敏和刘知琪(2018)发现家庭杠杆会促进生存型消费的增加,但会抑制发展与享受型消费;宋明月等(2020)对比分析了不同类型的信贷对消费支出的差异化影响;吴锟等(2020)系统地验证了以信用卡为代表的短期信贷对消费的刺激效果和作用机制。而以住房贷款为代表的中长期信贷对消费的影响更为复杂,已有文献集中探讨了"房奴效应"(李江一,2017)、"挤出效应"(迟香婷,2020)、"抵押效应"(周利等,2020)、"财富效应"(尹志超等,2021)等。尤佳颖和张东(2022)认为长期、中小额、商业贷款会抑制家庭消费,而短期、大额、公积金贷款则促进家庭消费。

此外,还有部分文献考察了居民家庭的其他禀赋、特征对消费结构和消费升级的影响。臧旭恒等(2012)基于扩展的 C-M 消费函数发现,收入和信贷行为对居民耐用品消费具有显著作用,而非耐用品和服务消费仅受到收入的影响。范叙春(2016)研究表明,收入对于不同类型的消费支出的门槛效应具有异质性。杜丹清(2017)指出,收入、财富以及心理预期是促进居民消费升级的内生动力。秦海林等(2019)探讨了社会资本对消费结构的影响,发现社会地位、收入水平都会影响消费结构。尹志超等(2023)、杨碧云等(2023)认为随着数字经济的高质量发展,家庭消费形式变迁、支付方式智能化便捷化、流动性约束和预防性储蓄动机不断降低,且数字普惠金融的广度和深度持续拓展,将有效提升家庭消费总体水平,提高发展型和享受型消费占比,实现消费升级和结构优化。

2.2.2.2 家庭储蓄的研究进展

近几年,学者结合实时热点背景,尝试分析地区政策、经济文化事件对家庭储蓄率的影响。从政策角度分析,《社会保险法》、单独二孩政策的实施,均显著降低了我国家庭的储蓄率,而养老保险制度并轨,由于改变了家庭养老金收入预期、提高了家庭未来养老风险,显著增加了机关事业单位参保家庭的储蓄率(李晓飞等,2021)。其中,《社会保险法》的落实,使得家庭储蓄率降低了 0.9 个百分点(何凡等,2023);单独二孩政策在短期内对于家庭储蓄率的抑制作用十分显著,且对于第一胎为女孩的家庭,抑制效果更明显(曹成龙和王辉,2022)。从地区经济发展状况分析:数字金融、移动支付的发展,通过缓解流动性约束、信贷约束、扩大社会网络,进而显著降低家庭储蓄率(尹志超等,2022)。而地区的房价上涨,会降低该地农民工在城市的长期居留意愿,导致农民工家庭的储蓄率上升(姚曼曼和张泽宇,2022)。而当地的文化氛围,也会影响家庭储蓄率。张诚等(2022)研究发现,当地的儒家文化氛围越浓厚,该地家庭的储蓄率越高。

从家庭人口特征看,二孩家庭相比独生子女家庭,其储蓄意愿更强,家庭储蓄率更高(赵昕东等,2020)。当老年人口比重上升,家庭老龄化严重时,会因为家庭医疗支出风险增大、收入不确定性增强、老年人长寿和遗赠动机强烈,进而导致家庭储蓄率显著上升(杨晓军和冉旭兰,2023;张诚和唐成,2021;王树,2020)。相反,少儿抚养比的增大则会显著抑制家庭储蓄(刘鹏飞,2022)。此外,从子女性别来看,男孩家庭的储蓄率显著高于女孩家庭的储蓄率(周华东等,2021)。

此外,尹志超和蒋佳伶(2023)研究指出,住房财富对于一二线城市、低收入低财富家庭的储蓄率影响更大。其中,无房、租房情况会显著提高一个家庭的储蓄率;而卖房行为、卖房价值、住房的居住和投资功能均会显著降低家庭储蓄率。家庭若购买商业保险或农户购买相应的农业保险,均能通过降低家庭面临的不确定性、缓解受保人对不确定性的主观担心,进而显著降低家庭储蓄率(任天驰和杨汭华,2023;尹志超和严雨,2020)。

2.2.3　家庭资产配置的研究进展

2008—2010 年金融危机冲击的高峰期间,美国中等财富家庭的财富缩水了 40% 左右,而最富有的前 10% 的家庭财富不但没有下降,反而增长了 2%。中等财富家庭和最富有的前 10% 家庭财富结构安排的差别在于:中等财富家庭资产组合比较单一,而最富有家庭资产组合多元化,资产配置更合理。[①] 接下来我们从多个角度对家庭资产配置作相应的综述。

2.2.3.1　生命周期视角的资产配置

一个理性的家庭在一生中规划消费和资产配置,由于在不同阶段获得的收入可能不同,在刚进入工作阶段,收入水平可能会比较低,随着工作经验的积累,收入水平开始增长,达到一定年龄,收入水平可能又开始随着年龄的增长而下降。因此,居民家庭要根据各个阶段的收入特征,选择储蓄和

[①] 相关数据来源于陈志武在中国工商银行 2015 年第五期创新沙龙上的演讲:财富管理的今与昔。

负债,选择风险资产和无风险资产,从而平滑一生的消费。Gomes 和 Michaelides(2005)建立了一个递归偏好的生命周期模型,研究发现该模型对居民家庭股票市场参与和资产配置的拟合效果更好。Cocco 等(2005)以幂效用函数为目标建立生命周期模型,考虑了劳动收入的不确定性,研究发现居民家庭在不同年龄段的最优投资需求均会增加。吴锟等(2015)研究在风险资产期望收益率不确定情况下,以指数效用函数为目标的生命周期模型的最优投资—消费策略。研究发现期望收益率不确定情况下的消费比例相对来说更稳定,而且在风险资产上的投资比例也小于期望收益率确定的情况。

吴卫星和齐天翔(2007)使用奥尔多投资咨询中心在 2005 年的调查数据研究了中国居民投资组合的影响因素,发现中国居民家庭投资组合的"生命周期效应"不是很明显。史代敏和宋艳(2005)使用四川省 2002 年城镇居民家庭的调查数据,发现四川城镇居民家庭的资产组合并不受年龄的影响。廖理和张金宝(2011)使用清华大学中国金融研究中心在 2010 年调查的全国 24 个城市居民家庭的微观数据,研究发现相当多的居民家庭理财的最主要目标是财富的保值增值,并不是效用最大化;而且他们也发现居民家庭的理财规划年限并没有随着户主年龄发生明显变化。因此,他们认为中国居民家庭的消费具备阶段性特征,而不适用生命周期理论。吴卫星等(2010)使用北京奥尔多中心在 2007 年调查的微观数据,研究发现中国居民家庭的投资结构在某种程度上存在生命周期特征,只是在不同的资产上表现不同:如居民家庭在股票、债券和外汇上的投资参与率随着年龄呈现"钟形"特征;持有房产的可能性随着年龄的增长而增长;保险产品的持有比率关于年龄呈现出"U"形特征。

2.2.3.2 背景风险视角的资产配置

居民家庭在进行资产配置的时候,背景风险是一个很重要的因素。按照 Gollier(2001)的定义,背景风险是指不能或难以在金融市场交易的风险,如劳动收入风险、住房价格风险、健康风险和创业者风险等。

(一)劳动收入风险

生命周期中,未来劳动收入现值就是人力资本,所以劳动收入风险也经常被称之为人力资本风险。如果人力资本是无风险的,则考虑该因素后居民的无风险资产配置比例应该大幅下降。年轻人应该更多还是更少持有风险资产? Bodie 等(1992)在模型中引入了人力资本,研究发现如果一个人的劳动供给是富有弹性的,则资产配置中风险资产的权重可以增加。而年轻的投资者对于未来的劳动力供给拥有更强的弹性,因此年轻人的理性选择是持有更多的风险资产。Benitez(2003)运用美国健康与养老调查的数据也证实了该观点。Guiso 和 Jappelli(1998)和 Palia(2014)发现面临劳动收入越不确定的投资者,往往倾向于更少的参与和更少的投资于股票市场。而Arrondel 和 Masson(2003)发现收入风险大的法国居民家庭投资更多的风险金融资产。Angerer 和 Lam(2009)进一步将劳动收入风险分解为持久风险和暂时风险,利用美国的数据发现持久风险显著降低了居民的风险金融资产持有,而暂时风险的影响却不显著。在国内,由于数据的可得性,何兴强等(2009)利用 GDP 增长率的波动性来度量相应城市居民的劳动收入风险,利用奥尔多 2006 年的调查数据发现我国劳动收入风险高的居民风险金融资产投资概率更低。

(二)住房价格风险

住房是家庭财富的重要组成部分,它既是生活必需品,又具有投资品的特征,影响着家庭的金融行为。在财富一定的情况下,住房投资会挤出居民家庭在股票上的投资,住房投资对风险性资产股票具有替代作用(Grossman 和 Laroque,1990;Flavin 和 Yamashita,2002;Arrondel 和 Savignac,2010;吴卫星等,2010 等)。然而,Cardak 和 Wilkins(2009)使用澳大利亚家庭微观数据的研究却得出了相反的结论,即拥有住房的家庭会增加持有风险金融资产特别是股票资产。他们认为拥有住房增加了居民家庭通过住房获得抵押贷款的可能性。

住房风险这一背景风险并非与其他背景风险相互独立,而是互相渗透。Flavin 和 Yamashita(2002)将住房和家庭金融资产组合的关系放入生命周期中观察,发现对于年轻人来说,住房投资占其总资产的比例比较高,被迫处于一个高负债风险较大的处境里,因此他们会持有更少的股票。Cocco(2005)指出前文所提到的挤出效应对于年轻人和穷人更加明显。这就说明该挤出效应有其生命周期与财富效应的体现。这一研究结果也与Campbell(2006)所提到的财富越少的人越倾向于持有流动性更强的资产相符。Rouwendal(2009)指出户主年龄较小的家庭财富会对房产市场更加敏感。随着研究更加深入,Yao 和 Zhang(2005)将租房市场引入住房风险的研究。史代敏和宋艳(2005)比较了拥有住房所有权的居民家庭和租房居民家庭,发现由于租房者家庭对未来预期的不确定性更大,因此相对持有更少的风险资产。

(三)健康风险

理论上来讲,一个投资者的健康状况可能会通过多种渠道影响个人的资产选择。例如,Edwards(2008)就提出了三种可能性:一是不利的健康冲击导致背景风险增加,会减少金融资产的风险承担;二是不利的健康冲击会减少计划周期,增加生存风险,但是由于这两种影响作用正好相反,总的影响模棱两可;三是不利的健康冲击改变当期消费相对于未来消费的边际效应,导致金融决策的改变。

很多国外文献都实证检验了不利的健康冲击对资产选择的影响。例如Rosen 和 Wu(2004)和 Berkowitz 和 Qiu(2006)通过随机模型研究发现健康状况和风险资产选择之间存在负相关关系。Berkowitz 和 Qiu(2006)另外还发现健康冲击通过改变金融财富影响资产选择,即不利的健康冲击导致了金融资产的减少,从而减少了风险资产的持有。运用 US 数据集(US dataset),Coile 和 Milligan(2006)发现在退休之后,健康风险在不同资产的急剧减少中起着至关重要的作用。虽然结果显示长期的健康冲击会减少持有风险资产的可能性,但这种作用在风险资产占总资产的比例中的影响并不明显。Love 和 Smith(2007)研究指出尽管在经济模型中影响很显著,其实健康和资产选择之间没有因果关系。Edwards(2008)创造性地运用自我评估未来健康出现问题的可能性来模拟个人面临的健康风险,他发现越低的健康风险往往伴随着越多的风险投资,并且这种关系对于老年人来说最紧密。Cardak 和 Wikins(2009)探究了澳大利亚家庭的风险资产配置,研究发现健康风险是家庭风险资产配置的主要决定因素之一。Fan 和 Zhao(2009)探讨了"未观测到的个人特征因素"对健康资产和健康组合的影响,文章不是采用主观因素来评价健康状况,而是引入了四个不同的健康指数,从而使结果更加客观准确。通过引用 NBS 数据(New Beneficiary Survey),研究结论显示,健康状况和金融资产、非金融资产都有很强的相关性,但这种相关性主要是由异质性引起的,因为相关性在固定效应模型中消失了。不利的健康冲击会导致投资风险资产向其他金融资产移动,但这种移动不会导致总金融资产的改变。

国内也有学者在这方面进行了研究,何兴强等(2009)运用 2006 年中国9 城市"投资者行为调查"数据,指出享有医疗社会保险或购买了商业健康保险的居民风险资产投资概率更高,但居民的健康状况对其风险资产投资概率没有显著影响。雷晓燕和周月刚(2010)用中国健康与养老追踪调查数据,研究表明健康状况变差会减少金融资产,尤其是风险资产的持有,同时将资产向安全性较高的生产性资产和房产转移;但是,健康状况的影响在农村却不显著。吴卫星等(2011)运用中国居民家庭微观调查数据,通过资产参与和资产分配模型,指出投资者的健康状况不显著影响其参与股票市场和风险资产市场的决定,但影响家庭的股票或风险资产在总财富中的比重,健康状况不佳会导致这两个比重较低,而投资者风险态度和遗赠动机能够在一定程度上解释健康风险的影响。

（四）创业者风险

创业者风险(Entrepreneurial Risk)是指已经拥有自己企业的投资者进行风险资产配置时应考虑的风险。随着中国市场经济发展的不断深入,这部分群体的人数越来越多。创业者风险作为一个重要的背景风险,对居民财富配置的影响不应被忽视。

Heaton 和 Lucas(2000)的研究表明,如果家庭金融财富相同,拥有私人企业的居民将持有更少的股票类权益,这是因为拥有私人企业类似于进行了集中投资,资产的风险已经处于较高水平。同时,居民持有股票类权益的比例与他们所拥有的私人企业的预期收益和风险都呈负相关,他们把这一结论进一步用于分析有员工持股计划(ESOP)的居民资产配置问题。在国内,何兴强等(2009)也有相似的结论。

但创业者本身的风险倾向如何没有统一的定论。Hull 等(1980)发现在企业中拥有一定所有权的人比没有的人风险倾向得分要高。在面对经营风险时,Schwer 和 Yucelt(1984)认为创业者具有更高的风险承担倾向,这种倾向受到商业经验、年龄、教育和企业类型等的调节作用影响。Sexton 和 Bowman(1985)发现创业群体与其他商业群体的风险承担倾向明显不同,创业群体的风险承担明显高于管理人员和非商业群体。Begley 和 Boyd(1987)也发现创业者比非创业的管理者有更高的风险倾向和对模糊状态的容忍度。但 Palich 和 Bagby(1995)运用类别理论(Categorization Theory),发现与非创业者相比,创业者在认知过程上存在系统化差异,而不是他们在风险偏好上与非创业者不同。

2.2.3.3　其他视角的研究进展

除了上面涉及的视角外,还有不少学者从其他角度研究了居民家庭投资组合多样性。

比较高的交易成本和搜寻成本,组合规模太小和买整数股的限制都有可能妨碍投资者进行合理的分散。这种解释强调分散化不足是一种理性的选择,是投资者对分散化程度的好处和实现分散化的成本进行了权衡的结果。这些摩擦起作用的机制是:限制了投资者持有多种资产的能力(Perraudin 和 Sorensen,2000),限制了投资者信息处理的能力(Nieuwerburgh 和 Veldkamp,2007)。

投资者行为偏差。这种观点强调投资者的投资组合缺乏分散化是由于行为偏差,如熟悉程度(Huberman,2001),心理账户(Kahneman 和

Tversky，1979)，或者归属感(Cohen，2009)。

投资者可能偏好某种类型的股票。投资者可能过度投资于某种类型股票(如小盘股,成长型股票等),某一行业的股票(如技术型股票),或者他们可能偏好高波动和具有正的偏度的股票(Simkowitz 和 William，1978; Barberis 和 Huang，2008; Polkovichenko，2005)。

自我效能。吴卫星等(2014)研究发现自我效能与居民家庭持有股票存在正相关关系,即自我效能高的居民家庭更可能持有股票,参与股票市场。吴卫星等(2016)进一步研究发现,自我效能也会影响居民家庭资产组合多样性。自我效能高的居民家庭组合分散化程度更高。

社会互动。有不少研究显示,社会互动会影响居民家庭的资产配置,特别是风险资产市场的参与。当居民家庭在不了解风险资产的成本和收益时,居民之间的互动可以推动股票市场的参与。Hong 等(2004)、李涛(2006)和周铭山等(2011)均实证发现社会互动与家庭股票市场参与存在显著的正相关关系。

金融素养。由于金融素养对家庭金融行为影响是本书的研究内容,因此后面有一小节专门对金融素养相关的文献进行了梳理。

2.2.4 家庭商业保险需求的研究进展

在全球人口老龄化的背景下,许多国家进入退休阶段的人口数量快速增长。而人口老龄化所导致的养老金制度改革,使得居民家庭对自身的养老承担起更多的责任。Skinner 和 Samwick(2004)认为退休储蓄和退休计划的改变使得个人面临更多选择的同时也面临更多的风险。另外,随着经济和科技的快速发展,金融自由化进一步深化,居民家庭面临的风险越来越多,如长寿风险、重大疾病风险和意外事故风险以及经济系统波动风险等。毫无疑问的是,商业保险可以起到提高居民家庭承担风险能力的作用。商业保险主要包括人寿保险、健康保险和意外伤害保险等。目前对商业保险需求的影响因素研究主要集中在对人寿保险需求的影响因素。

在国外,从宏观和微观两个层面都对影响人寿保险需求的因素进行了大量的研究。宏观层面,Babbel(1981)利用巴西的宏观数据(从 1951—1976 年共 26 年),研究发现通货膨胀对寿险需求有负的影响,但 Mitra 和 Ghosh(2010)利用印度 1981—2008 年的数据发现通货膨胀对寿险需求有正向的影响,而且还发现收入、金融发展对寿险需求的影响也是正向的,利率对寿险需求的影响为负。Browne 和 Kim(1993)使用 45 个国家的截面数据,发现国民收入、社会保障和抚养率对寿险需求有正向的影响,而受教育程度只是在特定条件下会影响寿险的需求,预期寿命对寿险需求没有影响。
Outreville(1996)发现预期寿命、金融发展和收入会正向影响寿险的需求,预期通货膨胀会负向影响寿险需求,利率对寿险需求的影响不显著。

在微观层面,Gandolfi 和 Miners(1996)认为户主是男性的家庭购买保险金额高于户主是女性的家庭。Lee 等(2010)发现自我雇佣的家庭成员更多地购买寿险。Campbell(1980)认为高学历群体具有更高的人力资本,因而高学历群体寿险的购买以投资型和分红型为主;同时由于学历越高,对保险产品的认知以及认可程度越高,因此高学历群体投保率也更高。Hammond 等(1967)使用美国家庭的微观数据,研究发现家庭收入、净财富、家庭的构成、婚姻状况、户主的受教育程度、户主职业和年龄对寿险需求有显著的影响;Anderson 和 Nevin(1975)发现丈夫的受教育水平、家庭收入和预期收入对家庭寿险需求有明显影响,但他们使用数据局限于年轻的已婚夫妇。Bernheim(2003)则用美国老年健康与退休调查数据研究发现,金融脆弱性比较大的家庭,寿险的购买相对较小,而金融脆弱性比较小的家庭,对寿险的购买相对来说要多一些。

在国内,也有大量学者从宏观层面对影响我国寿险需求的因素进行了研究。卓志(2001)利用时序数据考察中国居民家庭对人寿保险的需求时指出,受教育程度是影响居民家庭保险需求的主要因素之一。栾存存(2004)认为由于传统文化和长期计划经济体制的影响,居民家庭更多依赖储蓄应对未来的风险,这样导致储蓄与保险之间形成了替代的关系,影响了对保险的需求。粟芳(2004)认为收入水平对保险需求有正向的影响,收入差距对保险需求的影响则比较复杂,在收入比较低的时候收入差距与保险需求是正相关的关系,在收入处于中等水平的时候,收入差距对保险需求有负面的影响,当收入比较高的时候,收入差距对保险需求没有影响。王晓全和孙祁祥(2011)认为背景风险与可保风险的保险需求是正相关的,但这种关系只是短期的。刘学宁(2012)运用 1999—2011 年中国 30 个省市自治区的数据研究发现中国大多数地区的保险需求是富有弹性的;把 30 个省市分成低收入组、中低收入组、中高收入组和高收入组四组,发现除高收入组外,其他组的需求弹性的离散程度都比较高;在不同的收入组中,需求弹性都是随着收入增加先表现为上升,然后下降。钟春平等(2012)使用省际面板数据研究发现,总人口负担比对寿险需求有显著的负向影响,教育程度和社会保障支出对寿险需求有正向的影响,而人均储蓄和人均 GDP 对寿险需求没有影响。李晓等(2018)认为地区数字金融普及程度越好、发展水平越高,可以有效提升家庭对商业保险的参与概率和参与程度。

我国也有少数学者从微观层面研究了保险需求的影响因素。程立超(2011)使用2002年的城镇家庭微观调查数据,研究了储蓄型商业保险需求的影响因素,研究发现家庭金融产品持有量、收入水平、妻子受教育水平、年龄和债务水平等都会显著影响储蓄型商业保险的需求。与以往主要使用寿险保费的收入衡量寿险需求不同,王向楠和王晓全(2013)使用中国家庭金融调查(CHFS)2011年的数据,构造寿险投保率、投保金额和具体险种来衡量寿险需求。研究发现:男性的投保率要比女性低,户主配偶的投保率低于户主本人;中年人群的投保率最高;有工作群体的投保率高于没有工作群体的投保率,自我雇佣家庭的投保率高于其他人群的投保率;教育水平越高的家庭越可能拥有人寿保险等。樊纲治和王宏扬(2015)使用中国家庭金融调查2013年的数据研究了人口结构与人身保险需求之间的关系。他们认为少儿人口占比越多的家庭,对人身保险有需求的可能性越大,而老年人口占比多的家庭,不论是在人身保险的持有方面还是人身保险保费支出方面,都要少于老年人口占比少的家庭。张浩等(2023)认为家庭子女数量的增多会提高家庭财务脆弱性的发生概率,进而提高家庭对商业保险特别是人寿保险的参与概率。从儿童性别来看,王韧等(2022)发现,若家庭拥有男孩或家庭中男孩的比例增加则会显著增大家庭对商业保险的投资倾向,而拥有女孩则相反。此外,杨碧云等(2019)和尹志超等(2022)提出,互联网、移动支付的使用可以通过降低交易成本、提高居民对商业保险的可得性进而提高家庭商业保险的参与可能性和参与程度。

2.2.5 金融素养的研究进展

涉及消费和储蓄的传统微观经济学方法都假定决策者是完全理性的和见多识广的,能够最优规划并执行储蓄和支出计划,而这都要求决策者具有复杂计算的能力和有处理金融市场的专业知识。心理学家质疑这些假定的有效性,因为他们认为消费者行为是有偏差的。而且也有研究显示居民家庭有关金融知识的缺乏是普遍存在的现象,使用金融知识的能力和信心也往往不足。比方说居民家庭作出负债决策的时候,如果要使得负债决策合理,得了解负债的相关费用、负债负担、预期未来的收入等等。在作出投资决策的时候,要能够收集信息,辨别表现好的资产,等等。

2.2.5.1 金融素养与家庭负债

居民家庭合理的负债可以帮助其平滑一生的消费,提高家庭的福利。但是当面临信贷危机或经济危机的时候,过度负债甚至是负债都会给家庭带来财务问题,增加家庭的还债压力,甚至影响居民的健康。从宏观层面,家庭合理负债有助于提升社会的消费,实现经济的繁荣,但过度负债却有可能引发金融危机甚至是社会的不稳定。2007 年起源于美国的次贷危机主要就是来自居民家庭的过度负债。由于家庭负债在银行和其他金融中介机构的资产负债表中起到非常重要的作用。不佳的金融素养不仅会影响投资者和借贷者个人的选择,而且在金融危机中会加重经济的萧条。

金融素养的缺乏会导致居民家庭不合理甚至是错误的借贷决策(Moore, 2003; Lusardi 和 Tufano, 2015; Lusard 和 Scheresberg, 2013; Disney 和 Gathergood, 2013)。Moore(2003)发现,金融素养低的居民家庭更可能持有高成本的借贷和次优抵押贷款。Gerardi 等(2013)认为,金融素养低的家庭更可能发生违约,或者说存在负债问题。Campbell(2006)认为,低收入和低学历(这都是与居民家庭的金融素养存在强相关的变量)的居民家庭在利率下降期间不太可能对抵押贷款进行再融资。Disney 和 Gathergood(2013)以及 Gathergood(2012)发现金融素养低的家庭更容易出现过度负债、产生更高的借贷成本和相关的费用。Nurdan 等(2012)利用土耳其的家庭数据研究发现不同金融素养水平家庭的借贷行为是不一样的,金融素养高的金融消费者更不可能有过度负债,这一结论与 Lusardi 和 Tufano(2015)的研究结果是一致的。Lusardi 和 Tufano(2015)使用美国家庭微观调查数据研究发现金融素养水平低的个人更可能使用高成本借贷和支付更高的交易成本和费用。Lusardi 和 Tufano(215)发现负债素养不仅与金融经历存在非常强的相关关系,还与家庭负债负担存在非常强的相关关系。这个发现支持这样的逻辑关系:金融素养低的家庭往往会低估自己的负债头寸,从而导致过度负债,过度负债容易导致家庭破产。Stango 和 Zinman(2009)发现消费者由于不擅长或者不理解复利计算,会错误地估计贷款的真实利率和贷款成本,从而导致消费者不合理负债。Klapper 等(2013)研究发现金融素养水平越高的家庭更可能从正规金融机构进行借贷。

此外,金融素养水平低的个人不太可能有效地使用信用卡。Allgood 和 Walstad(2013)发现,金融素养和高成本的信用卡使用之间存在强烈的负相关关系。作者还表明,自我评估的金融素养(即主观金融素养)对昂贵的信用卡使用的影响大于基于测试的金融素养(即客观金融素养),这也证明了两个度量是不同的。使用相同的数据,Mottola(2013)也证实,金融素养较好的受访者很少会导致高成本的信用卡使用,如被收取逾期付款的滞纳金或没有按时支付信用卡的全部债务。Borden 等(2008)认为金融素养的提高有助于降低居民对信用卡的恐惧感,从而促进居民使用信用卡。Limbu

(2017)则发现金融素养水平与消费者滥用信用卡的行为是显著的负相关关系。

2.2.5.2 金融素养与家庭消费储蓄

消费是经济发展的终极目标，是经济持续稳定增长的最主要需求来源。Lusardi(2008)和Jappelli和Padula(2013)认为金融素养的提升会促使家庭进行财务规划，避免过度消费，从而增加储蓄。家庭的金融素养越高，越有可能为处理不确定性增加应急性储蓄(Babiarz和Robb，2014)。金融素养对财富的提升效果明显(Behrman等，2012)，直接渠道是金融素养提高后家庭的储蓄计划更加完善，间接渠道是家庭更有可能投资股票，获取股票溢价(van Rooij等，2012)。Huston等(2012)发现，金融素养的提升有助于家庭资产发挥更大的"财富效应"。Lusardi等(2017)构建了一个以内生金融知识和复杂的储蓄技术为特征，包含不确定性和保险的随机生命周期模型。他们认为更好的金融素养使个人能够更好地在他们的一生中分配资源：财务精明的个人可以使用复杂的金融产品，从而提高储蓄的回报。Deuflhard等(2018)表明，金融素养高的投资者更能识别高收益的银行账户，从而获得更高的储蓄回报。换句话说，投资回报率是金融素养的增函数。这些研究都有一个得到了经济理论模型支持的共同假设，即金融素养会对终身消费产生积极影响。

更进一步，Jappelli和Padula(2013)从理论上直接探讨了金融素养与消费的关系。他们在生命周期的背景下将金融素养和非耐用品消费增长联系起来，并推导出相应的欧拉方程。他们假定金融素养水平通过利率进入模型：更高的金融素养水平反映在更高的投资回报率上。与金融素养水平较低的家庭相比，素养水平较高的家庭被认为有更高的储蓄回报。因此，当下储蓄更多并推迟当前消费，会导致更高的终身消费。他们使用意大利家庭收入和财富调查(SHIW)数据验证了他们模型的预测。结果显示金融素养得分(从0到3)每提高1分，非耐用品消费增长就会提高5.3个百分点。Dinkova等(2021)则以荷兰家庭微观调查数据研究发现主客观金融素养会促进家庭消费支出。此外，Anderson等(2017)对预防性储蓄和退休计划的研究发现，对金融素养的自我认知会推动决策。Xue等(2019)以澳大利亚微观调查数据研究发现金融素养可以提高家庭的金融福利，会促进家庭增加发展型和享受型消费支出。

国内不少学者探讨了金融素养对家庭消费储蓄的影响。宋全云等(2019)使用2013年和2015年中国家庭金融调查数据(CHFS)考察了金融素养对家庭消费的影响，研究发现金融素养的提升会促进家庭人均消费支出以及家庭的消费率。向晖等(2019)发现,金融素养正向影响居民网贷消费决策,感知风险在其中起到中介作用。孟宏玮等(2019)指出,金融素养的提升能够带动家庭享受型消费支出的增长,增加家庭消费总支出,促进消费结构升级。宋全云等(2019)认为,金融知识与家庭的消费支出和消费倾向正相关,消费信贷使用、商业人身保险购买和财富积累能够解释这种相关关系。姚玲珍等(2020)研究发现,"负债性消费"现象在中国确实存在,且金融素养对"负债性消费"具有显著的调节作用。吴卫星等(2021)研究发现金融素养与家庭储蓄率呈倒 U 形关系,其中理财规划与借贷能力是金融素养影响家庭储蓄率的两个中介。吴锟等(2022)使用中国家庭追踪调查数据(CFPS)考察了金融素养对家庭消费支出的影响,发现金融素养对居民消费总量和消费结构优化均具有显著促进作用;当把金融素养分为初级金融素养和高级金融素养时,初级金融素养仅对居民消费总量存在显著正面影响,而高级金融素养对居民消费总量和消费结构优化均具有显著促进作用;"互联网使用"和"信息交互"是金融素养推动居民消费结构优化的两条重要渠道。

2.2.5.3 金融素养与家庭资产配置

由于金融产品变得越来越复杂,金融素养也就显得比以往更为重要。即使是那些简单的金融产品,如储蓄账户和政府债券,一般情况下都有好多种选择和不同的合约,这都使得作出选择变得极为困难。进一步,随着金融市场的创新和自由化,居民家庭可以选择的金融产品极大地增加了。在许多国家,由于居民家庭参与股票市场和政府养老金政策改革,使得居民家庭面临更多的金融风险。

一系列的实证研究发现,金融素养水平低的居民家庭往往伴随着风险分散化不足,无效的投资组合配置和较低的储蓄水平。Banks 和 Oldfield (2007)以一个老年群体样本为研究对象,研究了英国老年人的计数能力和认知能力等其他维度,同时发现计数水平和退休储蓄、投资组合、养老保障的安排以及意识到的金融安全之间存在强烈的正相关关系。在后续的一篇文章中,Banks(2010)研究发现计数能力和认知能力会影响居民家庭其他的经济产出,如财富、退休收入和退休预期。Christelis 等(2010)以健康、资产、退休和预期的调查数据(SHARE)为基础,研究了认知能力和股票市场参与之间的关系。研究发现不管是直接参与股票市场的倾向还是间接参与股票市场的倾向都与数学能力、语言表达能力和记忆能力存在强烈的正相关关系。在一篇相似的文章中,McArdle 等(2009)发现计数能力(用对三个简单数学问题的精确回答衡量计数能力)是家庭总财富、金融财富和股票占财富的比重的非常好的预测变量。Smith 等(2010)进一步研究了家庭金融决策结果与夫妻双方认知能力之间的关系，发现夫妻双方的认知能力都对金融决策结果有显著的影响，而且丈夫的计数能力对家庭金融决策结果的影响大于妻子计数能力对家庭金融决策结果的影响。

van Rooij 等(2012)为了研究金融素养与家庭财富、股票市场的参与等之间的关系，在荷兰中央银行的家庭调查问卷中设计了一个特殊模块用以度量居民家庭的金融素养。这个模块包括两种类型的金融素养，一种是基本的金融素养，包括诸如简单计算的能力、理解复利的能力、理解通货膨胀的能力和理解货币幻觉的能力；另一种是高级金融素养，包括股票市场的作用，股票、共同基金和债券的特征，股权溢价和分散化的益处。他们发现金融素养高的家庭伴随着更多的家庭财富、更可能参与股票市场和更可能有退休计划。

Guiso 和 Jappelli(2009)使用意大利家庭的微观数据研究了金融素养与组合分散化之间的关系。他们使用的 2007 年意大利联合信贷银行客户调查数据，包含有家庭的投资组合、金融素养和人口特征变量等详细信息。即使在控制了其他的社会经济特征和风险厌恶系数后，金融素养与投资组合的分散程度强烈地正相关。Guiso 和 Jappelli(2009)还对客观金融素养和主观金融素养做了比较，发现这两个测度之间存在微弱的相关关系：那些客观金融素养低的受调查者中，有 50%的受调查者认为他们的金融素养水平处于平均水平以上，那些客观金融素养测试得分较高的受调查者中，有 15%的人承认他们对金融常识几乎不了解。这有可能是正如 van Rooij 等(2011)所指出的，有些居民家庭在填写度量客观金融素养的问题时存在猜测的可能。在一项针对美国散户投资者的相关研究中，Balloch 等(2015)发现，除了信任，金融素养与他们参与股市的可能性呈正相关。Clark 等(2017)证明了美国个人的金融素养水平和超额股票回报率之间的正相关性，而 von Gaudecker(2015)发现金融素养水平高的散户投资者更有可能持有多样化的投资组合。

以发展中国家为背景，Cole 等(2009)分析了金融素养与正规金融市场参与之间的关系。使用印度和印度尼西亚的调查数据，他们显示金融素养与使用正规金融服务之间存在比较强的正相关关系。然而在一个实验中，他们却发现，除去那些完全没有受过教育的家庭和金融素养无知的家庭，金融教育对居民家庭开设银行储蓄账户没有影响。Hastings 和 Tejeda(2008)使用调查数据和参与私人社会保障的实验数据检验了金融素养与工人选择行为之间的关系。研究发现金融素养会显著地影响工人在收费市场上发生的费用。尹志超等(2014)使用中国截面微观数据，研究发现金融知识与居民家庭参与股票市场和股票财富占家庭总财富的比值之间存在显著的正相关关系,但金融知识对居民家庭股票收益率没有影响。曾志耕等(2015)发现金融素养高的家庭投资组合分化程度更高。

保险作为现代金融业的三大支柱之一,兼具风险防控与财富管理双重功能,是家庭金融决策的重要选项。保险条款比较复杂,对保险条款的理解需要消费者掌握一定量的金融知识,并具备运用金融知识的信心。但目前关于这方面的研究并不多。秦芳等(2016)使用 CHFS2013 年的微观数据实证发现,客观金融素养对居民购买商业保险具有显著的正向影响。Wang 等(2021)进一步使用 CHFS2013 年数据,研究发现金融素养的提高有助于提升居民购买人寿保险的可能性及保费支出。王沈南等(2021)使用清华大学中国金融研究中心 2010 年和 2011 年"中国消费金融现状及投资者教育调查数据",研究发现主观金融素养越高的家庭,投保人身保险的可能性越高。Lin 等(2017)使用了来自中国台湾的 2 472 名受访者的样本,发现金融素养高的受访者在人生的某些特定阶段更可能购买人寿保险。Allgood 和 Walstad(2016)利用美国国民金融能力调查(NFCS)2009 年的数据,研究发现具有较高感知和实际金融素养的成年人更有可能拥有人寿保险。Bongini 等(2023)以意大利微观调查数据发现保险素养对居民保险的购买有显著地促进作用。

2.2.5.4　金融素养与退休计划

退休计划是个人或家庭的长期决策,与个人晚年的生活质量息息相关。通过分析德国的调查数据,Bucher-Koenen 和 Lusardi(2011)提供了金融素养与退休计划之间存在密切关联的证据。关于"大三"问题,作者指出,有退休计划的家庭中,大约 70% 的家庭对"大三"问题都给出了正确答案,而没有退休计划的家庭只有 54% 的家庭给出了相应的答案。分析美国金融行为的研究还发现,金融素养水平低的个人不太可能为自己的退休制定计划(Lusardi 和 Mitchell, 2007b, 2011b)。在最近的一项研究中,Clark 等(2017)使用了一个数据集,该数据集将投资成功的管理数据与金融素养联系起来,发现个人的金融素养与他们参与 401K 计划的倾向以及各自投资的盈利能力之间的正相关关系。一些相关的文献也记录了金融素养与储蓄行为之间的正相关关系(Lusardi 和 Mitchell, 2011c; Chan 和 Stevens, 2008; Behrman 等,2012),即提供额外的证据表明,金融素养高的个人表现出更大的提前计划的倾向。

2.2.5.5　金融素养与理财建议需求

随着经济的发展,金融专业人员越来越多,可以为投资者提供专业的金融信息和相关建议。Hung 和 Yoong(2010)研究显示金融素养低的消费者会更多地向专业人员咨询相关建议,因此他们认为金融素养与理财建议之间是替代关系。只要居民家庭在作出金融决策的时候能够听从理财顾问的建议,那么这些建议就可以作为他们亲自去学习的一种替代。这样也可以避免为了获取金融专业知识进而提高自身金融素养的努力。然而,两个问题可能破坏这样的观点。第一,Bolton 等(2007)、Inderst 和 Ottaviani(2012)和 Stoughton 等(2011)认为当理财顾问同时还有一个金融产品销售者身份的时候,这样的专业建议可能是有偏的;Bergstresser 等(2009)、Mullainathan 等(2012)和 Shapira 和 Venezia(2001)进一步认为这些有偏的建议可能并不会改善居民家庭的投资组合,甚至是相反的。Calcagno 和 Monticone(2015)研究发现理财顾问仅仅会向金融素养水平高的消费者提供他们的优势信息,而不会向金融素养水平低的消费者提供有价值的信息。这个现象有点类似于社会学中用来描述穷人变得越穷、富人变得越富的"马太效应"。来自一个关于墨西哥成年人的实验证据显示,比起那些更有经验的消费者来说,那些缺少见识的消费者从金融机构收到关于储蓄和信贷产品的信息更少(Gine 等,2013)。意识到理财顾问有卖理财产品动机的理性投资者,只有当投资者的金融素养水平足够高的时候,他们才有可能会有对专业建议的需求。否则他们宁愿依靠自己或亲戚朋友作出金融决策。第二,居民家庭可能没有对理财建议的需求。比方说,Bhattacharya 等(2012)发现即使是公正和免费的专业建议都可能没有需求市场,因此他们认为公正的建议并不足以提高投资者的资产配置。他们的结论显示,对专业建议需求的问题可能在于需求方,而不是供给方。

也有一些学者从描述性统计的角度,证实金融素养与理财建议需求之间是共生的。Lusardi 和 Mitchell(2011a)发现能够正确回答金融常识问题的个人更倾向通过正式途径(如参加退休研讨会、咨询理财顾问)而不是非正式途径(如家人、亲戚朋友、同事交流的方式)作出他们的退休计划。van Rooij 等(2011)使用荷兰中央银行的调查数据也发现了这样的现象。他们发现金融素养水平更高的居民家庭更可能相信如报纸、理财顾问的建议和互联网作为他们金融信息的来源。Hackethal 等(2012)的研究显示理财顾问通常是与富人和有经验的投资者联系在一起,扮演一个类似于"保姆"的角色,使得他们的投资表现得更好。Collins(2012)使用 2009 年美国金融业监管局(FINRA)金融能力调查数据更直观地研究了金融素养与理财建议需求之间的替代性问题,研究发现金融素养高的消费者更可能寻求专业人员的理财建议。

有许多研究考虑了投资者的其他特征。Georgarakos 和 Inderst（2011）显示投资者的决策依赖于顾问的建议，也依赖于他们对自己的金融能力的知觉。投资者只有当他们意识到本身金融能力相当低而且对顾问的信任程度相当高的时候，他们才会依赖于专业人员的建议并且参与股票市场。与之相反的是，如果投资者认为他们自己准备已经足够，那么他们会参与股票市场，而且不会理会专业人员的建议。Hackethal 等（2010）在一个 cheap-talk 博弈模型中引入投资者的金融事务常识和与理财顾问的利益冲突的意识，他们的研究结果显示金融常识和利益冲突都会减少投资者按理财顾问的建议作金融决策。Bucher-Koenen 和 Koenen（2010）建立了一个包含对金融常识了解更多的投资者能更好地理解专业人员建议的模型，研究发现对专业建议的需求与投资者的金融常识之间是共生关系。这也激励专业人员为那些金融素养水平比较高的投资者付出更多的努力去发现更好的投资机会。Calcagno 和 Monticone（2015）以 cheap-talk 博弈模型为基础研究金融素养与专业建议的需求，研究也发现居民家庭的金融素养与对专业人员建议需求是共生的关系。

2.2.5.6 金融素养与宏观经济

金融素养有助于市场和政策的良好运转。首先，金融素养的缺乏会为金融市场中的金融欺诈行为和不公平的竞争创造更有利的条件，严重妨碍有效的金融中介。正如八国集团财政部长在 2006 年的会议上所强调的，博识的和接受过教育的金融消费者会促进金融市场更好的发展，在这样的市场上，低劣的产品将被驱离市场，人们的信心也会得到提升。当居民家庭是博识的时候，他们也能够约束政策制定者，这也就是所谓的"信息灵通的公民有助于制定更好的经济政策"（Mishkin，2008）。Bernanke 曾强调提升消费者的金融素养也是恢复消费者对经济信心的一种途径："美联储的货币政策和维持一个稳定的金融体系的使命依赖于受过良好教育的公众的参与和支持。尽管美联储奉行的货币政策目标已被国会通过（价格稳定，增进就业和温和的长期利率），但更需要公众能理解我们的目标和行动。告知公众并让他们理解我们决策的合理性有助于帮助他们对我们经济体系的信心——这是保持经济健康稳定发展的一个关键因素"（Bernanke，2006）。

金融素养对家庭决策和金融市场的健康运转是很重要的，但是关于金融素养重要性的证据和金融教育有效性的证据主要集中在美国。其他地区也有一些这方面的调查数据，由于关注对象不同或调查方法不同，使得它们并不具有可比性，但调查结果还是具有一定的共性：（1）居民家庭的金融素养相当的低；（2）金融素养与受教育程度成正相关关系；（3）金融素养往往与高收入和高财富有关。学习金融知识的激励与家庭可得资源是直接相关的，因此这些共性并不能作为从金融素养到财富的因果关系的证据。

2.2.5.7　忽视金融素养的代价

在金融危机之后，许多国家开始关注金融无知的代价和它的影响分布。在荷兰，van Rooij等(2012)估计了金融素养处于第75分位数处与处于第25分位数处居民家庭的净财富的差距大概为80 000荷兰盾(大概为处于中位数家庭可支配收入的3.5倍)。他们也指出，平均而言，当处于金融素养第25分位数处的家庭上升到金融素养处于第75分位数的时候，参与股票市场的概率会增加17%，而制定退休计划的概率会增加30%。在美国，通过使用包括金融素养的生命周期模型模拟发现，金融素养可以解释50%以上的财富不平等(Lusardi等，2020)。在他们的模型里，假定金融素养高的居民家庭的储蓄的收益率更高。因此，如果金融素养对金融行为的影响是一种因果关系的话，那么金融无知的代价就足够大。

在美国，那些尝试打败市场的投资者由于费用和积极投资的交易成本，导致损失了大量的股权收益。French(2008)计算了这样的损失每年高达1 000亿美元，这些损失通过被动指数是可以避免的。由于金融素养低的家庭对这样的费用不太敏感，所以他们更容易遭受这样的损失。另外许多金融无知的家庭回避参与股票市场，Cocco等(2005)计算出家庭不参与股票市场导致的福利损失占家庭财富的4%。Calvet等(2007)计算了投资组合分散化程度低的投资组合的经济成本也是非常的大：在瑞典，一个处于中位数上的投资者，在他的风险资产组合上的收益损失高达2.9%，或者说占家庭可支配收入的0.5%。有多达10%的投资者，他们每年的成本高达可支配收入的4.5%。Bhamra和Uppal(2019)认为尽管家庭由于熟悉偏差导致的家庭资产组合分散化不足引起的损失大约仅占组合收益的1%，然而同时考虑熟悉偏差的组合效应和跨期的消费-储蓄决策的时候，该损失则至少会放大4倍。

金融无知的损失不仅在储蓄和投资领域存在，同时也在消费者的负债方面存在。Campbell(2006)指出在美国，选择次最优融资的家庭的年利率比选择最优融资家庭的年利率要高出0.5%—1%，或者说总支出每年要高出500—1 000亿美元。Gerardi等(2013)研究指出，计数能力低下是最近金融危机中大量家庭发生次级抵押贷款违约的原因之一。根据他们的估计，计数能力处于最高组家庭的违约比处于最低组家庭的违约要低20%。

Lusardi和Tufano(2015)计算了收集信息能力最差的那部分美国人发生的交易成本和由于缺乏金融素养导致的那部分成本。在他们的文章中显示,持有信用卡的人中,29%的消费者是缺乏金融常识的,但这 29%的消费者由于持有信用卡产生的费用却占到所有持卡人产生总费用的 42%。Shen 等(2016)以台湾家庭数据为例指出,金融素养水平较高的个人不太可能卷入金融纠纷。

2.2.5.8 金融素养内生性问题

表 2.1 金融素养对金融行为影响的工具变量①

作者	国家	数据年份	工具变量	与 OLS 估计大小比较	工具显著否
Christiansen 等(2008)	丹麦	1997—2001	一个地区是否新开办大学	比 OLS 估计结果大	是
Lusardi 和 Mitchell(2009)	美国	2009	使用美国各州高中阶段金融教育和各州的教育费用支出	比 OLS 估计结果大	是
Fornero 和 Monticone(2011)	意大利	2006	学习和获取金融知识和信息的成本	比 OLS 估计结果大	是
Bucher-Koenen 和 Lusardi(2011)	德国	2009	同一区域其他人的金融知识水平和政治态度	比 OLS 估计结果大	是
Sekita(2011)	日本	2010	受调查者 15 岁时的日语能力	比 OLS 估计结果大	是
van Rooij 等(2011)	荷兰	2005	受调查者大学期间用在经济常识上的学习时间	比 OLS 估计结果大	是
van Rooij 等(2012)	荷兰	2010	受调查者兄长和父母的金融经历	比 OLS 估计结果大	是
Klapper 等(2013)	俄罗斯	2008—2009	国家层面和地方层面报纸发行数量和公办及民办大学的数量	比 OLS 估计结果大	是
Arrondel 等(2015)	法国	2011	受调查者父母的金融素养	比 OLS 估计结果大	是
Agnew 等(2013)	澳大利亚	2012	受调查者兄长和父母的金融经历	比 OLS 估计结果大	是
尹志超等(2014)	中国	2013	受调查者父母的受教育程度	比 OLS 估计结果大	是

---

① 表格的英文部分文献来自 Lusardi 和 Mitchell(2014),"The Economic Importance of Financial Literacy: Theory and Evidence",Journal of Ecomomic Literature.

已有文献发现金融素养和各方面的金融行为之间存在正相关关系。然而缺乏真正的随机对照实验支持因果推理,因此,金融素养对个体金融决策质量的影响比较难以确定,内生性是一个普遍的问题。

为什么会有内生性呢? 首先,那些应该包含在模型中但实际并不被包含的解释变量,即遗漏变量。如果在特定环境中观察到的金融素养和良好的金融决策之间的正相关性可能归因于一些潜在的第三因素,这些因素有助于提高金融素养水平和改善金融结果,内生性通过一个或多个被忽略的变量进入模型。事实上,金融素养可能不是随机分布的,那些表现出高水平金融素养的个体可能具有某些特征,比如卓越的数字能力、智力、处理个人财务的动机或耐心。已有研究记录了一些难以捕捉的因素,这些因素可能同时影响金融素养和金融行为。Meier 和 Srenger(2013)表明,那些自愿参加金融教育项目的人更加关心未来。Hastings 和 Mitchell(2020)发现,那些在实验中表现出耐心的人也更倾向于在养老金账户中为退休储蓄额外的金额。同样,Bucher-Koenen 和 Lusardi(2011)认为可能存在一个被忽略的变量,这个变量是由于缺少关于个人处理金融事务的能力或动机的信息。其次,金融素养与良好的金融决策之间的正相关关系可能源于反向因果关系。即个人通过参与某些金融活动从而提高了自身的金融素养。已有文献提供了一些由于反向因果关系渠道潜在的内生性的例子。Disney 和 Gathergood(2013)调查了金融素养对寻求信贷咨询决策的影响,并认为金融素养可能随着信贷咨询的接受而内生发展。Bucher-Koenen 和 Lusardi(2011)认为,金融素养水平较高的个人可能更好地认识到为退休储蓄的需要和好处,因此更倾向于参加储蓄计划。然而,影响金融素养的可能是退休计划,而不是相反,即那些计划退休的人仅仅因为参与了储蓄计划而获得了一定程度的金融素养。同样,Hilgert 等(2003)的研究发现,大多数个人把个人经历作为他们金融学习的最重要来源,这表明一些反向因果关系的因素是可能的。最后,当涉及金融素养变量时,内生性也可能来自测量误差,例如,基于测试的金融素养测量的答案可能不能测量"真正的"金融素养。Lusardi 和 Mitchell(2009)认为在使用"大三问题"测量消费者金融素养的时候,一些答案判断是"正确的"可能归因于猜测,而不是知道。

解决内生性的方法之一是找到内生变量的工具变量(IV)以产生一致的参数估计。然而 Roberts 和 Whited(2013)强调,真正外生的工具变量很难找到,特别是,有效的工具变量应该是建立在清楚地理解感兴趣问题的经济学含义的基础上。在过去的几年里,有一些研究者使用工具变量法评估了金融素养对金融行为的影响,这些结果都非常具有说服力。为了显示工具变量的独创性,表 2.1 列举了在一些实证文献中使用的工具变量。Christiansen 等(2008)使用一个地区是否开办了一所新的大学作为金融素养的工具变量。Lusardi 和 Mitchell(2009)使用美国不同时期不同州高中期间金融教育和各州教育费用支出作为金融素养的工具变量。van Rooij 等(2012)使用受调查者兄弟姐妹和父母个人金融状况作为金融素养的工具变量。具体而言,他们询问受访者最年长的兄弟姐妹的金融状况是否比他们自己的财务状况更差、相同还是更好,并收集关于他们如何评估其父母的金融素养水平的信息。为什么这些问项是特别好的工具变量? 首先,这些金融素养的工具变量与受访者的股市参与程度相比是外生的,因为可以说,其他人的金融经验是他们无法控制的。然而,与此同时,受访者可能会向家人学习,从而提高自己的金融素养。因此,这些工具变量只通过它们对内生变量(受访者的金融素养水平)的影响来影响结果(受访者参与股票市场的倾向),即同时满足有效 IV 所需的相关性和外生性条件。van Rooij 等(2011)使用受调查者大学期间在金融知识学习上所花的时间作为金融素养的工具变量,并得出经济教育是投资股票市场的一个重要的决定因素。以这个为参考准则,Klapper 等(2013)使用俄罗斯地方公办大学和民办大学数量和报纸发行总量作为金融素养的工具变量。他们发现金融素养会影响许多经济指标,包括银行账户、银行信贷、正规信贷的使用及支出。Lusardi 和 Mitchell(2011b)使用受调查者兄长和父母的金融经历作为金融素养的工具变量严格地评估了金融素养与股票市场参与之间的关系。Agnew 等(2013)也使用受调查者兄长和父母的金融经历作为金融素养的工具变量,考察了金融素养对澳大利亚人退休计划的影响。Bucher-Koenen 和 Lusardi(2011)使用德国各个地区层面受调查者的政治态度作为金融素养的工具变量,他们认为市场经济的支持者金融素养水平会更高,人们能够从他们身边的人那里学到金融常识。

有意思的是,在大部分的文献中,工具变量的金融素养估计总是被证明比普通最小二乘法估计的要大。Lusardi 和 Mitchell(2014)认为这可能是受调查者受到工具变量的影响更大,也有可能存在严重的测量误差;另外一方面,可能是金融素养的非工具变量法低估了金融素养的真实效应。这一证据是普通最小二乘法对于足够大的测量误差会导致偏差的有力证据,因为如果遗漏变量和反向因果关系是内生性的唯一来源,则系数的大小应该向上偏倚。

2.2.5.9　金融素养的影响因素

各国的一个有力的发现是,年轻人和老年人的金融素养水平最低

(Lusardi 和 Mitchell,2011a,2011c)。因此,通常观察到金融素养关于年龄呈驼峰形分布。年轻人的金融素养水平低可能是个问题,因为这个群体面临着影响他们未来几十年财务状况的金融决策。这就是为什么经合组织在2012 年 PISA 评估中纳入了一系列金融知识问题,因为对于 15 岁的学生来说,提高金融素养水平似乎特别有前景。老年人金融素养水平低也是一个问题,美国 60 岁及以上的个人拥有的财富约占全美国人拥有财富的 50%(Finke 等,2017)。关于与年龄有关的认知变化,Gamble 等(2015)表明情景记忆的减少与计算能力的降低有关。此外,随着年龄的增长,语义记忆的减少伴随着金融知识的减少。结果,认知能力的减少与老年人金融素养的降低有关。关于老龄化的影响程度,Finke 等人(2017)发现,60 岁以上的人金融素养每年下降约 1 个百分点。老年人基于测试(客观)和自我评估(主观)金融素养之间存在广泛的差异,因为这个群体显示出高度的过度自信:Gamble 等(2015)和 Finke 等(2016)表明,对金融能力的信心不会随着年龄的增长而下降,使得老年人特别容易陷入金融丑闻和欺诈(Deevy 等,2012)。Bucher-Koenen 和 Lusardi(2011)以德国的微观调查数据也验证了这一发现。此外,他们也发现了金融素养水平随受访者年龄的驼峰分布,并且年龄在 65 岁及以上的受访者金融素养最低。由于已有研究多数是基于截面数据,因此很难区分这是年龄效应还是群体效应。

另一个强有力的发现是金融素养的性别差距(Lusardi 和 Mitchell,2009;Lusardi 和 Tufano,2015;Hung 等,2009;Mottola,2013;Bucher-Koenen 等,2017;Agnew 和 Harrison,2015;Klapper 等,2015;Stolper 和 Walter,2017):男性通常比女性在客观金融素养上得分更高。一方面,女性在测试题中给出的正确答案较少。Lusardi 和 Mitchell(2014)的研究显示,在美国,"大三"问题全部答对的男性比例为 38.3%,而女性的比例只有22.5%。另一方面,女性似乎对自己的金融能力缺乏信心,因为她们更有可能选择"不知道"这一类。根据 Lusardi 和 Mitchell(2014)的调查,50.0%的美国女性表示她们至少不知道"大三"问题中的其中一个问题的答案,而男性的这一比例为 34.3%。一些试图用传统的角色模型来解释这一发现的研究表明,女性只有在晚年才有投资金融素养的动机(Fonseca 等,2012),信心水平往往更低(Bucher-Koenen 等,2017),而且男性与女性之间在金融事务上的利益也往往不同(Brown 和 Graf,2013)。然而,没有一种方法能够完全解释性别差异,因此使得这个问题成为进一步研究的领域。

不少文献发现教育与金融素养之间存在正相关关系(Lusardi 和Mitchell 2011c;Christelis 等,2010;Stolper 和 Walter,2017)。Lusardi 和

Mitchell(2014)报告称,在荷兰,69.8%的大学毕业生正确回答了所有"大三问题",而在受教育程度最低的人群中,正确回答"大三问题"的比例仅为28.0%。在德国,Stolper 和 Walter(2017)则发现在那些受教育程度最高的受访者中,几乎 90%的人能够正确回答"大三问题",而受教育程度最低的人群中,这一比例仅为 53%。当然,重要的是要分析正相关是否可能由受访者的认知能力驱动,而不是由教育驱动。然而,很少有研究试图将认知与教育的效果区分开来。Lusardi 等人(2010)发现,即使在控制了认知能力之后,教育仍然是一个相关因素。Bannier 和 Neubert(2016)认为正式教育对女性的金融素养水平影响更大。此外,个人在其工作期间也可以获得持续的金融教育,包括雇主提供的讲习班、研讨会和网络研讨会,这些都可以作为金融教育的重要来源。已有研究发现,工作场所的金融教育,如退休准备、债务管理、抵押贷款和房屋所有权教育可以提高工作人员的金融素养和行为(Bayer, Bernheim 和 Scholz, 2009)。

Stolper 和 Walter(2017)发现与失业的成年人相比,就业者和个体经营者的金融素养明显更高,更有可能正确地回答"大三问题"。也有文献发现个人的收入和财富水平与其金融素养水平之间存在正相关(Hung 等,2009;Lusardi 和 Tufano, 2015;Lusardi 和 Mitchell, 2011c;Klapper 等,2015)。Stolper 和 Walter(2017)以德国数据为例发现,在收入方面,收入最高的五分之一人群中,76%的人正确回答了"大三问题";收入最低五分之一人群的相应比例明显更低(50%)。在财富方面也发现了类似的结果:在最富有的五分之一人群中,73%的人正确回答了所有"大三问题",而在最贫穷的五分之一人群中,正确回答问题的比例为 51%。Klapper 和 Lusardi(2020)发现在主要新兴国家中,生活在最富裕的 60%家庭中的成年人中,有 31%的人具有较好的金融素养,而生活在最贫穷的 40%家庭中的成年人中,这一比例为 23%。

也有文献研究了人们的金融社会化对其金融素养水平的影响。Grohmann 等(2015)确定了金融社会化的三个潜在渠道——家庭、学校和工作,并发现三个渠道中的两个,即家庭和学校,确实对成年受试者的金融素养有积极的影响。关于人们的家庭背景,Lusardi 等(2010)分析了年轻人的金融素养水平,并将其与他们所在家庭的其他成员的金融素养水平联系起来。年轻人的金融素养水平与他们父母的金融素养得分和学历之间存在正相关关系。此外,受访者父母的金融行为和他们的教育背景被证明对他们孩子的金融素养水平有独立的影响。最后,在一项关于金融社会化作用的相关研究中,Lachance(2014)发现,平均而言,甚至受访者邻居的学历也会影响他们的金融素养水平。

2.3　小结

　　与资产定价和公司金融等相比，家庭金融研究起步较晚，但国外许多学者从不同角度研究了影响居民家庭金融行为的因素，为政策制定者提供了相应的参考依据。我国也有不少学者利用中国家庭的微观数据进行了不少研究。次贷危机之后，世界上很多国家进一步强化了对居民家庭金融行为的关注，努力提高本国居民家庭的金融素养水平，探讨提升居民金融素养水平的路径。正如 Bernanke(2010)指出的："作为金融危机的后果，美国许多居民家庭正处于挣扎之中，这直接导致了对能够帮助居民家庭做出良好金融决策的可信和有用信息的需求。帮助人们更好理解如何作出明智的储蓄和借贷决策以及如何积累个人财富是我们帮助居民家庭提高福利的最好的政策之一。"从上面的研究进展中可以看到，西方国家在金融素养方面的研究占主导地位，研究也显示即使是在拥有发达金融市场的国家，比如荷兰、瑞典、日本、意大利、新西兰和美国等，金融文盲也是很普遍的(Lusardi 和 Mitchell，2011b)。研究金融素养水平对中国居民家庭金融行为影响的文献不多，处于起步阶段，而同时以主观和客观金融素养为主题的研究更是缺乏系统性。由于环境的不同，不同经济体的金融素养对居民金融行为的影响以及金融素养的干预效果可能不同。背景差异可能是由于不同国家金融素养水平的差异、人们的态度和个性因素、文化因素以及获得金融服务或其他金融资源的机会。因此本书利用中国家庭微观调查数据，比较系统地从主观和客观金融素养的视角研究中国家庭的金融行为，具体包括福利效应、负债行为、资产配置行为、人身保险需求和金融素养的提升和替代等。

第3章 金融素养的度量及分布

3.1 数据来源

本书实证部分使用的数据主要来自三个数据库,分别为清华大学中国金融研究中心"中国消费金融现状及投资者教育调查"项目、北京大学"中国家庭追踪调查"(CFPS)项目以及中国家庭金融调查与研究中心"中国家庭金融调查"(CHFS)项目。由于清华大学中国金融研究中心的项目是国内最早涉及金融素养调查的项目之一,且其中的主观金融素养问项比较丰富,因此,以清华大学中国金融研究中心"中国消费金融现状及投资者教育调查"2010年和2011年的数据考察我国居民家庭主观金融素养分布。另外,中国家庭金融调查与研究中心"中国家庭金融调查"(CHFS)项目只公开到2019年的调查数据,而且在已公开的数据中,2019年问卷中关于金融常识的问项与往年的问项有一定的出入。因此,使用CHFS2019呈现客观金融素养的分布情况。

3.2 金融素养的度量

增进消费者的金融素养水平是旨在提高消费者福利的公共政策的目标。高水平的金融素养可以减轻监管的负担,减少立法的必要性和降低政府干涉金融市场的程度。这不仅对个人有好处,对社会也很有好处。政府采取了一系列的建议以及服务用于处理居民家庭由于糟糕的财务决策导致的后果;居民家庭金融能力的提升可以减少政府在这方面的开支和确保更大的支出用于如防止危机的发生。

为了评估居民家庭的金融素养水平和探讨提升居民家庭金融素养的途径,度量消费者做出有效金融决策能力的建构是必须的。根据 Pedhazur 和 Schmelkin(1991)的观点,建构有效性的逻辑分析方法包括四个方面:建构的定义,包含的内容,度量方法和评分程序。首先也是最重要的是建构的定义,建构的定义要具有可操作性,全面性且与其他建构不重叠。第二步是决定建构的内容和相关领域的俗语。第三步是度量程序,要包括一些结构性的问题,例如怎么收集数据(简介、等级量表),字数、语言表达和对一些相关问题的排序都是度量程序应该考虑的。评分程序是评级的重要工具,并提供一致的检验和解释。

到目前为止,只有少数研究对金融素养给出了明确的定义,如第一章的表 1.1。尽管它们并不完全统一,但基本都包括对金融知识的理解或运用的能力,或两者兼具。纵观对素养的定义以及金融素养的定义,本书倾向接受 OECD INFE(2011)提出来的概念,即金融素养是作出合理金融决策并最终实现金融福利的必要意识、知识、技术、态度和行为的结合。在这个定义中,他们把知识当成是理解个人金融问题的能力,技术则是在日常生活中应用金融知识的能力,而意识、态度和行为涉及有作出合理金融决策的信心。而在建构的内容方面,以往的研究主要有以下 4 个方面:(1)以货币为基础(包括货币的时间价值、购买力和个人金融账户等概念);(2)借贷(比方说信用卡的使用、消费信贷或抵押贷款);(3)投资(比方说储蓄账户、股票、债券和共同基金等);(4)资源保护(如保险产品和其他的风险管理技术等)。

度量程序包括使用问题的个数和调查方法。要把金融素养所包含内容转化为可度量的数字本身是很难的,Lusardi 和 Mitchell(2008, 2011a, 2011c)为此设计了一组标准的问题,并在美国和世界其他一些国家广泛使用。另外一个就是涉及收集数据的方法,目前较为广泛使用的方法有:面对面采访,电话采访和网络问卷等形式。

评分程序。几乎 90% 的研究并没有明确地指出受访者的哪个回答可以显示出他具有较好的金融素养。有的研究为了结合度量结果甚至将金融素养的门槛和之后的等级划分割裂开来。例如,根据 Volpe 等(1996)中的度量,在投资问题的回答中如果能够达到 70 分及以上则认为其具有较好的投资素养。也有文献则是用从 A 到 F 的排序,但是并没有指出哪一个级别水平代表具有金融素养(Bankrate, 2003)。在 Jump$tart Coalition 的研究中,如果学生得到了 60 以下的分数(Mandell, 1997),则说明其金融素养水平较差。然而,Mandell(2009)认为,学生必须要达到 75 分及以上才能说明其金融素养较好,从 60 分到 74 分则表示不清楚。

由于金融素养本身难以度量,不仅涉及对基本金融知识的了解,还涉及对所掌握金融知识的感知及使用所掌握知识的能力和信心。因此,目前主要有两种近似度量方式:一是通过正确回答一些核心金融常识问题得分的方式,度量实际的金融素养,由此得到的金融素养也称为客观金融素养;二是通过自我评价金融水平或对某些金融产品的了解程度的方式,度量自我意识的金融素养,通常也称为主观金融素养。使用第一种方式度量金融素养,即向人们提出金融常识或金融产品度量金融素养的时候,面临的困难是采用多少个问题和采用哪些方面的问题去度量。不同文献采用的问题种类及数量不同。有的问项单一,有的问项比较全面,有的是综合评估,有的是具体某一方面知识的评估。Stango 和 Zinman(2009)仅仅采用一个问题度量居民的金融素养。Lusardi 和 Mitchell(2008)采用三个核心问题度量居民的金融素养,这些问题抓住了人们日常作出金融决策而需要涉及的一些关键金融常识,包括计数和复利的计算、通货膨胀的理解以及组合分散化的理解。① 这些问题被称为"大三问题",也是美国和世界其他一些国家,在考察本国居民金融素养调查问卷中常用的问题。为了更好地度量客观金融素养的其他方面,Lusardi 和 Mitchell 在 2009 年美国金融能力研究(NFCS)中在原有三个问题的基础上增加了两个衡量资产定价和抵押贷款知识的项目,并称为"大五问题"。② van Rooij 等(2011)认为采用一个或三个问题度量居民的金融素养太粗糙,因而他们的研究中除了采用 Lusardi 和 Mitchell(2008)中的三个核心问题外,还另外增加了 13 个问题,以区分居民的基本金融素养和高级金融素养。同时,他们指出采用第一种方式度量居民的金融素养时,由于有些问题比较高深,可能会导致居民随意猜测,如果采用自我评估的方式度量金融素养则更简单和直观。③ 采用自我评估的方式度量

---

① 具体的问项分别为:"1. 假如您的储蓄账户有 100 美元并且每年的利率为 2%,那么 5 年之后,储蓄账户有多少钱? 选项分别为:多于 102 美元,刚好 102 美元,少于 102 美元,不知道,拒绝回答。2. 假如您储蓄账户的年利率为 1%,年通货膨胀率为 2%,1 年之后您储蓄账户的财富能买到的物品? 选项分别为:比今天要多,跟今天一样,比今天要少,不知道,拒绝回答。3. 买一只股票的收益比买股票型基金的收益更安全,选项为:对,错,不知道,拒绝回答"。

② 具体问项分别为:"1. 一般来说,如果利率上升,则债券的价格会? 选项分别为:上升,下降,保持不变,两者之间没有关系,不知道,拒绝回答。2. 同样的贷款额,15 年期抵押贷款通常需要比 30 年期抵押贷款更高的月还款额,但是在贷款期限内的总利息将会更少,具体选项分别:对,错,不知道,拒绝回答。3. 假设你欠了 1 000 美元的贷款,每年的复利利率是 20%。如果按照这个利率,你没有还清任何债务,那么你需要多少年才能使你的欠款翻倍?具体选项分别:少于两年,2 至 4 年,5 至 9 年,10 年或更多,不知道。4. 下列哪一项表示患某种疾病的可能性最高? 具体选项分别:感染这种疾病的几率是二十分之一,2%的人会得这种病,每 1 000 人中就有 25 人会得这种病,不知道。"其中后两道问题是 NFCS 新增的。

③ van Rooij 等(2011)通过把受调查者随机地分成两组,在这两组人群中询问相同的问题但语序不同,结果显示这两组人群回答的结果差距很大。于是他们认为,居民在回答金融常识问题的时候可能猜测答案,客观金融素养度量存在一定的误差。

居民家庭金融素养的时候,尽管居民有可能会高估自己的金融素养,但 van Rooij 等(2011)指出,主观金融素养和客观金融素养之间存在非常强的正相关关系。Xiao 等(2014)和 Xia 等(2014)均采用居民家庭对某些金融产品的了解程度的方式,度量主观金融素养并研究相关的问题。也有的是使用"从1 到 7,1 表示很低,7 表示很高,你会如何评估你的整体金融知识?"的问项度量受调查者的主观金融素养(Lusardi 和 Mitchell,2014)。还有的是针对受调查者回答的若干个测度自己客观金融素养的问项,让受调查者评价自己能答对任意多个问项的可能性有多大(Anderson 等,2017)。Rothwell 和 Wu(2019)认为对能力的自我评估可能不同于对知识的评估,而且主观金融素养也表明金融素养包括的内容超过知识本身。主观金融素养和客观金融素养是金融素养的两个不同维度,对金融行为的影响可能存在差异,应该单独考察。Allgood 和 William(2016)利用美国一个比较大的国民调查数据,即美国国民金融能力研究数据(包括 28 146 个家庭),研究发现主观金融素养对居民家庭金融行为的影响,与客观金融素养对居民家庭金融行为的影响一样重要。Henager 和 Cude(2019)发现,客观金融素养和主观金融素养都与所有年龄组的应急基金正相关。Kim 和 Yuh(2018)发现客观金融素养和主观金融素养均对消费低于收入的可能性有正向的作用。Babiarz 和 Robb(2014)发现主观金融素养在决定应急储蓄积累的可能性方面具有正向的作用。Parker 等(2012)发现,有较高金融信心的个人更有可能为退休做财务规划,并尽量减少投资费用。Anderson 等(2017)揭示了预防性储蓄和退休计划与主观金融素养的关系比客观金融素养水平更密切。Bannier 和 Schwarz(2018)表明,在金融素养技能方面更高的自信心会增加财富。Dinkova 等(2021)发现主观金融素养和客观金融素养在不同家庭对非耐用品消费的影响是不一样的。其中单亲女性家庭,客观金融素养而不是主观金融素养对家庭非耐用品消费有显著正向影响;单亲男性家庭,主观和客观金融素养对非耐用品消费均没有显著的影响;双亲家庭,女性的主观和客观金融素养对非耐用品消费均有负向影响,尽管都不显著,但男性的主观和客观金融素养均会促进家庭的非耐用品消费支出。Cupak 等(2022)发现主观和客观金融素养共同促进了家庭股票市场参与,但只有客观金融素养会抑制家庭债券市场的参与。因此,本书主要是考察主观金融素养和客观金融素养对居民经济金融行为的影响。

由于清华大学中国金融研究中心 2010 年和 2011 年进行的"中国消费金融现状及投资者教育调查"问卷中有比较好的可以用来识别居民家庭对某些金融常识了解程度的问题。与 Xiao 等(2014)、Xia 等(2014)和吴锟

(2016)类似,本节采用受调查者对股票、基金、债券等相关问题的回答,即："您或您的家庭对下列投资方式了解吗?[①]"的回答和对购房贷款、购车贷款等贷款产品的回答,即："您家了解商业银行以下贷款产品吗?"的回答,总共9 个问题构造主观金融素养指标以考察主观金融素养的分布情况;同时采用 CHFS2019 年问卷中的问项[②]考察受调查者的客观金融素养的整体分布情况。

受调查者对相关贷款产品问题的回答结果分布见表 3.1。表 3.1 的结果显示,对贷款产品比较了解或非常了解的家庭占比不多。了解最多的是购房贷款,但家庭占比也没有超过 13%,其他的都在 5%左右。而对任何一款贷款产品不知道或不太了解的家庭占比都超过了 50%,有的甚至超过80%。由此可以看出居民家庭主观金融素养非常低,对相关贷款产品的了解非常少。

表 3.1　相关贷款产品问题回答情况分布

	购房贷款	购车贷款	装修贷款	教育贷款	商业贷款	大件贷款
不知道	0.248	0.330	0.451	0.414	0.443	0.469
不太了解	0.283	0.342	0.375	0.340	0.335	0.350
有所了解	0.345	0.258	0.137	0.192	0.168	0.147
比较了解	0.099	0.059	0.030	0.046	0.042	0.026
非常了解	0.026	0.012	0.007	0.008	0.012	0.007

表 3.2 报告了居民家庭对股票、基金和债券的了解程度分布。从表 3.2可以看到,对股票比较了解或非常了解的家庭占比为 11.8%,对基金比较了解或非常了解的家庭占比为 8.7%,对债券比较了解或非常了解的家庭占比为 5%,而对任意一款产品不了解和不太了解的家庭占比都超过了60%,这表明居民家庭对投资产品的了解非常少。

---

① 选项为 1—5,1 代表不了解,5 代表非常了解。

② 三个问项分别为："1.假设银行的年利率率是 4%,如果把 100 元钱存 1 年定期,1 年后获得的本金和利息是? 2.假设银行的年利率是 5%,通货膨胀率每年是 8%,把 100 元钱存银行一年之后能够买到的东西将? 3.您认为一般而言,主板股票和创业板股票哪个风险更大?"

表 3.2　相关投资产品回答分布情况

	不了解	不太了解	有所了解	比较了解	非常了解
股票	0.390	0.237	0.255	0.090	0.028
基金	0.425	0.255	0.233	0.068	0.019
债券	0.522	0.264	0.163	0.040	0.010

综合表 3.1 和表 3.2,可以看出我国居民家庭金融常识的缺乏是非常普遍的现象,主观金融素养水平比较低。

由于问题个数比较多,彼此之间的信息可能发生重叠,本部分首先对以上 9 个问题进行因子分析,进而构造主观金融素养指标指数。首先根据 KMO[1] 和 SMC[2] 检验我们的数据是否适合使用因子分析。表 3.3 报告了 KMO 和 SMC 检验结果。从表 3.3 可以看到,KMO 值都在 0.8 甚至部分在 0.9 以上,全样本的 KMO 值为 0.884;SMC 的值也都在 0.5 以上,表明该数据适合使用因子分析。[3]

表 3.3　因子分析的 KMO、SMC 检验及因子载荷(相关产品)

变量	KMO	SMC	因子 1 载荷	因子 2 载荷
对股票了解	0.843	0.613	0.185	0.774
对基金了解	0.806	0.677	0.214	0.834
对债券了解	0.889	0.542	0.263	0.721
对购房了解	0.885	0.544	0.439	0.288
对购车了解	0.884	0.661	0.590	0.277
对装修了解	0.903	0.640	0.750	0.244
对教育了解	0.937	0.528	0.696	0.218
对商业了解	0.917	0.597	0.722	0.244
对大件了解	0.892	0.605	0.775	0.222
全样本	0.884			

[1]　KMO 是用于测量变量之间相关关系强弱的重要指标,通过比较两个变量的相关系数与偏相关系数得到,KMO 值位于 0 与 1 之间。KMO 值越高,表明变量的共性越强,越适合做因子分析。一般的标准如下:0.00—0.49,不能接受;0.5—0.59,非常差;0.6—0.69,勉强接受;0.7—0.79,可以接受;0.8—0.89,比较好;0.9—1.0,非常好。
[2]　SMC 度量的是一个变量与其他所有变量的复相关系数的平方,也就是复回归方程的可决系数。SMC 值越高越适合做因子分析。
[3]　Bartlett 球形检验的 Chi-square＝38 644.035，p-value＝0.000。

从图 3.1 可以看到大于等于 1 的特征值有两个,故可以选择两个因子。从表 3.3 可以看到,一个代表的是对投资工具的了解,另一个是对贷款产品的了解,两者代表了主观金融素养的两个方面。

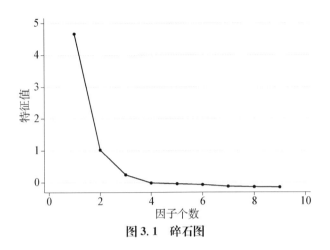

图 3.1　碎石图

表 3.4 报告的是受调查者"大三问题"回答的分布情况。从表 3.4 可以看到,受调查者对三个基本金融知识问题的了解不够,都有超过 30% 的受访者不知道答案或算不出来。其中投资风险问题不知道或算不出来的人数占比最多,高达 71.38%;对通货膨胀理解不知道或算不出来的人数占比最少,但也达到 34.33%。能正确回答通货膨胀问项的受调查者最多,但人数占比也没有超过 55%;能正确了解投资风险问题人数占比最低,仅有 18.46%。从表 3.5 则可以看到,3 个问项都答对的人数占比只有 10.02%,一个问项都没答对的人数占比则高达 37.62%,平均答对 1.075 1 个问项。

表 3.4　客观金融素养相关问题回答情况的描述性统计(2019)　　单位:%

	正确	错误	不知道/算不出来
利率计算问题	35.40	27.54	36.92
通货膨胀理解	53.65	11.89	34.33
投资风险问题	18.46	10.07	71.38

注:由于问卷中投资风险的问题只针对城镇家庭,故该表只是针对城镇家庭的整理结果;由于四舍五入,因此加起来不一定等于 100%。下表 3.5 相同。

总之,表 3.1、表 3.2、表 3.4 和表 3.5 的结果均表明我国居民主观金融素养和客观金融素养均比较低。

表3.5 客观金融素养相关问题回答选项的分布情况(2019) 单位:%

	0	1	2	3	平均数量(个)
正确	37.62	27.26	25.10	10.02	1.075 1
错误	59.91	31.42	7.93	0.74	0.495 1
不知道/算不出来	23.95	34.47	16.59	25.01	1.426 3

3.3 金融素养的分布

表3.6报告了居民家庭金融素养的描述性统计。从表3.6可以看到主观金融素养最小值为-0.947 4,最大值为2.956 9,这表明居民家庭之间金融素养的差距比较大。客观金融素养的最小值为-1.472 3,最大值为1.253 8。接来下我们从各个角度考察居民家庭金融素养的影响因素和金融素养的分布。

表3.6 金融素养的描述性统计(因子分析法)

变量	均值	标准差	最小值	最大值	样本容量
主观金融素养	0	0.656 8	-0.947 4	2.956 9	6 857
客观金融素养	0	0.578 2	-1.472 3	1.253 8	9 005

表3.7报告了金融素养按照户主受教育程度分类的分布,其中上半部分是主观金融素养、下半部分是客观金融素养。主观金融素养部分,以 *second* 所在行为例,0.422表示的是具有初中及以下受教育程度的居民家庭中,有42.2%的家庭位于主观金融素养水平最低组;0.285表示的是具有初中及以下受教育程度的居民家庭中有28.5%的家庭位于第二个四分位组;0.201表示的是具有初中及以下受教育程度的居民家庭中有20.1%的家庭位于第三个四分位组;0.091表示的是具有初中及以下受教育程度的居民家庭中有9.1%的家庭位于主观金融素养水平最高组;-0.604表示的是具有初中及以下受教育程度的居民家庭的主观金融素养水平平均值为-0.604;1177表示的是具有初中及以下受教育程度的居民家庭户数为1 177户;其他的依此类推。从表3.7中可以看到,主观金融素养随着户主受教育程度

的增加而增加,随着居民家庭由初中及以下的受教育程度的－0.604 增加
到研究生学历的 0.727。受教育程度为初中及以下的居民家庭中,有
42.2%的居民家庭处于主观金融素养最低分位数组;相反具有大学教育学
历和研究生学历的居民家庭中,分别有 34.0%和 42.8%的居民家庭位于最
高分位数组。但就算是具有研究生学历的户主中,也有 6.9%的家庭主观
金融素养非常低,23.3%的家庭主观金融素养比较低。因此,尽管主观金融
素养与教育程度存在非常强的正相关关系,但教育程度并不能作为主观金
融素养的代理变量。这些发现与 Lusardi 和 Mitchell(2008)报告的结果和
其他有关金融素养综述(Lusardi 和 Mitchell,2007b)的结果是一致的。居
民客观金融素养关于教育程度的分布与主观金融素养关于教育分布有相似
的特点。

表 3.7　按户主受教育程度分类的金融素养

教育程度	主观金融素养					
	1(低)	2	3	4(高)	均值	观测数
second	0.422	0.285	0.201	0.091	−0.604	1 177
high	0.254	0.276	0.258	0.212	−0.104	2 778
college	0.184	0.208	0.268	0.340	0.322	2 743
ug	0.069	0.233	0.270	0.428	0.727	159
教育程度	客观金融素养					
	1(低)	2	3	4(高)	均值	观测数
second	0.630	0.137	0.155	0.078	−0.326	3 886
high	0.391	0.211	0.311	0.086	−0.070	2 203
college	0.172	0.404	0.187	0.238	0.464	2 697
ug	0.105	0.106	0.371	0.418	0.772	219

　　表 3.8 报告了按户主性别分类的金融素养的分布情况。从表 3.8 可以
看到,户主为男性的家庭主观金融素养和客观金融素养高于户主为女性的
家庭主观金融素养和客观金融素养,户主为男性的家庭主观和客观金融素
养平均得分分别为 0.162 和 0.017,而户主为女性的家庭主观和客观金融素
养平均得分分别为−0.12 和−0.043。户主为男性的家庭中,分别有 26%
和 29.4%的家庭的主观金融素养位于第三个四分位组和第四个四分位组,
分别有 35.4%和 25.8%的家庭的客观金融素养位于第三个四分位组和第
四个四分位组;而户主为女性的家庭中,分别有 26.8%和 27.2%的家庭的

主观金融素养位于第一个四分位组和第二个四分位组,分别有 25.1% 和
15.7% 的家庭的客观金融素养位于第一个四分位数组和第二个四分位组。

表 3.8 按户主性别分类的金融素养

性别	主观金融素养					
	1(低)	2	3	4(高)	均值	观测数
male	0.227	0.219	0.260	0.294	0.162	2 911
female	0.268	0.272	0.247	0.213	−0.120	3 946
性别	客观金融素养					
	1(低)	2	3	4(高)	均值	观测数
male	0.230	0.158	0.354	0.258	0.017	6 480
female	0.251	0.157	0.360	0.231	−0.043	2 525

表 3.9 报告了按照户主年龄分类的金融素养分布。以主观金融素养为
例加以说明,从表 3.9 可以看到,户主年龄在 25~34 岁的组中,有 21.4% 的
家庭的主观金融素养处于第一个四分位数组,23.1% 的家庭的主观金融素
养处于第二个四分位数组,26.6% 的家庭的主观金融素养处于第三个四分
位数组,28.8% 的家庭处于主观金融素养的第四个四分位数组。户主年龄
处于 55 岁及以上的家庭中,有多达 40.2% 的家庭处于主观金融素养的第一
个四分位数组,只有 14.8% 的家庭处于主观金融素养的第四个四分位数
组。居民家庭的主观金融素养随着年龄的增长在下降,这与国外经典文献
是不一致的,在国外经典文献中(如 van Rooij 等,2011),金融素养关于年龄
的分布是"钟"形的。

表 3.9 按户主年龄分类的金融素养

年龄(岁)	主观金融素养					
	1(低)	2	3	4(高)	均值	观测数
25~34	0.214	0.231	0.266	0.288	0.158	2 756
35~44	0.246	0.261	0.256	0.236	−0.028	1 883
45~54	0.256	0.255	0.258	0.231	−0.039	1 542
55 及以上	0.402	0.277	0.173	0.148	−0.477	676
年龄(岁)	客观金融素养					
	1(低)	2	3	4(高)	均值	观测数
25~34	0.173	0.141	0.344	0.342	0.511	1 291

年龄(岁)	客观金融素养					
	1(低)	2	3	4(高)	均值	观测数
35～44	0.245	0.156	0.388	0.211	0.332	1 784
45～54	0.318	0.179	0.352	0.152	−0.133	2 008
55 及以上	0.345	0.200	0.336	0.119	−0.252	3 902

表 3.10 报告了金融素养随财富变化的分布。以主观金融素养为例,财富从低到高分成 5 类,1 代表低财富水平,5 代表高财富水平。以财富水平 1 所在行以及主观金融素养为例,0.374 代表的是财富水平处于 1 类的居民家庭中,有 37.4% 的家庭主观金融素养处于第一个四分位数组;0.272 表示的是财富水平处于最低的家庭中,有 27.2% 的家庭处于主观金融素养第二个四分位数组;0.227 表示的是财富水平处于最低的家庭中,有 22.7% 的家庭处于主观金融素养第三个四分位数组;0.127 表示的是财富水平处于最低的家庭中,有 12.7% 的家庭处于主观金融素养第四个四分位数组;其他的依此类推。表 3.10 显示,随着财富水平越来越高,居民家庭的主观金融素养也越高,但就算是财富水平最高的组,也只有 41.6% 的家庭处于主观金融素养水平最高组,有多达 11.6% 的家庭位于主观金融素养水平最低组。

表 3.10　按财富分组的金融素养分布

财富	主观金融素养					
	1(低)	2	3	4(高)	均值	观测数
1	0.374	0.272	0.227	0.127	−0.446	1 926
2	0.282	0.309	0.212	0.196	−0.196	1 064
3	0.235	0.256	0.277	0.232	−0.030	1 191
4	0.190	0.218	0.277	0.315	0.237	1 456
5	0.116	0.193	0.275	0.416	0.622	1 220
财富	客观金融素养					
	1(低)	2	3	4(高)	均值	观测数
1	0.428	0.186	0.300	0.086	−0.497	1 801
2	0.325	0.199	0.348	0.128	−0.298	1 801

财富	客观金融素养					
	1(低)	2	3	4(高)	均值	观测数
3	0.227	0.175	0.405	0.193	−0.063	1 801
4	0.129	0.150	0.419	0.310	0.257	1 801
5	0.071	0.081	0.316	0.553	0.602	1 801

表 3.11 报告了金融素养随收入变化的分布。以主观金融素养为例,收入从低到高分成 5 类,1 代表低收入水平,5 代表高收入水平。以收入水平 1 所在行以及主观金融素养为例,0.354 代表的是收入水平处于 1 类的居民家庭中,有 35.4% 的家庭主观金融素养处于第一个四分位数组;0.264 表示的是收入水平处于最低的家庭中,有 26.4% 的家庭处于主观金融素养第二个四分位数组;0.222 表示的是收入水平处于最低的家庭中,有 22.2% 的家庭处于主观金融素养第三个四分位数组;0.159 表示的是收入水平处于最低的家庭中,有 15.9% 的家庭处于主观金融素养第四个四分位数组;其他的依此类推。表 3.11 显示,随着收入水平越来越高,居民家庭的主观金融素养也越高,但就算是收入水平最高的组,也只有 39.8% 的家庭处于主观金融素养水平最高组,有多达 15.1% 的家庭位于主观金融素养水平最低组。

表 3.11　按收入分组的金融素养分布

收入	主观金融素养					
	1(低)	2	3	4(高)	均值	观测数
1	0.354	0.264	0.222	0.159	−0.358	1 380
2	0.315	0.281	0.232	0.171	−0.268	1 375
3	0.250	0.282	0.258	0.210	−0.112	1 374
4	0.185	0.226	0.291	0.297	0.247	1 373
5	0.151	0.191	0.260	0.398	0.494	1 375
收入	客观金融素养					
	1(低)	2	3	4(高)	均值	观测数
1	0.420	0.182	0.304	0.094	−0.464	1 798
2	0.294	0.203	0.370	0.133	−0.261	1 798
3	0.217	0.192	0.403	0.187	−0.068	1 798
4	0.148	0.138	0.387	0.326	0.242	1 798
5	0.099	0.075	0.314	0.511	0.556	1 813

3.4　小结

　　本章首先对金融素养的度量进行全面梳理，然后使用清华大学中国金融研究中心在 2010 年和 2011 年进行的"中国消费金融现状及投资者教育调查"项目的数据和中国家庭金融调查与研究中心 2019 年的"中国家庭金融调查"(CHFS2019)数据为例考察中国家庭主观和客观金融素养的情况，发现中国居民家庭对投资产品和贷款产品的了解程度不太理想。考虑到不同问项之间可能存在信息重叠，通过因子分析构造了衡量中国居民家庭主观金融素养水平和客观金融素养水平的指标。根据人口统计学特征分类，发现无论是主观金融素养还是客观金融素养，女性的金融素养水平均低于男性的金融素养水平；主观和客观金融素养水平低的家庭往往伴随着低学历、低财富、低收入等特征。尽管学历与主观和客观金融素养存在正相关的关系，但学历并不是主观或客观金融素养的一个很好的代理变量。年龄越大的消费者的主观和客观金融素养水平越低，这可能是年龄会影响消费者的金融素养水平，也可能是群体效应。

第二篇

福利效应篇——以消费为例

第4章　金融素养对居民消费的影响

4.1　引言

当前,中国经济已经由高速增长阶段转向高质量发展阶段,国民经济正处于结构优化、动能转换和转型升级的重要时期(徐忠,2018)。中共十九届五中全会提出,"要加快构建以国内大循环为主体、国内国际双循环相互促进的新发展格局"。经济增长依靠内需,符合转型升级的客观要求,而发展高质量的消费驱动型经济正是构建"双循环"格局的关键。宏观数据显示,发挥消费对经济发展的基础性作用仍有巨大潜力和空间可以挖掘。尽管2013年以来,最终消费支出对GDP增长的贡献率持续超过资本形成,成为经济增长的主要拉动力,并呈现上升趋势。但近5年来,消费拉动经济增长的平均贡献率仍仅有60%左右,与发达国家70%~80%的水平相比,还有不小的提升空间。因此,在现阶段,深入探究居民消费的关键驱动因素依然具有重要的现实意义。

近年来,在城乡居民消费支出中,生存型消费支出占比下降较为明显,而发展与享受型消费支出占比显著增加。当前,中国消费领域正在发生深刻转型,不仅体现为新消费观念对新消费行为的驱动,也体现在消费内容的多样化和个性化方面。信息技术革命带来了定制化消费、共享化消费和粉丝消费,消费的社群化特点日益明显。同时,数字经济和普惠金融的深度结合,也使得消费活动与金融活动跨界深度融合。例如,诸多互联网平台在开展网络零售的同时都致力于打造配套金融服务,"预付式"消费成为极具竞争力的"个性体验式"消费新模式。随着日常生活金融化程度的加深,金融素养逐步促进居民消费向高端化、高品质、智能化方向升级。然而,《消费者金融素养调查分析报告(2021)》显示[①],中国消费者金融素养指数平均分为66.81,与2019年相比虽有所提高,但总体水平仍不尽如人意。消费者的金

---

① 数据来源:中国人民银行网站。

融态度表现较好,但在金融行为和技能方面却体现出较大差异。那么,一个重要的问题便是,长期以来中国居民金融素养不足是否构成了对消费扩容、结构优化的限制? 对此,现有研究并未给出明确回答。

已有研究表明,影响居民消费的因素众多。(1)宏观层面。国内外不少文献从经济增长、经济周期、收入分配、资金流量约束、人口结构、文化特征、制度因素、政策改革等角度,在总量层面探讨了储蓄率、消费率的驱动成因(徐忠等,2010;朱鹤等,2021)。(2)微观层面。随着各国(地区)家庭金融调查数据的完善与丰富,国内外学者也开始从微观层面考察消费驱动因素,内容聚焦于以下两个方面:一是家庭资产负债对居民消费总量的影响。基于"资产端"的研究表明,住房资产、金融资产的财富增值对消费总量提升具有显著的正向影响(Mian 等,2013;李涛和陈斌开,2014;周利,2018;王彦伟,2020)。基于"负债端"的研究也证实,提高居民的信贷可得性,对消费扩容意义重大(韩立岩和杜春越,2012;潘敏和刘知琪,2018;宋明月和臧旭恒,2020;吴锟等,2020)。二是家庭金融决策对消费结构和消费升级的影响。已有研究着重考察了收入、信贷、社会资本、心理预期等对居民消费结构的影响(臧旭恒和李燕桥,2012;杜丹清,2017;秦海林等,2019)。值得一提的是,近年来,越来越多的学者基于居民金融素养的视角分析消费扩容与结构升级问题,且研究结论一致认为金融素养对于居民消费具有不可忽视的影响(孟德锋等,2019;孟宏玮等,2019;宋全云等,2019;吴卫星等,2021)。近年来,从居民决策视角研究消费驱动要素的文献日益增多,金融素养逐渐成为学者关注的焦点。然而,国内已有的关于金融素养影响居民消费的研究主要集中在探究客观金融素养对居民消费的影响,鲜有研究探讨主观金融素养对居民消费的影响,同时考察两类金融素养对居民消费影响的研究更是少见。本章在区分主观金融素养和客观金融素养的基础上,同时探讨异质性金融素养对居民消费总量及结构的影响。

4.2　理论分析与研究假说

4.2.1　金融素养对居民消费总量的影响

金融素养是一项重要的人力资本,有助于居民处理经济信息并就财务规划、财富积累、债务和养老金做出明智的决策。因此,金融素养与居民消费总量的关系,大体上可以概括为"金融素养→居民金融行为优化→居民消费提振"的逻辑链条。金融素养分为客观金融素养和主观金融素养（Hada 等，2013）。客观金融素养主要反映的是居民对基本金融知识的掌握情况；主观金融素养则反映的是居民对自己已掌握金融知识的评估。一般情况下，居民掌握的知识越多，那么他就越可能感觉自己是知识渊博的。因此，很多人认为客观金融素养与主观金融素养存在非常强的正相关关系。实际上，不同领域的实证研究显示客观素养与主观素养是截然不同的结构，并不总是一致的（Carlson 等，2009）。客观素养与能力和专业知识的关系更为密切，而主观素养与产品相关经验和居民对自己作出有效决策的能力的信心的关系更为密切（Parker 等，2012）。事实上，在不同的市场环境下，自信已被证明是行为的重要驱动力（Hong 等，2004）。政治学家在研究政治或投票行为时，依赖民意调查和类似的主观评价（McDonald 和 Tolbert，2012）；在消费者保护或市场营销领域，主观素养也一直被使用（Carlson 等，2009）。尽管在已有关于金融素养与金融行为的文献中，学者们都偏好使用客观金融素养，然而越来越多的学者开始研究主观金融素养对不同的经济或金融行为的影响，如生活满意度、幸福感和金融福祉（Kahneman 和 Krueger，2006）、风险态度（Leonard，2011）等。研究发现主观金融素养会影响居民的金融决策，如退休计划、储蓄和投资行为（Xia 等，2014；Anderson 等，2017）。Bellofatto 等（2018）发现那些主观金融素养水平高的投资者的交易量更大，而且不容易发生处置效应，投资组合的夏普比率更高。Chowdhry 和 Dholakia（2020）则发现主观金融素养与合理的金融决策及金融满意度存在正向的关系。吴卫星等（2018）则发现，主观金融素养越高的家庭发生借贷的可能性也更高，也更偏好通过正规金融渠道负债，且不容易发生过度负债。吴锟和吴卫星（2018）发现，主观金融素养越高的家庭更可能主动使用信用卡，而且申请信用卡时会对不同银行发行的信用卡进行对比。自我认知直接降低了参与金融规划决策的感知成本，就像实际知识降低成本一样。一个人认为金融决策很容易，因此他们这样做了，而一些更了解某些金融产品陷阱的人从一开始就不愿意开始这项任务。另外主观金融素养（信心）高的消费者更可能积极主动收集相关的金融信息，从而影响自己的金融行为，也就说对自己已知信息的信心可能与已知的信息同等重要甚至是更重要。本章重点说明客观金融素养和主观金融素养对居民消费的异质性影响。如果居民不仅掌握了专业的金融知识，而且还能意识到自己所掌握的金融知识以及使用知识的信心，则更有助于其制定科学的理财规划（提高投资的综合收益率）、对冲不必要的风险（减少不确定性）、适度参与借贷市场，进而对居民消费总量产生更加明显的促进作用。根据 LC - PIH 理论、预防性储蓄

动机理论、流动性约束理论,居民的上述行为会进一步降低预防性储蓄动机,提高边际消费倾向。基于此,本章提出第一个研究假说:

H1:主观金融素养和客观金融素养均会促进居民消费总量的增加。

4.2.2 金融素养对居民消费结构的影响

《中国统计年鉴》将居民消费支出划分为食品、衣着、居住、家庭设备及服务、交通通信、文教娱乐用品及服务、医疗保健、其他商品及服务等8大类。国内文献普遍将食品、衣着和居住支出归为生存型消费,将文教娱乐、医疗保健、交通通讯、家庭设备及服务、其他商品及服务支出划分为发展与享受型消费,比如潘敏等(2018)。两种不同类型消费的份额则体现了居民消费结构。通常,随着国民收入水平的提高,居民消费结构也会发生变化,体现为生存型消费占比降低、发展与享受型消费占比升高,当然受宏观经济和政策的影响,上述变化趋势也可能在个别年份、个别区域出现反复(石明明等,2018)。本章将发展与享受型消费占比升高视为居民消费结构优化。

理论上,生存型消费并不会受到居民金融素养的影响,这是因为其是"刚性"支出。根据马斯洛需求层次理论,食品、衣着和居住消费主要满足居民的生理需要、安全需要和归属需要,处于较低的层级。无论居民金融素养如何,都不太会影响其对基本"衣食住行"的支出安排。而发展与享受型消费主要为了满足居民的尊重和自我实现需要,处于较高的层级。这类消费更具个性化特征,与居民的信息获取能力、复杂商品的辨别能力、消费金融理念、专业化的知识储备等息息相关。例如,很多高金融素养的居民通过阅读专业书籍、接触专业人士,逐渐建立成熟的投资经营理念,他们往往把健康当成事业,把消费当作投资,愿意为娱乐身心而消费,变花钱为赚钱,这已经成为当今社会较为前沿的消费理念。再如,一些消费产品与金融产品深度捆绑,产品设计极其复杂,需要借助专业的金融知识加以辨别。此时,高金融素养的居民不仅更容易理解产品的核心内涵,更善于结合自身的财富、资产以及产品的品质、成本、售后等综合因素进行比较,进而作出理性决策。换言之,消费品越具有"个性化"特征,越具有金融属性,就越容易受到高金融素养居民的青睐。因此,居民的金融知识储备越丰富,对自己所掌握金融知识以及使用知识的信心越好,对发展与享受型消费支出的影响越大。基于此,本章提出第二研究假说:

H2:主观和客观金融素养与居民消费结构优化升级显著正相关。

4.3 数据来源与变量构建

4.3.1 数据来源

本章数据来自北京大学中国社会科学调查中心发布的"中国家庭追踪调查"第三轮全国调查（CFPS2014）。截至目前,北京大学中国社会科学调查中心已向外公布了 2010 年、2012 年、2014 年、2016 年、2018 年和 2020 年共 6 轮次的调查数据,都详细记录了家庭成员的人口学特征。但只有 2014 年和 2018 年的问卷中有"金融知识模块",其中 2018 年问卷中金融知识模块仅包括"利息计算""货币购买力"和"投资风险"三个问项,而 2014 年的问卷不仅包括上述三个问项,还包括"价值比较""购买股票含义""基金描述""股票市场功能"等 13 个问项,以及居民自我评估金融知识水平位置等问项,不仅能够较为全面地评估居民的客观金融素养,还能比较好地评估居民的主观金融素养。由于 CFPS2014 问卷中并未对户主作出明确规定,本章将最熟悉家庭财务状况的成员定义为户主,即问卷中的"财务回答人"。为了避免异常值的影响,对消费总量、人均可支配收入以及家庭净资产等经济指标进行了缩尾处理。最终样本共包含 3 092 个家庭。

4.3.2 变量构建

4.3.2.1 被解释变量

为了更好地考察主观和客观金融素养对居民家庭消费的影响,首先以家庭总支出（$expense$）和消费支出（pce）为因变量;其次把家庭的消费支出分为生存型消费支出（$cons\_b$）和发展与享受型消费支出（$cons\_a$）;最后考察金融素养对家庭发展与享受型消费支出占家庭总消费支出比重（$cons\_r$）的影响。

4.3.2.2 解释变量

金融素养（fl）为本书的核心解释变量。为便于探讨异质性金融素养的影响,本章将金融素养区分为主观金融素养（st_self）和客观金融素养（st_know）。其中:客观金融素养指个体对单利、复利、通货膨胀、资金的时间价值、股票、投资组合以及决策银行等相关金融知识的掌握情况。借鉴 Liao

等(2017)的做法,本章采用 13 个问项对客观金融素养进行了考察①。考虑到不同问项之间可能存在信息重叠等,本章选择因子分析法进行了指标拟合。主观金融素养变量则是依据问卷中"与同龄人相比,您的金融知识水平属于什么水平"的问项构造,度量了消费者对自我金融知识的感知,取值为 1—5,1 表示远低于同龄人,5 表示远高于同龄人。

4.3.2.3　控制变量

参照以往文献的做法以及数据的特点,本章选取了一系列控制变量。其中:家庭层面的控制变量包括可支配收入、家庭净资产、是否有成员从事个体工商、家庭人口数、少儿抚养比、老年抚养比;个人层面的控制变量包括户主年龄、户主性别、户主学历、户主婚姻状况、户主健康状况、户主风险态度和户主对未来的预期。同时,本文还将样本地区划分为东部、中部和西部。

本部分主要变量的说明及描述性统计结果见表 4.1。从表 4.1 可以看到,2014 年家庭总支出对数的均值为 10.95,消费支出对数的均值为 10.77,生存型消费支出对数的均值为 10.27,发展与享受型消费支出对数的均值为 9.59,发展与享受型消费占比为 36.2%。客观金融素养的最小值为 −1.726,最大值为 1.259;主观金融素养的均值为 2.413。户主风险态度的均值为 2.855,说明多数家庭都是风险厌恶者,能容忍的投资损失比例较小。大部分户主均为已婚人士,学历多处于高中及以下,受访者平均年龄为 51.06,43.4%的户主为男性,且大部分健康水平处于一般状态。

表 4.1　主要变量说明及描述性统计

变量类型	变量	变量说明	平均值	标准差	中位数	最小值	最大值
被解释变量	*expense*	家庭总支出(取对数)	10.95	0.765	10.93	7.939	14.08
	pce	家庭消费支出(取对数)	10.77	0.741	10.76	7.057	13.99

---

① 13 个问项具体为:1.您估计现在银行 1 年期定期存款的利率是多少? 2.假设您有 1 万元的 1 年期定期存款,年利率是 3%,如果您不提前支取,那么存款到期后,您会有多少钱? 3.上一题账户中的存款到期后再存 1 年定期,利率不变,1 年后账户中有多少钱? 4.如果您银行存款账户的存款年利率为 3%,通货膨胀率为每年 5%,那么,一年后您用该账户的钱能买多少东西? 5.假设张三今天继承了 10 万元钱,而李四将在 3 年后继承 10 万元钱。那么,他们两个谁的继承价值更高? 6.一般情况下,高收益的投资具有高风险。7.一般情况下,投资单一股票比投资股票型基金的风险小。8.下列哪个银行具有制定和执行货币政策的职能? 9.一般来说,以下哪种资产的风险最高? 10.如果您买了某公司股票,这意味着? 11.以下对基金的描述正确的是? 12.以下对银行理财产品描述正确的是? 13.您觉得下面哪句话正确描述了股票市场的核心功能? 每个问项答对取值为 1,答错为 0。

变量类型	变量	变量说明	平均值	标准差	中位数	最小值	最大值
	cons_b	生存型消费支出（取对数）	10.27	0.694	10.29	6.825	13.34
	cons_a	发展与享受型消费支出（取对数）	9.590	1.109	9.610	5.142	13.52
	cons_r	发展与享受型消费占比	0.362	0.186	0.338	0.008	0.967
解释变量	*st_know*	客观金融素养	0.009	0.793	0.168	−1.726	1.259
	st_self	主观金融素养	2.413	0.801	2	1	5
控制变量	*s_income*	可支配收入（单位：万元/年）	8.264	20.63	5.100	0	627.8
	net_worth	家庭净资产（单位：万元）	76.35	126.0	34.59	−77.35	1853
	married	户主婚姻状况（1=已婚；0=单身）	0.820	0.384	1	0	1
	age	户主年龄	51.06	14.68	50	16	92
	gender	户主性别（1=男，0=女）	0.434	0.496	0	0	1
	edu	户主学历（小学及以下取值为1,初中为2,高中、技校或中专为3,大专及以上为4）	2.409	1.085	2	0	4
	aversion	风险态度（1~4,1代表高风险高收益,4代表不愿意承担任何风险）	2.855	1.007	3	0	4
	child_f	少儿抚养比	0.113	0.159	0	0	1
	old_f	老年抚养比	0.245	0.360	0	0	1
	health	户主健康状况（1~5,1表示不健康,5表示非常健康）	3.134	1.093	3	1	5
	exp	对未来预期	2.945	1.166	3	1	5
	self_em	是否有成员从事个体工商（1=是,0=否）	0.119	0.324	0	0	1

变量类型	变量	变量说明	平均值	标准差	中位数	最小值	最大值
	pop	家庭规模	3.183	1.450	3	1	17
	$zone1$	地区划分,东部取值为1,其他为0	0.513	0.500	1	0	1
	$zone2$	地区划分,中部取值为1,其他为0	0.347	0.476	0	0	1
	$zone3$	地区划分,西部取值为1,其他为0	0.139	0.346	0	0	1

4.4 研究设计及基准回归结果

4.4.1 模型设定

在考察主观和客观金融素养对消费支出影响的时候,由于各因变量的值均为连续数值,因此本节使用普通最小二乘法(OLS),建立如下模型:

$$Y = \alpha + \beta \times fl + \gamma \times X + \varepsilon \tag{4.1}$$

其中:被解释变量 Y 分别代表家庭总支出的对数、消费支出的对数、生存型消费支出、发展与享受型消费支出和发展与享受型消费占比;解释变量 fl 代表居民金融素养[①];X 表示上述的控制变量;ε 代表随机扰动项。

4.4.2 基准回归结果

4.4.2.1 金融素养对家庭总支出的影响

表 4.2 的第(1)—(4)报告的是金融素养对家庭总支出的影响。其中表 4.2 第(1)列报告的是客观金融素养对家庭总支出的影响,可以看到控制了其他对家庭支出可能产生影响的变量后,客观金融素养对家庭总支出有显著正向促进作用;第(2)列报告的是主观金融素养对家庭总支出的影响,可以看到主观金融素养对家庭总支出有显著正向促进作用;第(3)列则是同时考察主观金融素养和客观金融素养对家庭总支出的影响,从第(3)列可以看

[①] 为简单起见,在公式中居民主观金融素养、客观金融素养均用 fl 表示。

到,主观金融素养和客观金融素养尽管系数均有变小,但依然显著促进家庭总支出,这表明主观金融素养和客观金融素养可能包含不同的信息,代表了金融素养的不同维度,这与Cupak等(2022)发现是一致的。忽视主观金融素养或客观金融素养都有可能导致次优选择。

考虑到家庭支出越多,更可能与其他人有更多的交往、获得相关信息从而提高自身的客观金融素养和主观金融素养导致反向因果;尽管实证研究中在考虑多重共线性的情况下尽可能多地包含影响家庭支出的变量,但由于数据的可得性等,难以包含所有可能影响家庭支出的因素,因此可能存在遗漏变量;正如前文曾提到,金融素养的定义目前并没有完全一致,但大部分都包含知识和能力两个维度,而对金融素养的准确度量难度更大,因此金融素养的度量本身可能存在一定的度量误差。以上三方面的原因,模型可能存在内生性。为了克服可能存在的内生性的影响,标准的做法之一就是选择工具变量。一个良好的工具变量需要满足相关性和外生性。受到Bucher-Koenen和Lusardi(2011)以及尹志超等(2015)的启发,本章选择同地区其他人的客观金融素养和主观金融素养的均值分别作为受调查者客观金融素养和主观金融素养的工具变量。首先,居住在同一地区的家庭生活习惯更相似,传统更相近,已有研究显示,传统习惯是影响一个人金融素养的重要因素;其次受访者可通过向周围人学习提高自身的金融素养,因此同地区其他人的金融素养的均值与受调查者的金融素养是相关的,但其他人金融素养的均值不会直接影响受调查者的行为,满足外生性。总之,选择同地区其他人金融素养的均值作为受调查者的金融素养的工具变量理论上是合适的。第(4)列则报告了分别使用同地区其他人客观金融素养均值和主观金融素养均值分别作为受调查者客观金融素养和主观金融素养工具变量的回归结果。一阶段估计的F值分别为50.431和33.835,客观金融素养对应工具变量的t值分别为9.56和3.72,主观金融素养对应的工具变量的t值分别为1.75和8.03,表明不存在弱工具变量问题,而且DWH值为19.608,在1%的水平拒绝不存在内生性的问题。最重要的是,两阶段最小二乘法的结果显示主观金融素养和客观金融素养均显著促进家庭总支出,且系数均变大,这表明不考虑内生性的结果会低估主观和客观金融素养对家庭支出的影响。

4.4.2.2 金融素养对家庭消费支出的影响

消费支出是家庭支出的主要部分,接下来考察金融素养对消费支出的影响。表4.2第(5)—(8)显示的是主观金融素养和客观金融素养对家庭消费支出的影响。从第(5)和第(6)可以看到,当分别考察主观金融素养和客

表 4.2　金融素养对家庭总支出和总消费支出的影响

变量	家庭总支出（expense）				总消费支出（pce）			
	OLS(1)	OLS(2)	OLS(3)	2SLS(4)	OLS(5)	OLS(6)	OLS(7)	2SLS(8)
st_know	0.052*** [0.000]		0.048*** [0.000]	0.109*** [0.001]	0.042*** [0.000]		0.041*** [0.000]	0.102*** [0.002]
st_self		0.075*** [0.000]	0.039** [0.017]	0.349*** [0.008]		0.050*** [0.001]	0.018 [0.230]	0.186 [0.144]
net_asset	0.001*** [0.000]	0.001*** [0.000]	0.001*** [0.000]	0.001*** [0.000]	0.001*** [0.000]	0.001*** [0.000]	0.001*** [0.000]	0.001*** [0.000]
s_income	0.004*** [0.000]	0.004*** [0.000]	0.004*** [0.000]	0.003** [0.047]	0.005*** [0.000]	0.005*** [0.000]	0.005*** [0.000]	0.005*** [0.010]
married	0.274*** [0.000]	0.294*** [0.000]	0.271*** [0.000]	0.268*** [0.000]	0.278*** [0.000]	0.290*** [0.000]	0.271*** [0.000]	0.258*** [0.000]
edu	0.122*** [0.000]	0.164*** [0.000]	0.121*** [0.000]	0.038 [0.234]	0.111*** [0.000]	0.143*** [0.000]	0.108*** [0.000]	0.038 [0.200]
age	−0.001 [0.909]	0.002 [0.689]	0.001 [0.894]	−0.004 [0.576]	−0.009* [0.073]	−0.008 [0.111]	−0.009* [0.070]	−0.011* [0.066]
age2	0.000 [0.660]	−0.000 [0.716]	0.000 [0.879]	0.000 [0.410]	0.000** [0.033]	0.000* [0.095]	0.000* [0.033]	0.000** [0.025]
gender	−0.059** [0.019]	−0.049* [0.052]	−0.069*** [0.006]	−0.118*** [0.000]	−0.084*** [0.000]	−0.072*** [0.002]	−0.089*** [0.000]	−0.125*** [0.000]
aversiom	−0.047*** [0.000]	−0.075*** [0.000]	−0.053*** [0.000]	0.027 [0.291]	−0.060*** [0.000]	−0.080*** [0.000]	−0.061*** [0.000]	−0.003 [0.907]

续表

变量	家庭总支出（expense）				总消费支出（pce）			
	OLS(1)	OLS(2)	OLS(3)	2SLS(4)	OLS(5)	OLS(6)	OLS(7)	2SLS(8)
$self\_em$	0.243*** [0.000]	0.235*** [0.000]	0.234*** [0.000]	0.219*** [0.000]	0.220*** [0.000]	0.213*** [0.000]	0.214*** [0.000]	0.213*** [0.000]
$child\_f$	−0.080 [0.365]	−0.084 [0.348]	−0.072 [0.414]	−0.024 [0.820]	−0.115 [0.164]	−0.111 [0.186]	−0.100 [0.227]	−0.049 [0.598]
old_f	−0.065 [0.220]	−0.031 [0.559]	−0.055 [0.304]	−0.120** [0.049]	−0.084* [0.092]	−0.060 [0.230]	−0.080 [0.109]	−0.130** [0.019]
$health$	0.004 [0.757]	0.007 [0.578]	0.010 [0.411]	0.046*** [0.008]	0.022** [0.042]	0.026** [0.021]	0.027** [0.015]	0.046*** [0.004]
exp	0.009 [0.415]	0.011 [0.331]	0.005 [0.655]	−0.014 [0.294]	0.002 [0.820]	0.005 [0.631]	0.002 [0.853]	−0.010 [0.406]
pop	0.095*** [0.000]	0.091*** [0.000]	0.096*** [0.000]	0.095*** [0.000]	0.118*** [0.000]	0.116*** [0.000]	0.120*** [0.000]	0.121*** [0.000]
$zone1$	0.069* [0.064]	0.094** [0.013]	0.079** [0.035]	0.060 [0.195]	0.064* [0.068]	0.084** [0.019]	0.070** [0.048]	0.065 [0.120]
$zone2$	−0.073* [0.058]	−0.046 [0.238]	−0.060 [0.121]	−0.039 [0.428]	−0.105*** [0.004]	−0.084** [0.021]	−0.095*** [0.009]	−0.078* [0.074]
Cons	9.763*** [0.000]	9.778*** [0.000]	9.666*** [0.000]	8.627*** [0.000]	9.851*** [0.000]	9.914*** [0.000]	9.809*** [0.000]	9.070*** [0.000]
Obs	3,092	3,045	3,045	2,966	2,856	2,817	2,817	2,748
R^2	0.311	0.297	0.316	0.174	0.351	0.339	0.355	0.274

注：***，**，*分别代表在 1%，5%，10%水平上显著；括号内数据为 p 值。一阶段 F 值及工具变量 t 值未在表中报告。本章其他表格与此相同。

观金融素养的时候，主观金融素养和客观金融素养均对促进家庭消费支出有显著正向作用，均在 1% 的水平上显著；当同时考察主观金融素养和客观金融素养对家庭消费支出的影响时，客观金融素养的系数在 1% 的水平上显著为正，而主观金融素养的系数虽然为正，但不显著。这表明尽管主观金融素养和客观金融素养代表了金融素养的两个不同维度，但它们之间依然存在部分信息是相同的。考虑到可能存在的内生性，依然选择同地区其他人的客观金融素养的均值和主观金融素养的均值分别作为受调查者客观金融素养和主观金融素养的工具变量。结果显示，客观金融素养依然会促进家庭消费支出，在 1% 的水平上显著，主观金融素养的系数为正，但不显著。

4.4.2.3　金融素养对消费结构的影响

发展高质量的消费驱动型经济是国民经济结构优化、动能转换和转型升级的关键。当前，中国消费领域正在发生深刻转型，不仅体现为新消费观念对新消费行为的驱动，也体现在消费内容的多样化和个性化方面。信息技术革命带来了定制化消费、共享化消费和粉丝消费，消费的社群化特点日益明显。同时，数字经济和普惠金融的深度结合，也使得消费活动与金融活动跨界深度融合。例如，诸多互联网平台在开展网络零售的同时都致力于打造配套金融服务，"预付式"消费成为极具竞争力的"个性体验式"消费新模式。随着日常生活金融化程度的加深，金融素养是否会逐步促进居民消费向高端化、高品质、智能化方向升级？因此，有必要考察金融素养对家庭消费结构的影响。根据已有研究，把食品、衣着和居住归为生存型消费①，把家庭设备及日用品、文教娱乐、医疗保健、交通通信及其他等归为发展与享受型消费。

表 4.3 报告了金融素养对家庭消费结构的影响，其中列(1)—列(4)是金融素养对家庭生存型消费支出的影响，列(5)—列(8)是金融素养对家庭发展与享受型消费支出的影响。表 4.3 的列(1)和列(2)分别为客观金融素养和主观金融素养对居民家庭生存型消费支出影响的检验结果，可以发现，两类金融素养对居民家庭生存型消费支出都具有显著的正向影响，均在 1% 的水平上显著。在模型中同时纳入客观金融素养和主观金融素养后，列(3)的回归结果显示，客观金融素养仍然与居民生存型消费显著正相关，而主观金融素养对居民生存型消费的影响不显著。列(4)是两阶段最小二乘法的估计结果，与列(3)基本一致，即客观金融素养显著影响家庭生存型消费支出，主观金融素养系数为正，但不显著。

---

① 生存型消费指满足家庭基本生存需要而进行的消费；发展与享受型消费指人们为了寻求更好的发展和满足享受需要而产生的消费。

表 4.3　金融素养对家庭消费结构的影响（绝对消费）

变量	生存型消费(cons_b)				发展与享受型消费(cons_a)			
	OLS(1)	OLS(2)	OLS(3)	2SLS(4)	OLS(5)	OLS(6)	OLS(7)	2SLS(8)
st_know	0.034*** [0.000]		0.033*** [0.000]	0.098*** [0.001]	0.055*** [0.000]		0.053*** [0.000]	0.106** [0.046]
st_self		0.037*** [0.010]	0.012 [0.409]	0.041 [0.741]		0.096*** [0.000]	0.056** [0.017]	0.541*** [0.005]
其他变量	控制	控制	控制	控制	控制	控制	控制	控制
Obs	2,947	2,906	2,906	2,836	2,898	2,858	2,858	2,789
R²	0.282	0.272	0.283	0.235	0.295	0.287	0.299	0.155

　　表4.3的列(5)和列(6)分别为客观金融素养和主观金融素养对居民发展与享受型消费支出影响的检验结果,可以发现,两类金融素养对居民发展与享受型消费支出都具有显著的正向影响,均在1%的水平上显著。在模型中同时纳入客观金融素养和主观金融素养后,列(7)的回归结果显示,此时客观金融素养和主观金融素养均与居民发展与享受型消费显著正相关。列(8)是两阶段最小二乘法的估计结果,结果显示,客观金融素养和主观金融素养依然显著影响家庭发展与享受型消费支出。

　　表4.3的结果进一步表明,主观金融素养和客观金融素养是金融素养的两个不同维度,既有共同的信息也有各自独特的信息。总之金融素养会促进居民消费支出的增加,但不同维度的素养对不同类型的消费支出存在不完全相同的影响。

　　表4.3是从消费绝对值的角度探讨了主观和客观金融素养对居民消费结构的影响,接下来从相对数的角度探讨金融素养对居民消费升级的影响。表4.4报告了相关的实证结果。表4.4的列(1)和列(2)分别为客观金融素养和主观金融素养对居民发展与享受型消费占总消费之比的影响,可以看到,客观金融素养对居民发展与享受型消费占总消费之比的影响不显著,而主观金融素养对居民发展与享受型消费占总消费之比的影响则在10%的水平上显著。在模型中同时纳入客观金融素养和主观金融素养后,列(3)的回归结果显示依然是主观金融素养对居民发展与享受型消费占总消费之比的影响有显著正向影响。比较有意思的是,两阶段最小二乘法的结果则显示客观金融素养对居民发展与享受型消费占总消费之比的影响为负,尽管不显著;而主观金融素养对居民发展与享受型消费占总消费之比的影响依然显著为正。

表4.4　金融素养对家庭消费结构的影响(相对消费)

变量	发展与享受型消费占比(*cons_a_r*)			
	OLS(1)	OLS(2)	OLS(3)	2SLS(4)
st_know	0.003 [0.469]		0.001 [0.798]	−0.015 [0.577]
st_self		0.026* [0.071]	0.025* [0.093]	0.315** [0.014]
其他变量	控制	控制	控制	控制
Obs	2,856	2,817	2,817	2,748
R^2	0.024	0.025	0.025	0.026

4.5　进一步分析

4.5.1　稳健性检验

为了验证本章结果的稳健性,本小节使用 CHFS2017 数据替换
CFPS2014 数据。表 4.5 报告的是使用 CHFS2017 数据的回归结果。不管
是普通最小二乘法(OLS)还是两阶段最小二乘法(2SLS),结果显示不管是
主观金融素养还是客观金融素养,均会显著促进家庭总消费支出、生存型消
费支出和发展与享受型消费支出。最主要的是克服内生性结果显示,主观
金融素养的提高会显著增加发展与享受型消费占家庭总消费支出的比重。
除了主观金融素养对家庭生存型消费的影响外,回归结果与 CFPS2014 结
果基本保持一致。

4.5.2　机制分析

厘清金融素养影响消费结构的机制,关键在于认清中国消费领域变化
的新趋势。随着中国居民消费理念的转变,相较于实物商品消费,服务消费
和体验式消费占比明显提升。互联网快速发展孕育了全新的消费方式——
线上购物,使得居民越来越重视消费体验和消费过程评价。与此同时,随着
消费者自我意识的强化、消费需求的细化,定制化消费蓬勃兴起,共享消费
逐渐壮大,"粉丝"消费成为新亮点,这使得消费更具社群化属性。当前,"Z
世代"①已逐渐成为我国消费市场主体,他们普遍具有体验至上、开放包容、
引领潮流、注重健康与享受等特征。这意味着,信息对消费的影响越来越
深。数字经济时代,发展与享受型消费与信息还将进一步深度融合。

基于上述"新"趋势,金融素养对居民消费结构的影响可以重点从"信息
获取"方面展开。主观和客观金融素养较高的家庭具备较强的"信息获取"
意愿和能力,即他们筛选、处理和吸收有效信息的意愿和能力突出。魏丽萍
等(2018)认为,居民金融素养的提高有助于提升居民对互联网的使用。数
字经济时代,金融素养较高的消费者将会借助互联网、手机等媒介,不断扩

---

① "Z 世代",美国及欧洲的流行用语,意指在 20 世纪 90 年代中叶至 2010 年前出生的人,即
"95 后"。他们又被称为网络世代、互联网世代,统指深受互联网、即时通讯、智能手机和平
板电脑等科技产物影响的一代人。

表4.5 金融素养对家庭消费结构的影响（绝对消费）

变量	pce		cons_b		cons_a		cons_a_r	
	OLS(1)	2SLS(2)	OLS(3)	2SLS(4)	OLS(5)	2SLS(6)	OLS(7)	2SLS(8)
st_know	0.028*** [0.000]	0.216*** [0.002]	0.023*** [0.000]	0.180*** [0.008]	0.036*** [0.000]	0.242** [0.025]	0.003* [0.070]	0.024 [0.259]
st_self	0.019*** [0.001]	0.148*** [0.007]	0.009*** [0.000]	0.118*** [0.000]	0.066*** [0.000]	0.713*** [0.000]	0.009*** [0.000]	0.118*** [0.000]
其他变量	控制	控制	控制	控制	控制	控制	控制	控制
Obs	20,162	20,162	24,328	24,327	20,392	20,392	20,162	20,162
R^2	0.310	0.223	0.215	0.180	0.334	0.060	0.080	

注:该表中客观金融素养指标(st_know)依据"1.假设银行的年利率是4%,如果把100元钱存1年定期,1年后获得的本金和利息为?""2.假设银行的年利率是5%,通货膨胀率每年是3%,把100元钱存银行一年之后得到的东西将?"和"3.您认为一般而言,股票和基金哪个风险更大?"等三个同项构造。主观金融素养指标(st_self)依据"您平时对经济、金融方面的信息关注程度如何?"构造。

大消费搜索范畴。对于复杂消费品,他们也更懂得获取网络专有知识。而且金融素养较高的家庭具备较强的"信息交互"能力,即善于将同伴的经验转化为自己的有效信息,避免"消费踩坑",促进合理消费。也就是说,居民金融素养越高,越懂得合理利用社交信息,降低由于信息不对称所导致的敏感性消费抑制。

因此,进一步使用家庭互联网使用作为中介变量,考察互联网使用在金融素养对家庭消费结构影响中起的作用。表 4.6 报告相应的实证结果。从列(1)可以看到客观金融素养和主观金融素养均会促进家庭使用互联网;从列(2)可以看到客观金融素养和互联网使用均会促进家庭生存型消费;从列(3)可以看到客观金融素养、主观金融素养和互联网使用均会显著促进家庭发展和享受型消费;列(4)则显示主观金融素养和互联网使用会显著提升家庭发展和享受型消费在家庭总消费支出中的占比。表 4.6 的结果显示,互联网使用是主观金融素养和客观金融素养影响家庭消费结构和促进消费结构优化的一个可能机制。

表 4.6　金融素养对家庭消费结构影响(机制检验)

变量	*internet*	*cons_b*	*cons_a*	*cons_a_r*
	OLS(1)	OLS(2)	OLS(3)	OLS(4)
internet		0.232*** [0.000]	0.361*** [0.000]	0.050* [0.093]
st_know	0.030*** [0.000]	0.026*** [0.000]	0.042*** [0.000]	−0.000 [0.952]
st_self	0.010* [0.069]	0.012 [0.193]	0.050** [0.014]	0.023* [0.092]
其他变量	控制	控制	控制	控制
Obs	2,856	2,817	2,817	2,748
R^2	0.024	0.025	0.025	0.027

4.6　小结

本部分基于中国家庭追踪调查 2014 年数据(CFPS2014),辅以中国家庭金融调查与研究中心 2017 年数据(CHFS2017),实证分析了客观金融素养和主观金融素养对居民消费总支出和消费结构的影响,并探讨了金融素养促进居民消费结构优化的可能机制。研究发现:提升主观和客观金融素养能够显著扩大居民总支出和消费总支出,推动消费结构转型升级。作用机制检验结果表明,"互联网使用"是主观和客观金融素养推动居民消费结构优化的一个可能渠道。

基于上述研究结论,本章提出如下建议:

第一,精准化实施金融教育,努力提高居民金融素养。现阶段,我国居民的金融意识普遍不高,金融知识较为薄弱。对此,一方面,应加强投资者教育,搭建多元化学习平台,努力探索差异化、个性化、精准化的金融教育模式和方法;另一方面,要积极引导消费者树立正确的投资理念,提高风险防范意识,制定清晰的财务规划,增强金融决策力。

第二,加快信息基础设施建设,强化以互联网为代表的信息科技在拉动消费方面发挥的作用。数字经济时代,"互联网+"消费的形态日益多元化,深刻改变了居民的消费习惯。大数据、云计算、人工智能等新一代信息技术的广泛运用,同样丰富了人们获取知识、感知信息的途径,增强了"线上"消费的黏性。鉴于互联网使用是金融素养促进居民消费结构优化的重要渠道,政府应注重依托互联网平台优势,强化"信息获取"与居民消费的良性互动,激发居民消费新动能。同时,要努力缩小"数字鸿沟",给予各地区居民相对公平的信息技术环境,共同促进消费结构改善。

主观和客观金融素养除了会通过信息获取提升居民消费之外,由于家庭财富是居民消费的源泉,也就是说主观和客观金融素养还可能通过对资产负债表中资产和负债两端的优化从而提升消费。因此,接下来主要是探讨主观和客观金融素养对家庭资产和负债等方面的影响和探讨消费者金融素养提升和替代方案。

第三篇

机制一：家庭负债篇

第5章 金融素养与家庭负债

5.1 引言

随着金融市场的快速发展,许多国家家庭部门的债务在过去的几十年显著地增加了,尤其是我国居民家庭的债务发生了巨大的变化。图5.1显示的是从2007年以来,中国居民家庭负债占GDP比值和居民家庭负债占居民可支配收入比值的变化趋势。从图5.1可以看到,居民家庭负债占GDP的比值和居民家庭负债占居民可支配收入的比值都稳步上升,分别从2007年的19.1%和44.7%上升到2022年的61.9%和143.9%。其实早在2010年,美国、日本、德国和英国等发达国家的家庭负债占GDP比值就分别达到95%、82%、64%和106%[①]。尽管从家庭负债占GDP比值的指标看,我国家庭负债与发达国家家庭负债还有一定的差距,似乎还有增长的空间,但已远超其他发展中国家。更需要注意的是,一直以来我国居民部门的收入与GDP之间的相关性比较弱,居民部门收入增速往往低于GDP的增长速度。尽管近年来我国也强调要着力提高居民可支配收入占国民收入的比重,局面有所好转,但形式依然比较严峻。尤其是近几年,我国家庭部门债务占可支配收入的比重超过125%,在2022年底更是达到143.9%,增速有所放缓,但这都接近或超过了美国发生次贷危机时的水平。

毫无疑问的是,家庭部门通过负债的形式可以缓解自身面临的流动性约束,确保居民家庭随着时间平滑其一生的消费,从而最大限度地提高终身效用。然而2008—2011年金融危机之后,家庭高负债被认为是世界各国解释经济衰退的一个重要因素。

首先,当家庭面临财务危机或经济危机的时候,负债特别是过度负债会

[①] 数据来自"Cecchetti, S.G., Mohanty, M.S., and Zampolli, F. The Real Effects of Debt. BIS Working Paper, No.352, 2011"。

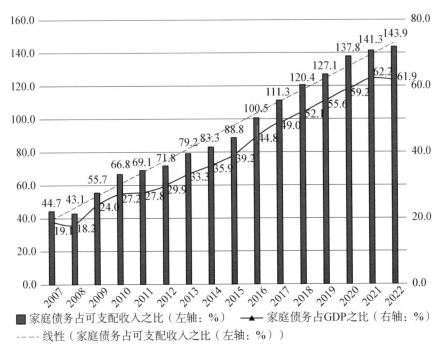

图 5.1 家庭部门债务杠杆的变化趋势

(数据来源:CNRDS、中国统计年鉴、中国人民银行历年统计数据)

影响居民的健康(Clayton 等,2015)。一方面,偿还义务可能引起不适和精神压力,从而可能导致心身疾病(Drentea 和 Lavrakas,2000;Jacoby,2002)。压力的增加归因于财务压力、财务管理需求的增加、债务本身的负担以及债权人的收债活动(Drentea 和 Lavrakas,2000)。另一方面,根据Grossman(1972)健康生产模型,健康是个人可以生产或减少的资产,在健康和其他商品之间存在一个最优(效用最大化)资源分配的问题。由于拖欠可能会引起债权人做出有压力的收债活动,因此高负债被视为一种约束,会导致个人在与自身健康相关的商品和服务(如医疗服务、食品)上的支出减少。此外,高负债可能会使债务人采取对健康不利的应对行为(如酗酒、吸烟)。

其次,家庭部门的高负债水平可能导致宏观经济不稳定。该观点可以追溯到费舍尔(Fisher)的债务——通货紧缩理论。根据该理论,一个社会中过高的债务水平可能引发通货紧缩和经济活动下降的恶性循环。相关观点后来被 Minsky(1986)、Bernanke 和 Gertler(1989)以及 Eggertsson 和 Krugman(2012)进一步论证。在实证方面,一些研究从总体视角探讨了债务在经济产出中的作用。通过分析国家层面杠杆率的差异,Cecchetti 等

(2011)和 Cecchetti 和 Kharroubi(2012)认为杠杆率超过一定阈值会抑制经济增长,与此同时 Dabla-Norris 和 Srivisal(2013)发现,较高的债务水平会放大宏观经济的波动性。

因此,家庭部门的合理负债不仅有助于平滑自身的消费,也有助于通过提高消费促进经济的发展。但负债过高(即过度负债)、过快则会产生严重的负面影响。随着信贷市场的快速发展,什么因素会影响居民家庭通过合理的负债提高自身福利的同时促进经济的健康发展呢? 换句话说,制定合理的负债决策是个复杂的过程,他们最起码要能知道自己的负债头寸和相关的费用、能够计算利息和清楚还款来源。居民家庭为此准备好了吗? 当前关于家庭债务的研究远落后于有关家庭资产负债表中资产方面的研究,与有关公司债务的类似文献相比,忽视家庭债务的现象更是显而易见的。Hilgert 等(2003)、Lusardi 和 Mitchell(2007a)和 van Rooij 等(2011)等发现,居民家庭金融素养低是普遍存在的现象,缺少基本的金融知识。最主要的是已有研究显示金融素养会影响家庭负债决策(如,Klapper 等,2013;宋全云等,2017;吴卫星等,2018,等)。宋全云等(2017)探讨的是金融素养对家庭正规信贷需求、借贷可能性以及从正规金融机构借贷额的影响。吴卫星等(2018)则探讨的是金融素养对家庭负债的可能性、过度负债以及正规信贷偏好的影响。其中宋全云等(2017)使用的是对三个基本金融知识测试正误度量居民的金融素养,而吴卫星等(2018)则是使用消费者对一系列的贷款产品和投资产品的了解程度度量消费者的金融素养。其实这两种度量代表了金融素养两个不同的维度:一个代表了对实际金融知识的掌握,有时被称为客观金融素养;一个代表了对金融知识的自我感知,有时被称为主观金融素养。早期的研究中,更多是探讨客观金融素养对家庭金融决策的影响。随着研究的深入,越来越多的研究发现对金融知识的自我认知(主观金融素养)可能会对金融行为产生额外的影响。感知的金融知识(主观金融素养)甚至被证明与大量的金融决策的相关性比客观金融素养(实际的金融知识)更强(Allgood 和 Walstad,2016;Anderson 等,2017;Bannier 和 Neubert,2016;Farrell 等,2016;Kramer,2016;Tang 和 Baker,2016)。此外,对于那些交易次数并不多且缺乏噪音反馈的复杂的金融决策,个人对自己的金融能力更有可能持有永久扭曲的意识。

2016 年 1 月 15 日国务院印发的《推进普惠金融发展规划(2016—2020年)》,从国家层面确立了普惠金融的实施战略,其目标是让更多的家庭有获得金融服务的机会。相应地,金融服务的门槛变低了,如果消费者不具备基本的金融常识,不能很好地收集和识别相关信息,作出糟糕的金融决策甚至是遭遇金融欺诈,那么普惠金融就可能会带来很大的风险,给人们的幸福感带来负面的影响,因此本章的发现有重要的政策含义。

接下来本章主要应用北京大学中国社会科学调查中心发布的"中国家庭追踪调查"第三轮全国调查(CFPS2014),辅以 CHFS2017 数据,在吴卫星等(2018)和宋全云等(2017)基础上进一步考察主观和客观金融素养对居民家庭负债决策的影响。

5.2 数据来源和变量构建

5.2.1 数据来源

西南财经大学中国家庭金融调查与研究中心的"中国家庭金融调查(CHFS)"历年数据和北京大学中国社会科学调查中心的"中国家庭追踪调查(CFPS)"历年数据是当前学术研究中广为使用的两个数据。尽管 CHFS数据中从 2013 年开始就包含了以测度金融素养为目的的相关问项,但更注重的是客观金融素养;而 CFPS 历年数据中,2014 年的数据和 2018 年的数据涉及测度金融素养的相关问项,但只有 2014 年的数据可以测度主观金融素养。因此,本章使用的数据来自北京大学中国社会科学调查中心发布的"中国家庭追踪调查"第三轮全国调查(CFPS2014),同时辅以 CHFS2017 数据做稳健性检验。

5.2.2 变量构建

本章主要目的是分析居民家庭主观和客观金融素养与负债行为的关系,合理构造衡量居民家庭主观和客观金融素养以及负债行为的相关指标是本章的关键之一。

5.2.2.1 核心解释变量

本章的核心解释变量为户主的主观金融素养(st_self)和客观金融素养(st_know)。客观金融素养强调个体自身掌握金融知识、利用金融工具的实际能力,而主观金融素养反映个体对自身金融素养的评价和信心程度,是对所掌握知识的感知(Lusardi 和 Mitchell, 2017)。

参考已有研究(van Rooij 等,2012;吴卫星等,2018)的做法,以CFPS2014 年家庭经济问卷中"对自己金融知识水平的评价"和"13 个金融

知识问题"分别测度户主的主观金融素养和客观金融素养水平,具体构建方式如下:

"对自己金融知识水平的评价"问题的具体赋值为:1=远低于同龄人的平均水平;2=低于同龄人的平均水平;3=大约处于同龄人的平均水平;4=高于同龄人的平均水平;5=远高于同龄人的平均水平。值越大,代表受调查者对自己金融知识的感知越强,即主观金融素养(st_self)水平越高。

基于问卷中的13个金融知识问题,若回答正确赋值为1,否则赋值为0,以问题答对个数作为客观金融素养(st_know)的代理指标,值越大代表户主真实掌握的金融知识水平越高。在稳健性检验部分,对13个金融知识问题通过因子分析法构造客观金融素养。

5.2.2.2　被解释变量

为了比较全面考察家庭的负债行为,本章的被解释变量包括负债意愿指标、信贷渠道偏好指标和过度负债指标。

负债意愿指标:考虑到当家庭需要一大笔资金的时候,是否会进行借贷是迈出合理借贷的第一步,是是否会通过借贷平滑终身消费的前提。因此,本章构造第一个负债决策指标,即负债意愿指标,用 $debt\_d$ 表示。具体构造是依据CFPS2014问卷中"如果您家需要借金额较大的一笔钱(例如用于买房、经营周转等),首选的借钱对象会是谁?",选项是"1.亲戚;2.朋友;3.银行;4.非银行正规金融机构;5.民间借贷机构和个人;6.任何情况下都不会去借钱"。如果受调查者选择选项6,则表明受调查者信贷自我排斥,即不愿意负债,此时 $debt\_d$ 赋值为0,其他为1。

信贷渠道偏好指标:一般来说,信贷渠道可以分为正规信贷渠道和非正规信贷渠道。其中非正规渠道借贷手续简单,有的非正规渠道借贷即使不收取利息,但存在人情;如果一旦收取利息,利率都比较高。当经济出现波

---

① 13个金融知识问题具体内容如下:问题1.您估计现在银行1年期定期存款的利率是多少;问题2.假设您有1万元的1年期定期存款,年利率是3%,如果您不提前支取,那么存款到期后,您会有多少钱;问题3.上一题账户中的存款到期后再存1年定期,利率不变,1年后账户中有多少钱;问题4.如果您银行存款账户的存款年利率为3%,通货膨胀率为每年5%,那么,一年后您用该账户的钱能买多少东西;问题5.假设张三今天继承了10万元钱,而李四将在3年后继承10万元钱,那么,他们两个谁的继承价值更高;问题6.一般情况下,高收益的投资具有高风险,该说法正确还是错误;问题7.一般情况下,投资单一股票比投资股票型基金的风险小,该说法正确还是错误;问题8.下列哪个银行具有制定和执行货币政策的职能;问题9.一般来说,银行存款、国债、股票、基金中哪种资产的风险最高;问题10.如果您买了某公司股票,这意味着;问题11.以下对基金的描述正确的是;问题12.以下对银行理财产品描述正确的是;问题13.您觉得下面哪句话正确描述了股票市场的核心功能。

动或债务人经济情况出现不利的情况，容易给债务人带来沉重的负担甚至是违约。因此，通过非正规信贷市场借贷存在的风险较大，不利于金融市场的稳定和经济的健康发展。鉴于此，本章构造负债决策的第二个指标，即信贷渠道偏好，记为 *formal*。具体构造依旧是依据 CFPS2014 问卷中"如果您家需要借金额较大的一笔钱（例如用于买房、经营周转等），首选的借钱对象会是谁？"。当受调查者选择选项 3 或选项 4，表明受调查者会首选正规金融机构，此时 *formal* 赋值为 1，其他为 0。

过度负债指标：吴锟等（2020）指出，目前过度负债的度量主要有客观度量、主观度量以及法律度量等三种度量指标。客观度量指标也称为经济指标（Raijas 等，2010），但目前并没有统一的标准构建家庭客观过度负债的指标。已有研究主要基于不可持续的消费支出行为（消费收入比①）或不可持续的负债行为（负债资产比、多重负债、负债收入比、偿债率②）。然而并没有确切的方法确定当家庭的消费收入比、负债资产比、负债收入比、偿债率和多重负债分别超过多少就可以把这样的家庭归为过度负债的家庭。过度负债的主观度量主要是基于家庭对自己经济状况的判断。如，Santos 和 Abreu（2013）把曾在某个月份支付所有开销和账单存在困难的家庭归为过度负债的家庭；Schicks 和 Rosenberg（2011）把那些自认为在还款方面做出了不可接受的结构性牺牲的家庭归为过度负债的家庭；Lusardi 和 Tufano（2015）把那些在偿还债务的过程中感觉有困难的家庭归为过度负债的家庭③。法律度量指标是以债务家庭已经违约或拖欠为准则。然而现实中有的家庭可能是由于偶然的因素发生了拖欠或违约，从长远看这样的家庭有足够的收入或资源偿还债务。因此，使用该指标的困难之一就是负债家庭违约或拖欠多长时间可以定性为家庭确实是过度负债、存在财务困难。找到一项家庭过度负债的理想指标是很难的，不同类型的指标、同一类型的不同指标抓住了问题的不同方面。客观度量很难将居民家庭个体需求的差异考虑在内，而这种差异往往与居民家庭个体的感受相关。主观度量容易受到受调查者情绪等因素的影响。然而，从风险管理的视角，客观度量指标更合适；从消费者保护的视角，主观度量指标可能更合适。因为消费者保护的目的是防止债务人遭受贷款的痛苦，而这种痛苦很多时候是主观的。因此，

---

① 消费收入比指家庭消费支出与可支配收入之比。

② 偿债率是指家庭债务支出与可支配收入之比。

③ 具体的问项为"您家在偿还债务的过程中是否感觉有困难？"，选项包括"1. 家庭目前负债太多而且偿还债务存在困难；2. 家庭目前债务水平比较理想，不存在偿还债务的压力；3. 家庭目前的负债较少，希望未来可以增加债务；4. 不确定"。

评估家庭过度负债的主观度量是必要的。受到吴卫星等(2018)和 Betti 等(2007)做法的启发,本章依据"以您家现有的经济状况,您家是否愿意承担更多的债务?"问项和选项"1.非常不愿意　2.不愿意　3.一般　4.愿意　5.非常愿意"构造家庭过度负债指标,记为 *odebt*。如果家庭有负债,且受调查者选择 1 或 2,则表明家庭过度负债,此时 *odebt* 赋值为 1,其他为 0[①]。

5.2.2.3　控制变量

参考家庭金融领域相关经典文献的做法,本章还控制了包括个体、家庭、地区三个层面共 13 个变量,具体来说:

户主的个人特征变量包括:户主的年龄(*age*);户主年龄的平方除以 100(*age2*);户主的受教育年限(*eduy*);户主的性别(*male*),户主为男性取值为 1,户主为女性取值为 0;户主的婚姻状况(*married*),在婚有配偶或同居状态取值为 1,否则取值为 0;户主是否参与宗教信仰组织(*religion_if*),若参加取值为 1,否则取值为 0;户主是否为风险偏好(*risk_pre*),若投资时倾向高风险高收益,则取值为 1,否则取值为 0;户主的健康状况自评(*health_self*),1 表示不健康,2 表示一般,3 表示比较健康,4 表示很健康,5 表示非常健康;户主是否享受职工保险(*s_security*),若工作单位提供养老保险、医疗保险、失业保险、工伤保险、生育保险中的一种或多种则取值为 1,否则取值为 0。

家庭特征变量包括:家庭的年收入水平(*fincome*),以家庭实际年收入除以 10 000 作为变量的最终赋值;家庭的净资产水平(*asset*),以家庭实际净资产除以 10 000 作为变量的最终赋值;家庭的人口规模(*fsize*)。

地区层面的控制变量是指家庭所在省/市/自治区在 2014 年的地区人均生产总值对数值(*gdp_ln*)。

5.3　研究设计及回归结果

5.3.1　研究设计

按照金融素的定义,金融素养不仅有助于改善家庭资产负债的资产

---

① 该问题的回答可能与受调查者的风险厌恶程度和情绪等因素有关,但正如"您家庭在偿还贷款的过程中是否存在困难"问题一样,也可能与受调查者的风险厌恶程度和情绪等因素有关。而 Disney & Gathergood(2011)同时采用了主观评价指标和客观事实指标,研究发现金融素养对这两个指标都存在显著负向的影响。

端,也有助于改善负债端。为了考察主观和客观金融素养对家庭负债行为的影响,本章先后分别考察了主观和客观金融素养对家庭负债意愿($debt\_$ d)、信贷渠道偏好($formal$)和过度负债($odebt$)的影响。由于负债意愿($debt\_d$)、信贷渠道偏好($formal$)和过度负债($odebt$)均为 0—1 变量,故采用 Probit 模型,即:

$$Y_i = \alpha * st\_self_i + \beta * st\_know_i + \gamma * X_i + \varepsilon_i \tag{5.1}$$

其中 Y_i 分别表示第 i 个家庭负债意愿($debt\_d_i$)、信贷渠道偏好($formal_i$)和过度负债($odebt_i$);st_self_i 和 st_know_i 分别表示主观金融素养和客观金融素养;X_i 表示控制变量;ε_i 表示随机误差项。当 α 显著大于 0,表明主观金融素养会正向影响家庭对应的负债行为;当 α 与 0 没有显著差异的时候,表明主观金融素养对家庭对应的负债行为没有影响;当 α 显著小于 0 时则表明主观金融素养会抑制家庭对应的负债行为。β 的系数符号效应与 α 是一致的。

5.3.2 描述性分析

为了直观考察主观和客观金融素养对家庭负债行为的影响,把主观金融素养和客观金融素养分别按得分高低分为 5 组,考察家庭每类负债行为随着金融素养水平大小的变化。表 5.1 报告了相关的结果。Panel A 报告的是家庭负债行为随着主观金融素养变化而变化的情况,可以看到,随着主观金融素养水平的提高,意愿负债的家庭占比、偏好从正规渠道借贷的家庭占比基本呈上升的趋势,分别从主观金融素养最低组的 80.8% 和 14.9% 上升到最高第四组的 86.5% 和 39.3%,第五组则未呈现出该趋势,一个可能的原因是第五组家庭的观测值太少;同时,随着主观金融素养的提高,过度负债家庭占比呈明显下降趋势。Panel B 报告的是家庭负债决策随着客观金融素养水平变化的情况,基本上与负债决策随着主观金融素养水平的变化趋势一致,即负债意愿和偏好正规渠道借贷的家庭占比均随着客观金融素养水平的提高而提高,过度负债家庭占比随着客观金融素养水平的提高而下降。最后一列则分别展示的是主观金融素养分组后对应组家庭的客观金融素养水平的均值以及按客观金融素养分组后对应组家庭的主观金融素养水平的均值。

表 5.1　金融素养与家庭负债的描述性关系

Panel A					
st_self	*debt_d*	*formal*	*odebt*	N	*st_know*
0	0.808	0.149	0.331	416	0.294
(0,0.25]	0.853	0.251	0.290	1402	0.423
(0.25,0.5]	0.857	0.256	0.259	1401	0.511
(0.5,0.75]	0.865	0.393	0.200	178	0.596
(0.75,1]	0.852	0.148	0.204	27	0.604
Panel B					
st_know	*debt_d*	*formal*	*odebt*	N	*st_self*
0	0.688	0.106	0.219	161	0.222
(0,0.25]	0.788	0.193	0.311	649	0.194
(0.25,0.5]	0.835	0.233	0.289	1105	0.336
(0.5,0.75]	0.881	0.270	0.279	1066	0.389
(0.75,1]	0.932	0.357	0.220	443	0.185

注:观测值是基于金融素养分类的数据,具体到各个指标,有可能会有出入,即有的指标存在缺失值。该表中把主观金融素养和客观金融素养均 0-1 化并分成 5 组。

5.3.3　基准回归结果

表 5.2 报告的是主观金融素养和客观金融素养对家庭负债决策的影响。其中(1)、(2)和(3)的核心解释变量仅包括主观金融素养;(4)、(5)和(6)的核心解释变量仅包括客观金融素养;(7)、(8)和(9)的核心解释变量则同时包括主观金融素养和客观金融素养。从表 5.2 的(1)、(2)和(3)可以看到,主观金融素养会显著促进家庭偏好从正规渠道借贷,同时会显著抑制家庭过度负债;尽管主观金融素养对家庭负债意愿影响不显著,但系数为正。表 5.2 的(4)、(5)和(6)显示,客观金融素养不仅会显著促进家庭负债意愿和偏好从正规渠道借贷,同时也会显著抑制家庭过度负债。(7)、(8)和(9)的回归结果则进一步表明主观金融素养和客观金融素养均有助于居民家庭合理借助信贷市场提高自身的生活福祉。尽管系数大小有一定的变化,但对负债意愿、信贷渠道偏好和过度负债的影响与单独考察主观金融素养或单独考察客观金融素养对家庭负债决策的影响方向是一致的。这一方面表明主观金融素养和客观金融素养的提高可能有助于居民更好地理解信贷相关的知识,敢于涉足信贷市场并合理借助信贷市场;另一方面表明主观金融

表 5.2　金融素养与家庭负债

	(1)	(2)	(3)	(4)	(5)	(6)	(7)	(8)	(9)
	debt_d	formal	odebt	debt_d	formal	odebt	debt_d	formal	odebt
st_self	0.005 [0.030]	0.124*** [0.037]	-0.113*** [0.042]				0.021 [0.031]	0.102*** [0.039]	-0.079* [0.044]
st_know				0.086*** [0.029]	0.108*** [0.036]	-0.151*** [0.042]	0.083*** [0.028]	0.082** [0.037]	-0.131*** [0.043]
age	0.007*** [0.002]	0.014*** [0.003]	0.012*** [0.004]	0.007*** [0.002]	0.013*** [0.003]	0.012*** [0.004]	0.007*** [0.002]	0.013*** [0.003]	0.012*** [0.004]
age2	-0.015*** [0.002]	-0.014*** [0.003]	-0.018*** [0.004]	-0.015*** [0.002]	-0.014*** [0.003]	-0.018*** [0.004]	-0.015*** [0.002]	-0.014*** [0.003]	-0.018*** [0.004]
其他变量	控制	控制	控制	控制	控制	控制	控制	控制	控制
Obs	3415	3424	2939	3415	3424	2939	3415	3424	2939
Pseudo R²	0.1587	0.0467	0.0403	0.1462	0.0461	0.0419	0.1460	0.0479	0.0429

注：表中汇报的系数为边际效应。*、**、*** 分别表示在 10%、5% 和 1% 水平上统计显著。系数下方括号内的值为标准误。本章其他部分相同。

素养是对自身所掌握金融知识的感知,包含了实际金融知识之外的信息,不能简单地把主观金融素养和客观金融素养视同等价,它们代表的是金融素养的两个不同维度。

除了金融素养之外,还可以看到家庭的负债决策关于年龄呈倒"U"形变化,即负债意愿、负债渠道偏好和过度负债均先随年龄的增长而增长,然后随着年龄的增长而下降。

5.3.4　内生性检验

考虑到受调查者可能通过参与信贷市场提高自身的金融素养,同时由于金融素养本身难以精确度量而存在测量误差,而且也可能存在同时影响金融素养和家庭负债决策的难以观察的变量,也就是说可能存在内生性的影响导致估计结果出现偏误。因此,本部分依次引入滞后期因变量、剔除问卷可信度低于平均水平样本以及构建工具变量等方式以缓解以上潜在的内生性问题。

5.3.4.1　反向因果

由于 CFPS2016 问卷中有与 CFPS2014 问卷中相同的用来构造家庭负债意愿和信贷渠道偏好的问项,但没有相应的过度负债的问项。因此,表5.3 报告的是使用 CFPS2016 数据构造家庭负债意愿和信贷渠道偏好的回归结果。从表 5.3 可以看到,单独考察主观或客观金融素养的时候,主观金融素养和客观金融素养均会显著促进家庭偏好正规渠道借贷;在负债意愿方面,依然是客观金融素养会显著促进家庭在需要借贷的时候会通过借贷满足消费需求,而主观金融素养的回归结果为正,但不显著。当同时考察主观和客观金融素养对家庭负债决策影响的时候,只有主观金融素养对负债意愿的影响不显著,其他均显著为正。这与基准回归结果基本上是一致的。

表 5.3　主客观金融素养与家庭负债(滞后期数据)

	(1)	(2)	(3)	(4)	(5)	(6)
	debt_d16	*formal16*	*debt_d16*	*formal16*	*debt_d16*	*formal16*
st_self	0.010 [0.032]	0.150*** [0.041]			0.027 [0.033]	0.124*** [0.043]
st_know			0.056* [0.032]	0.129*** [0.040]	0.063* [0.033]	0.098** [0.042]
age	0.011*** [0.003]	0.015*** [0.004]	0.011*** [0.003]	0.015*** [0.004]	0.011*** [0.003]	0.015*** [0.004]

	(1)	(2)	(3)	(4)	(5)	(6)
	debt_d16	*formal16*	*debt_d16*	*formal16*	*debt_d16*	*formal16*
age2	−0.019*** [0.003]	−0.016*** [0.004]	−0.019*** [0.003]	−0.015*** [0.004]	−0.019*** [0.003]	−0.015*** [0.004]
其他变量	控制	控制	控制	控制	控制	控制
Obs	2 770	2 777	2 770	2 777	2 770	2 777
Pseudo R^2	0.152 5	0.046 1	0.153 4	0.045 2	0.153 3	0.047 9

5.3.4.2　测量误差

一方面主观金融素养指标的构建需要基于受访者对个体自身金融知识水平的主观评价,该指标构建的准确程度可能会受到受访者情绪的影响;另一方面,对于构建客观金融素养问项的回答,受调查者也可能存在猜测的情况。因此,考虑到可能存在的测量误差问题,该部分基于 CFPS 问卷中访员对受访者"回答的可信程度"的打分,剔除可信程度较低的样本重新进行回归,以期缓解由于测量误差对本部分结论产生的干扰。由于"回答的可信程度"打分为 1—7,值越大表示回答的可信程度越高。基于此,该部分剔除了得分小于 4 的样本,重新回归的结果见表 5.4。

表 5.4 的(1)、(2)和(3)只包括主观金融素养,(4)、(5)和(6)只包括客观金融素养,(7)、(8)和(9)同时包括主观和客观金融素养。从回归结果可以看到只包括主观金融素养时,主观金融素养显著促进家庭偏好通过正规渠道借贷、会降低家庭发生过度负债的可能,对是否意愿负债的影响不显著;只包括客观金融素养时,客观金融素养不仅会显著促进家庭负债意愿以及偏好通过正规渠道借贷的可能,还会显著降低家庭过度负债的可能;当同时包括主观和客观金融素养时,主观和客观金融素养对家庭负债决策的影响与单独考察时的影响方向和显著性是一致的。

5.3.4.3　工具变量

滞后期数据可以在一定程度上缓解反向因果的影响,但本部分的数据并不能确保家庭的负债行为都是滞后期发生的;剔除可信数据可以一定程度缓解测量误差的影响,但难以克服遗漏变量的影响。因此,接下来进一步使用工具变量法克服可能存在内生性的影响。由于本部分主观金融素养的度量问项是与同龄人相比,于是选择同省同年龄段其他受调查者主观金融素养的均值作为户主主观金融素养的工具变量,选择同省同年龄段其他受调查者客观金融素养的均值作为户主客观金融素养的工具变量。

第5章　金融素养与家庭负债

表 5.4　金融素养与家庭负债(剔除低可信度受调查家庭)

	(1)	(2)	(3)	(4)	(5)	(6)	(7)	(8)	(9)
	debt_d	formal	odebt	debt_d	formal	odebt	debt_d	formal	odebt
st_self	0.008 [0.030]	0.110*** [0.038]	-0.109** [0.043]				0.014 [0.031]	0.089** [0.040]	-0.075* [0.045]
st_know				0.075*** [0.029]	0.100*** [0.037]	-0.152*** [0.043]	0.073*** [0.028]	0.078** [0.038]	-0.133*** [0.044]
age	0.008*** [0.002]	0.014*** [0.003]	0.013*** [0.004]	0.008*** [0.002]	0.014*** [0.003]	0.013*** [0.004]	0.008*** [0.002]	0.014*** [0.003]	0.013*** [0.004]
age2	-0.015*** [0.002]	-0.015*** [0.003]	-0.018*** [0.004]	-0.015*** [0.002]	-0.014*** [0.003]	-0.019*** [0.004]	-0.015*** [0.002]	-0.014*** [0.003]	-0.019*** [0.004]
其他变量	控制	控制	控制	控制	控制	控制	控制	控制	控制
Obs	3 298	3 305	2 842	3 298	3 305	2 842	3 298	3 305	2 842
Pseudo R^2	0.1488	0.0449	0.0387	0.1505	0.0447	0.0405	0.1503	0.0460	0.0414

91

表 5.5 报告的是 IV-Probit 模型的回归结果。从表 5.5 的(1)、(2)和(3)可以看到,单独考察主观金融素养时,主观金融素养依然会显著促进家庭偏好通过正规渠道借贷、降低发生过度负债的可能;从(4)、(5)和(6)可以看到,单独考察客观金融素养时,客观金融素养会显著促进家庭负债意愿以及偏好通过正规渠道借贷、显著降低发生过度负债的可能;(7)、(8)和(9)则是同时包括了主观和客观金融素养的 IV-Probit 模型的估计结果,结果与基准回归结果基本上是一致的。

从表 5.3—表 5.5 可以看到,在尽可能地克服可能存在内生性影响后的结果与基准结果除了系数大小外,方向与显著性基本保持一致。

5.3.5　稳健性检验

接下来进一步从非金融领域工作子样本、客观金融素养其他度量方法和改变数据来源(使用 CHFS2017 数据)等方面考察结果的稳健性。

5.3.5.1　非金融领域工作家庭子样本

考虑到在金融领域工作的家庭的负债决策以及金融素养相对比较特别。本部分剔除户主在金融领域工作的家庭。表 5.6 报告了相关的回归结果。从表 5.6 可以看到,主观金融素养和客观金融素养不管是单独考察还是包含在同一个模型中,主观和客观金融素养对家庭负债决策的影响方向和显著性与基准模型基本上是一致的。

5.3.5.2　客观金融素养的其他度量方法

考虑到测度客观金融素养的问项比较多,简单的依据得分加总可能会出现信息重叠。本部分采取因子分析的方法得到客观金融素养。表 5.7 报告了相关的结果。其中表 5.7 中的(1)、(2)和(3)是表 5.2 中的基准结果;(4)、(5)和(6)则是使用因子分析得到客观金融素养后的回归结果,从表 5.7 的(4)—(9)可以看到,客观金融素养使用其他方法度量后,回归结果与基准结果依旧是基本一致的。

5.3.5.3　使用 CHFS2017 数据的结果

由于 CHFS2017 或其他年份数据中,都没有很好可以用来直接度量消费者主观金融素养的问项,只有一个可以作为近似度量消费者主观金融素养的问项,而且 CHFS2017 数据中也没有很好可以用来度量消费者负债意愿的问项。因此,该部分选择 CHFS2017 数据做稳健性检验,而且只对负债渠道偏好和过度负债做稳健性检验。表 5.8 报告的是使用 CHFS2017 数据的回归结果。单独考察主观金融素养的时候,结果显示随着主观金融素养的提高,消费者也会更偏好通过正规渠道借贷,同时会降低家庭还债压力和

表 5.5　金融素养与家庭负债（工具变量法）

	(1)	(2)	(3)	(4)	(5)	(6)	(7)	(8)	(9)
	debt_d	formal	odebt	debt_d	formal	odebt	debt_d	formal	odebt
st_self	0.034 [0.035]	0.067** [0.032]	−0.086** [0.036]				0.060 [0.035]	0.066** [0.033]	−0.082** [0.035]
st_know				0.164*** [0.055]	0.145** [0.050]	−0.161*** [0.040]	0.162*** [0.051]	0.143** [0.051]	−0.158*** [0.046]
age	0.007** [0.003]	0.018*** [0.005]	0.044*** [0.014]	0.007** [0.003]	0.015*** [0.004]	0.015*** [0.004]	0.007* [0.004]	0.018*** [0.005]	0.014*** [0.004]
age2	−0.014*** [0.003]	−0.019*** [0.005]	−0.059*** [0.014]	−0.019*** [0.004]	−0.011*** [0.004]	−0.021*** [0.005]	−0.018*** [0.004]	−0.014** [0.006]	−0.021*** [0.005]
其他变量	控制	控制	控制	控制	控制	控制	控制	控制	控制
Obs	3 171	3 179	2 708	3 171	3 179	2 708	3 171	3 179	2 708

表5.6 金融素养与家庭负债（剔除户主从事金融领域工作的家庭）

	(1)	(2)	(3)	(4)	(5)	(6)	(7)	(8)	(9)
	debt_d	formal	odebt	debt_d	formal	odebt	debt_d	formal	odebt
st_self	0.001 [0.030]	0.128*** [0.038]	−0.118*** [0.043]				0.024 [0.031]	0.105*** [0.039]	−0.084* [0.044]
st_know				0.086*** [0.029]	0.113*** [0.036]	−0.156*** [0.042]	0.082*** [0.028]	0.087** [0.038]	−0.136*** [0.043]
age	0.007*** [0.002]	0.013*** [0.003]	0.013*** [0.004]	0.007*** [0.002]	0.013*** [0.003]	0.013*** [0.004]	0.007*** [0.002]	0.013*** [0.003]	0.013*** [0.004]
age2	−0.015*** [0.002]	−0.014*** [0.003]	−0.018*** [0.004]	−0.014*** [0.002]	−0.014*** [0.003]	−0.019*** [0.004]	−0.014*** [0.002]	−0.014*** [0.003]	−0.019*** [0.004]
其他变量	控制	控制	控制	控制	控制	控制	控制	控制	控制
Obs	3 377	3 386	2 905	3 377	3 386	2 905	3 377	3 386	2 905
Pseudo R²	0.144 2	0.046 4	0.039 9	0.146 4	0.045 9	0.041 7	0.146 3	0.047 8	0.042 8

表 5. 7　金融素养与家庭负债(客观金融素养采取因子分析)

变量	(1) debt_d	(2) formal	(3) odebt	(4) debt_d	(5) formal	(6) odebt	(7) debt_d	(8) formal	(9) odebt
st_self	0.005 [0.030]	0.124*** [0.037]	-0.113*** [0.042]				0.021 [0.031]	0.102*** [0.039]	-0.081* [0.044]
st_know				0.088*** [0.029]	0.111*** [0.036]	-0.146*** [0.042]	0.083*** [0.029]	0.085** [0.037]	-0.126*** [0.043]
age	0.007*** [0.002]	0.014*** [0.003]	0.012*** [0.004]	0.007*** [0.002]	0.013*** [0.003]	0.013*** [0.004]	0.007*** [0.002]	0.013*** [0.003]	0.012*** [0.004]
age2	-0.015*** [0.002]	-0.014*** [0.003]	-0.018*** [0.004]	-0.015*** [0.002]	-0.014*** [0.003]	-0.018*** [0.004]	-0.015*** [0.002]	-0.014*** [0.003]	-0.018*** [0.004]
其他变量	控制	控制	控制	控制	控制	控制	控制	控制	控制
Obs	3 415	3 424	2 939	3 415	3 424	2 939	3 415	3 424	2 939
Pseudo R^2	0.143 9	0.046 7	0.040 3	0.146 3	0.046 2	0.041 7	0.146 1	0.048 0	0.042 7

延期还款的可能;单独考察客观金融素养的时候,客观金融素养对居民家庭负债渠道偏好和家庭发生过度负债的可能与主观金融素养影响方向是一致的;最主要的是,当同时考察主观和客观金融素养的时候,主观和客观金融素养均会显著提升家庭偏好通过正规渠道借贷的同时降低家庭发生过度负债的可能,尽管客观金融素养的显著性下降了,但依然在 10% 的水平上显著。

表 5.8　金融素养与家庭负债(CHFS2017 数据)

变量	formal			odebt		
	(1)	(2)	(3)	(4)	(5)	(6)
st_self	0.031*** [0.006]		0.029*** [0.006]	−0.011*** [0.003]		−0.010*** [0.003]
st_know		0.023*** [0.008]	0.016* [0.008]		−0.008*** [0.002]	−0.006* [0.003]
其他变量	控制	控制	控制	控制	控制	控制
Constant	−0.203** [0.080]	−0.165** [0.080]	−0.202** [0.080]	0.175*** [0.028]	0.198*** [0.016]	0.175*** [0.028]
Obs	5,225	5,233	5,225	5,825	5,825	5,825
Pseudo R^2	0.100	0.097	0.100	0.026	0.029	0.027

注:借贷渠道偏好(formal)指偏好向银行、信用社等金融机构借贷。构造该指标依据的是"1.因工商业生产经营需要资金计划从哪个渠道借贷"和"2.目前,您家是否因买房、买车、教育、医疗、投资等原因需要资金,如果是需要资金计划从哪个渠道借贷"等两个问项,如果受调查者选择的是"银行、信用社等正规融资渠道",则该指标赋值为 1,否则为 0。过度负债指标(odebt),此处的过度负债指标是以受调查者是否存在还款压力为依据。具体的问项为"1.目前,您家偿还住房欠款的经济能力如何? 选项 a.完全没有问题;b.基本没有问题;c.很难偿还;d.完全没有能力偿还"和"2.工商业生产经营的贷款中,您刚才回答这笔贷款时间是( ),期限为( )个月,这笔贷款实际已经到期,对吗? 选项为是和否",如果第一个问项选择"c"或"d",或第二个问项选择"是",只要有其一,则该指标赋值为 1,否则为 0。客观素养指标(st_know)依据的是"1.假设银行的年利率是 4%,如果把 100 元钱存 1 年定期,1 年后获得的本金和利息为?";"2.假设银行的年利率是 5%,通货膨胀率每年是 3%,把 100 元钱存银行一年之后能够买到的东西将?"和"3.您认为一般而言,股票和基金哪个风险更大?"等三个问项构造。主观金融素养指标(st_self)依据的是"您平时对经济、金融方面的信息关注程度如何?(仅询问新受访户)"。

5.4　进一步分析

5.4.1　机制检验

上文的结果显示,主观和客观金融素养的提高均有助于家庭作出更为

表 5.9　金融素养与家庭负债（机制分析）

变量	(1) ln saving	(2) debt_d	(3) formal	(4) odebt	(5) condition	(6) debt_d	(7) formal	(8) odebt
ln saving		0.003** [0.001]	0.002** [0.001]	−0.022*** [0.001]				
condition						0.036** [0.017]	0.022 [0.022]	−0.040* [0.024]
st_self	0.899** [0.453]	0.021 [0.031]	0.102*** [0.039]	−0.083** [0.042]	0.090*** [0.032]	0.015 [0.031]	0.098** [0.040]	−0.074* [0.044]
st_know	5.419*** [0.440]	0.105*** [0.030]	0.072* [0.038]	−0.073* [0.042]	0.194*** [0.031]	0.070** [0.030]	0.062* [0.036]	−0.120*** [0.044]
age	−0.135*** [0.036]	0.007*** [0.002]	0.014*** [0.003]	0.008** [0.004]	−0.001 [0.003]	0.008*** [0.002]	0.014*** [0.003]	0.013*** [0.004]
age2	0.157*** [0.035]	−0.014*** [0.002]	−0.014*** [0.003]	−0.014*** [0.004]	−0.000 [0.002]	−0.015*** [0.002]	−0.014*** [0.003]	−0.019*** [0.004]
其他变量	控制	控制	控制	控制	控制	控制	控制	控制
Obs	3 424	3 415	3 424	2 939	3 336	3 327	3 336	2 881
Pseudo R^2	0.139 9	0.147 0	0.048 4	0.099 8	0.030 5	0.143 4	0.046 6	0.045 6

合理的负债决策。主观和客观金融素养水平越高的家庭，对负债的意义以及如何借助信贷市场提高自身福祉的同时而又不陷入债务泥潭有更好的理解。除此之外，主观和客观金融素养是否还会通过其他渠道影响家庭的负债决策呢？

已有研究显示(Andersion 等，2017；Babiarz 和 Robb，2014)，主观和客观金融素养均会提高家庭的预防性储蓄。储蓄越多的家庭跟金融机构特别是银行的来往就会比较多。本小节使用家庭储蓄加 1 取对数，构造储蓄变量，记为 $\ln saving$。表 5.9 的(1)—(4)探讨的是家庭储蓄是否是主观和客观金融素养影响家庭负债决策的可能机制。从(1)可以看到，主观和客观金融素养均会显著促进家庭储蓄，这可能是主观和客观金融素养高的家庭，一方面能更好地意识到家庭储蓄特别是预防性储蓄的重要性，另一方面主客观金融素养高的家庭有更多资源储蓄。(2)—(4)则依次显示的是储蓄越高的家庭在家庭需要一大笔资金的时候越会愿意通过借贷满足需求，而且是会偏好通过正规渠道借贷，同时会降低家庭发生过度负债的可能。

另外，主观和客观金融素养高的家庭可能会更关注自身的财务状况，会根据自身的财务状况作出合理的金融决策。依据问卷中"我非常关注自己的财务状况"的问项构造关注财务状况指标，记为 $condition$，当受调查者选择"比较符合"或"非常符合"时，关注财务状况($condition$)赋值为 1，其他赋值为 0。表 5.9 的(5)—(8)则是相应的回归结果。从(5)可以看到，主观和客观金融素养均会显著促进家庭更多关注自身的财务状况，而(6)—(8)则是在基准回归的基础上加入关注财务状况指标后的回归结果，结果显示关注自身财务状况会显著促进家庭的负债意愿，但会降低家庭过度负债的可能性，对是否偏好通过正规渠道借贷的影响则不显著。

5.4.2 异质性分析

家庭收入、户主受教育程度以及家庭所在地区金融发展都可能对家庭的负债决策产生影响。接下来从这三个角度尝试异质性分析。

5.4.2.1 收入分组

尽管普惠金融在我国已经取得不错的发展，受到政界、业界和学界的广泛关注，但难以在短时间彻底解决金融机构特别是银行等机构对高收入群体的青睐。高收入群体由于收入比较高，跟金融机构之间的业务往来相对会更多。因此，随着主观和客观金融素养的提高，高收入群体会更多倾向在当需要大笔资金的时候发生借贷，偏好向正规金融机构借贷。低收入群体本身收入比较低，容易出现担心借贷后产生不良的后果，而且平时跟正规金融机构之间的接触会更少。因此,随着主观和客观金融素养的提高,低收入群体产生负债意愿和对借贷渠道偏好的影响不大,但会降低过度负债的可能。

表 5.10　金融素养与家庭负债(按收入分组)

变量	(1) debt_d	(2) formal	(3) odebt	(4) debt_d	(5) formal	(6) odebt
st_self	0.071* [0.041]	0.133** [0.058]	−0.047 [0.061]	0.028 [0.046]	0.063 [0.051]	−0.102* [0.053]
st_know	0.076* [0.041]	0.094* [0.054]	−0.058 [0.062]	0.082* [0.046]	0.053 [0.050]	−0.154** [0.063]
age	0.009** [0.003]	0.022*** [0.005]	0.007 [0.006]	0.006* [0.003]	0.008* [0.004]	0.015*** [0.005]
age2	−0.015*** [0.003]	−0.021*** [0.005]	−0.013** [0.006]	−0.014*** [0.003]	−0.009** [0.004]	−0.021*** [0.005]
其他变量	控制	控制	控制	控制	控制	控制
Obs	1 705	1 712	1 432	1 705	1 712	1 432
Pseudo R²	0.120 8	0.038 6	0.039 6	0.168 3	0.044 9	0.063 2

注:家庭年收入低于全样本家庭年收入中位数的家庭归为低收入组家庭,反之为高收入组家庭。

表 5.10 的(1)、(2)和(3)报告的是高收入家庭负债决策随主观和客观金融素养变化的情况。结果显示,主观和客观金融素养均有助于提高高收入家庭负债意愿和偏好通过正规渠道借贷的可能,但对过度负债影响不显著。表 5.10 的(4)—(6)报告的是低收入家庭负债决策随主观和客观金融素养的变化情况。结果显示,主观金融素养会显著降低低收入群体过度负债的可能,对负债意愿和渠道偏好的影响不显著;客观金融素养不仅会降低家庭发生过度负债的概率,也会提升家庭的负债意愿,但对借贷渠道偏好的影响不显著。

5.4.2.2　教育分组

接受教育是家庭最重要的人力资本投资之一。蔡元培先生曾指出“教育是帮助被教育的人给他发展自己的能力”。受教育水平越高,能力越强,收集信息并从信息中提取有价值部分的能力越好。那么主观和客观金融素养对家庭负债决策的影响是否会受户主教育水平的影响呢?

表 5.11 中(1)—(3)报告的是在高教育组家庭中主观和客观金融素养

对家庭负债决策的影响。从表5.11中(1)—(3)可以看到,在高教育组家庭中,主观和客观金融素养会显著提升家庭负债的意愿和显著降低家庭发生过度负债的可能,对借贷渠道偏好的影响不显著。表5.11中(4)—(6)报告的是在低教育组家庭中主观和客观金融素养对家庭负债决策的影响,可以看到,在低教育组家庭中,主观和客观金融素养会显著促进家庭偏好通过正规渠道借贷,而对负债意愿和家庭过度负债的影响不显著。

表 5.11　金融素养与家庭负债(按教育分组)

变量	(1) *debt_d*	(2) *formal*	(3) *odebt*	(4) *debt_d*	(5) *formal*	(6) *odebt*
st_self	0.067* [0.039]	0.052 [0.061]	−0.112* [0.064]	0.012 [0.046]	0.139*** [0.049]	−0.033 [0.060]
st_know	0.119*** [0.039]	0.043 [0.060]	−0.231*** [0.062]	0.054 [0.045]	0.103** [0.048]	−0.039 [0.060]
age	0.011*** [0.003]	0.014*** [0.005]	0.008 [0.006]	0.007* [0.004]	0.017*** [0.005]	0.021*** [0.006]
age2	−0.019*** [0.003]	−0.014*** [0.005]	−0.015** [0.007]	−0.014*** [0.004]	−0.017*** [0.004]	−0.026*** [0.006]
其他变量	控制	控制	控制	控制	控制	控制
Obs	1 613	1 617	1 459	1 802	1 807	1 480
Pseudo R^2	0.143 1	0.043 1	0.043 9	0.137 7	0.044 6	0.057 8

注:若拥有高中及以上的学历,则界定属于高教育组家庭,反之为低教育组家庭。

5.4.2.3　区域分组

我国经济发展在地区之间存在比较大的差异,导致不同区域的金融发展水平也存在较大差距,而且不同地区居民的生活方式、传统习惯也存在较大的不同。本小节根据我国区域的划分,把全样本家庭根据生活所在地分为东部地区和中西部地区,考察金融素养在这两大地区对居民家庭负债决策的影响。

表5.12中(1)—(3)报告的是金融素养对东部地区家庭负债决策的影响。从结果可以看到,主观和客观金融素养均会显著促进东部地区家庭偏好通过正规渠道借贷,而且会降低家庭发生过度负债的可能;其中客观金融素养会显著提升家庭负债的意愿,而主观金融素养对家庭负债意愿的影响不显著。

表 5.12 中(4)—(6)报告的是金融素养对中西部地区家庭负债决策的影响。从结果可以看到,只有客观金融素养会显著降低中西部地区家庭发生过度负债的概率,其他的影响则不显著。

表 5.12　金融素养与家庭负债(按地区分组)

	(1)	(2)	(3)	(4)	(5)	(6)
	debt_d	*formal*	*odebt*	*debt_d*	*formal*	*odebt*
st_self	0.018 [0.046]	0.130** [0.055]	−0.126** [0.060]	−0.058 [0.041]	0.065 [0.054]	−0.038 [0.063]
st_know	0.149*** [0.045]	0.173*** [0.054]	−0.102* [0.058]	0.039 [0.040]	−0.020 [0.052]	−0.157** [0.064]
age	0.006 [0.003]	0.020*** [0.004]	0.014*** [0.005]	0.009** [0.003]	0.007 [0.005]	0.010 [0.006]
age2	−0.013*** [0.003]	−0.020*** [0.004]	−0.019*** [0.005]	−0.015*** [0.003]	−0.009* [0.005]	−0.016*** [0.006]
其他变量	控制	控制	控制	控制	控制	控制
Obs	1 742	1 749	1 448	1 673	1 675	1 491
Pseudo R^2	0.174 6	0.071 1	0.046 7	0.105 1	0.038 4	0.035 2

5.5　小结

2008 年起源于美国的金融危机显示了居民家庭合理负债的重要性:合理负债不仅对家庭有好处,对社会的好处也很大;过度负债则有可能对经济社会造成严重的冲击。本章使用北京大学中国社会科学调查中心发布的"中国家庭追踪调查"第三轮全国调查(CFPS2014)数据,辅以 CHFS2017 数据考察了主观和客观金融素养水平对中国家庭负债行为的影响。考虑到可能存在的内生性的影响,本章分别从滞后期数据、测量误差以及工具变量等三方面尽可能地缓解内生性的影响。研究发现:客观金融素养会显著促进家庭在需要大笔资金的时候通过信贷市场提升自身福祉的可能,而且是更多偏好通过正规信贷渠道满足自身的需求,同时还会降低发生过度负债的可能性;主观金融素养则在促进家庭偏好通过正规渠道借贷的同时会降低家庭过度负债的可能。别除在金融领域工作子样本、客观金融素养使用不同度量方法以及使用 CHFS2017 数据等方面的稳健性检验显示本章的结果是较为稳健的。

　　进一步机制检验发现，主观和客观金融素养除了会直接影响家庭负债意愿、负债渠道偏好和过度负债之外，还会通过家庭储蓄间接影响居民家庭的负债意愿、负债渠道偏好和过度负债，以及会通过提高居民对自身财务状况的关注影响家庭的负债意愿和过度负债发生的概率。这对于需要扩大内需，构建金融生态的中国来说是非常重要的。这表明随着金融素养水平的提高，居民家庭更有可能作出有利于自身的信贷决策，更好地利用信贷市场平滑一生的消费而提高家庭的金融福祉，而居民家庭合理的信贷决策也有助于信贷市场的健康稳定发展。

　　基于以上结论，本章的建议是：政府和监管机构在放松监管和创新金融产品的时候，要合理制定提高居民家庭金融素养的政策，特别是对那些金融素养低的特定人群开展金融素养教育。这样不仅有利于居民家庭提高自身的金融福祉，也有助于信贷市场的健康发展。

第6章 金融素养与信用卡使用

6.1 引言

党的二十大报告指出,我们要坚持以推动高质量发展为主题,把实施扩大内需战略同深化供给侧结构性改革有机结合起来,增强国内大循环的内生动力和可靠性,提升国际循环的质量和水平,加快建设现代化经济体系。而这其中,作为拉动经济发展的"三驾马车"之一的消费始终受到广泛的关注。然而一直以来,我国居民消费都受到信贷约束的影响。信用卡作为信用经济时代的重要发明,一方面有着循环信贷的功能,正如傅联英和骆品亮(2018)研究发现信用卡循环负债通过一定的路径传导影响持卡人的消费支出决策从而促进了居民消费支出;另一方面信用卡的转账结算和存取功能,使得居民的支付变得更方便,也就更愿意消费。因此,以信用卡为代表的消费信贷业务被认为是我国推动消费增长的重要措施之一,也被认为是全面实现普惠金融的重要途径之一。胡春燕和岳中刚(2007)使用我国1999—2005年银行卡消费数据,发现从长期均衡来看,我国银行卡消费每增加10%,将促进消费支出增长2.7%。李广子和王健(2017)使用国内某银行信用卡中心信用卡的消费数据研究发现随着信用卡的信用额度的增加,消费者使用信用卡的交易金额也显著提高了。同样也有研究发现信用卡等数字化支付方式不仅对家庭消费水平有影响,对家庭的消费结构也有一定的影响(王立平和夏敏,2022;吴锟等,2020)。臧旭恒等(2023)同样指出,信用卡的长期使用会降低家庭经济的脆弱性,有助于提高家庭的经济韧性。因此,探究什么因素会对家庭信用卡使用产生影响,在某种程度上来讲对促进家庭消费、调整家庭消费结构及缓解家庭财务脆弱性等有一定的意义。

近年来,为了推广信用卡,各发卡银行采取了形式多样的激励计划,如办卡送礼品、积分换礼品、刷卡购物优惠等。在各发卡行的激励和国家相关政策的支持下,信用卡使用在我国取得了长足的发展。中国人民银行《2023年第二季度支付体系运行总体情况》报告指出,截至2023年第二季度末,信用卡和借贷合一卡的授信总额为 22.31 万亿元,环比增长 0.59%,应偿信贷余额 8.55 万亿元,环比下降 0.17%。卡均授信额度 2.84 万元,授信使用率 38.33%。信用卡逾期半年的信贷总额达到 896.46 亿元,但环比下降 9.45%,占信用卡应偿信贷余额的 1.05%。根据图 6.1 我们可以看出,相较于 2012 年全国累计发放信用卡 3.31 亿张,2022 年全国累计发放信用卡数量已经上升到 7.98 亿张,十年内信用卡发放量增长了 141.09%。

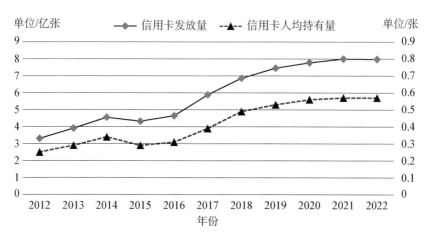

图 6.1 信用卡持有情况

(注:数据来自相应年份的《支付体系运行情况报告》)

同样地,我国居民的人均信用卡持有数量也在逐年增加,其变化趋势也可从图 6.1 看出。早在 2012 年我国人均信用卡持有量仅为 0.25 张,到了 2014 年居民人均持卡量有所上升,增至 0.34 张。尽管在 2015 年、2016 年间我国信用卡人均持有量有小幅度的下降,但在 2017 年信用卡人均持有量上升到了 0.39 张,而近五年的居民人均信用卡持有量保持稳步上升的趋势,到 2022 年我国人均信用卡持有量已经上升到 0.57 张。

然而,西南财经大学中国家庭金融调查与研究中心 2017 年微观调查数据显示:总体而言,信用卡在我国的普及率还相对较低,而真正主动使用信用卡的家庭占比则更低。相比较而言,信用卡的使用相对于一般的借记卡的使用更为复杂,这就使得信用卡的使用存在着一定的门槛。

事实上,以往的研究表明,信用卡作为一种安全、可靠和方便的支付工具,早在 20 世纪就引起了国外学者的广泛关注。近几年来,随着我国微观调查数据越来越丰富,国内学者也对影响我国居民信用卡使用的因素进行了富有成效的研究。其中,年龄被认为是影响消费者是否持有信用卡的一个重要因素。学者们一致认为,与年龄比较大的消费者相比,年轻的消费者

持有信用卡并使用信用卡作为借贷工具进行消费的可能性更大。Awh 和
Waters(1974)研究表明年纪小的消费者往往更愿意接受新鲜事物;而
White(1975)则认为与年轻的消费者相比,年龄比较大的消费者使用信用卡
的机会也较少。此外,性别也被认为是影响消费者是否持有或使用信用卡
的一个因素,然而得到的结论并不完全相同。Hirschman(1979)实证分析
结果表明男性持有信用卡的可能性更高;Robb(2011)却发现,平均而言,女
性持有信用卡的张数多于男性。贺昌政等(2014)则发现男性使用信用卡取
现的可能性高于女性,但女性的平均取现金额高于男性。同时,也有学者对
家庭婚姻状况对信用卡使用的影响进行分析,Canner 和 Cyrnak(1985)认为
婚姻是影响居民家庭使用信用卡循环信贷功能的一个重要因素。Steidle
(1994)则认为由于已婚家庭的消费支出高于未婚家庭,因此他们认为已婚
家庭持有信用卡作为借贷工具支持家庭更高消费支出的可能性更大。此
外,受教育水平对居民持有信用卡或使用信用卡的决策有显著的影响。
Kim 和 DeVaney(2001)认为,受教育水平越高的居民获得好工作的可能性
越大,未来的收入水平也更高,因此更可能持有信用卡。Chien 和 DeVaney
(2001)发现受教育水平与居民使用信用卡是正相关的,而且受教育水平越
高的居民对使用信用卡更可能持积极的态度。臧文如(2015)则认为受教育
程度对居民理解和把握信用卡的作用和特点有正向的影响,而且学历较高
居民承受金融风险的能力更强,因此信用卡使用更加积极,而且渴望拥有更
高的信用额度。职业也是影响信用卡消费和使用的一个因素。

　　而自 2008 年金融危机发生以后,另外对信用卡产生重要影响的因素引
起了全球的重视,即金融素养。从某些程度上讲,这场金融危机的爆发使得
全球各地众多居民家庭由于不合理的金融决策陷入了金融危机冲击的泥
潭,引起了各国(地区)政府的高度重视,也引起学者对消费者金融素养及其
对消费者金融行为影响的关注。在大量有关金融素养对消费者金融行为影
响的研究中,部分学者研究了金融素养对居民信用卡使用的影响,研究发现
居民的金融素养与其信用卡使用是正相关的关系。金融知识的普及,居民
金融素养的提高有助于消费者更好地认识信用卡,从而克服心理恐惧感
(Borden, 2008),进而增加选择使用信用卡进行消费。因此,本部分认为金
融素养可能是影响中国居民申请办理和使用信用卡的一个重要因素。
Limbu(2017)则指出金融素养水平的提高有利于降低与消费者出现滥用信
用卡行为的可能性。Allgood 和 Walstad(2013)发现金融素养一方面可以
促进居民家庭信用卡的使用,另一方面也会抑制信用卡可能出现的过度使
用行为。国内学者则研究了金融素养对我国居民家庭资产选择、组合有效

性、家庭负债、共享金融以及理财咨询等金融行为的影响,但相对而言很少有学者使用家庭微观数据研究主观和客观金融素养对我国居民信用卡使用行为的影响。本章以中国家庭金融调查 2017 年微观调查数据,研究主观和客观金融素养对我国居民信用卡使用的影响,是对目前关于信用卡使用影响因素研究和金融素养研究的有益补充。

6.2　数据来源与指标构建

6.2.1　数据来源

本章使用的数据来源于 2017 年中国家庭金融调查(China Household Finance Survey, CHFS)。该样本库详细调查了全国 29 个省(直辖市、自治区)355 个县(区、市)1 428 个社区(村),共获得 40 011 户的信息。调查问卷涉及户主和家庭的基本信息、理财信息、资产与收入情况、健康状况、金融素养、风险态度等具体情况,能够满足本章实证所需的变量构造。在剔除异常值与关键变量缺失数据后,最终保留 24,498 个有效观测值。

在进一步分析中,则使用清华大学中国金融研究中心 2010 年和 2011 年"中国消费金融现状及投资者教育调查"数据探讨了主观金融素养对家庭合理有效使用信用卡的影响。

6.2.2　指标构建

6.2.2.1　核心解释变量

金融素养。目前度量金融素养的指标主要有两种:客观金融素养指标和主观金融素养指标。

主观金融素养变量(st_self)。该指标依据受访者对"您平时对经济、金融方面的信息关注程度如何?"这一问题的回答来构建。其中,按照受访者回答"从不关注、很少关注、一般、很关注、非常关注"分别赋值为 1、2、3、4、5。此外,当受访者为 2015 年的追踪受访户时,使用 2015 年的对应数据补充。本章使用该问项作为"主观金融素养"的代理变量的原因有二:首先,当一个人认为自己的金融素养越高时,越可能关注经济、金融方面的信息;其次,吴卫星等(2018)使用对经济金融信息的关注度作为主观金融素养的代理变量做稳健性检验,探讨了主观金融素养对家庭资产组合有效性的影响。

客观金融素养(st_know)。该指标则依据受访者回答问题"假设银行的年利率是4%,如果把100元钱存1年定期,1年后获得的本金和利息为?""假设银行的年利率是5%,通货膨胀率每年是3%,把100元钱存银行一年之后能够买到的东西将?"以及"您认为一般而言,股票和基金哪个风险更大?"三个问题的回答界定受访者的客观金融素养。三个问题中,答对一个问题记1分,答错则计0分,最终使用受访者答对问题得分数构建受访者客观金融素养指标。在稳健性检验部分,考虑到简单的评分加总可能导致某些相同的信息的权重被人为加重,参考尹志超等(2014)的方法,使用因子分析法重新构造客观金融素养。

6.2.2.2 被解释变量

信用卡使用($credit$)。该指标构造依据"您家是否使用信用卡?(未激活的信用卡不包括在内)"这一问题进行构造,如果受访者选择"是",则信用卡使用赋值为1,如果选择"否",则赋值为0。

刷卡消费支出($\ln c\_card$)。该指标将受访者使用非现金支付额作为信用卡购物支付额的代理变量,具体构造为刷卡消费支出加1取对数。

6.2.2.3 控制变量

除本章的核心解释变量外,参照家庭金融相关研究(李涛等,2019;田子方等,2022),本章还控制了户主和家庭层面的统计学特征和经济特征。户主层面的控制变量包括:户主的年龄(age)、年龄的平方($age2$)、性别($gender$)、婚姻状况($married$)、学历[①](初中及以下 $primary$;高中/中专/技校 $high$;大学本科/大专 $college$;硕士研究生及以上 $graduate$ 等4个虚拟变量)、风险态度($risk$,当户主偏好于高风险高回报和略高风险略高回报金融产品时,户主风险偏好取值为1;当户主更倾向于购买平均风险平均回报产品时,户主风险偏好取值为0;选择其他选项,户主家庭风险偏好则取值为-1)。家庭层面的控制变量包括:家庭资产对数($\ln asset$)、家庭年收入对数($\ln income$)、家庭年收入对数平方($\ln income2$)、家庭成员健康状况($health$,取值为1、2、3、4、5,值越大代表成员健康状况越好)、家庭退休状况($retire$,家庭有成员退休则将家庭退休状态赋值为1,其他为0)、家庭创业状况($self\_em$,如果家庭有成员从事工商业生产经营项目,包括个体户、租赁、运输、网店、经营企业等,则将家庭创业赋值为1,否则为0)。地区层面

---

① 为了避免严重的多重共线性问题,在回归时将学历为"初中及以下"($primary$)设置为参考组。

的控制变量包括：东部地区(*east*)、中部地区(*mid*)、西部地区(*west*)。[①]

6.2.3 描述性统计

为了直观显示信用卡使用和刷卡消费支出与主观和客观金融素养之间的关系，表6.1展示了按主观和客观金融素养分组的分布情况。表6.1的Panel A呈现的是不同主观金融素养水平家庭信用卡使用的行为，主观金融素养从低至高分成四个等级。从Panel A可以看到，主观金融素养水平最低组家庭中只有9.97%的家庭使用过信用卡，而刷卡消费支出对数的均值为6.3382。随着主观金融素养水平的提高，使用信用卡家庭的占比以及刷卡消费支出均呈明显增加，直到主观金融素养最高组的31.33%的家庭使用过信用卡，刷卡消费支出对数的均值也显著提升到7.1043。

表6.1　金融素养与信用卡使用

Panel A	主观金融素养			
	1	2	3	4
credit	0.0997	0.1807	0.2822	0.3133
ln*c_card*	6.3382	6.5840	6.9290	7.1043
Panel B	客观金融素养			
	1	2	3	4
credit	0.0641	0.1095	0.2502	0.3443
ln*c_card*	6.0375	6.2411	6.7944	6.9652

信用卡使用行为随客观金融素养的变化趋势与随主观金融素养的变化趋势基本上一致。从表6.1中的Panel B可以看到，信用卡使用家庭占比从客观金融素养最低组的6.41%提升到最高组的34.43%；刷卡消费支出对数的均值从客观金融素养最低组的6.0375提升到最高组的6.9652，均明显增加。

年龄越大，越不太可能接受新鲜事物，而信用卡作为信用经济时代的一个重要发明，一旦使用不当，有可能给消费者带来严重的负面感受。表6.2的Panel A报告的是信用卡使用行为随年龄的变化情况。从表6.2中的Panel A可以看到，在45岁以下的家庭中，有多达37.46%的家庭使用过信用卡，且消费支出对数的均值达到6.9991，而随着年龄的增长，使用过信用卡家庭占比以及刷卡消费支出对数的均值均呈下降趋势，到75岁及以上组

[①]　为了避免严重的多重共线性问题，在回归时将"东部地区"(*east*)组设置为参考。

使用过信用卡家庭占比和刷卡消费支出对数只有 4.59％和 6.2816。当然，由于是截面数据，随年龄变化趋势可能更多反映的是群体效应。

表 6.2　年龄、学历与信用卡使用

Panel A	年龄			
	45 岁以下	[45 60)	[60 75)	75 岁及以上
credit	0.374 6	0.194 6	0.087 0	0.045 9
ln *c_card*	6.999 1	6.540 4	6.298 3	6.281 6
Panel B	学历			
	初中及以下	高中或中专	大专或大学	大学以上
credit	0.100 7	0.246 7	0.517 5	0.715 6
ln *c_card*	6.302 0	6.681 8	7.221 2	7.651 3

学历越高，对新鲜事物更容易充满好奇，更愿意尝试并且接受新鲜事物。从表 6.2 的 Panel B 可以看到，随着户主学历的提高，使用过信用卡家庭占比从学历最低组的 10.07％提升到学历最高组的 71.56％，刷卡消费支出对数的均值则是从最低组的 6.3020 提升到最高组的 7.6513。

6.3　研究设计及回归结果

6.3.1　研究设计

由于本章的被解释变量信用卡使用（*credit*）是二元离散变量，针对离散型因变量的特点，本部分选择 Probit 模型考察金融素养与居民信用卡使用之间的关系，具体模型为：

$$Prob(credit_i = 1 \mid X) = Prob(\alpha \times st_i + \beta \times X_i + \varepsilon_i) \quad (6.1)$$

其中，*credit* 表示居民信用卡使用，*st* 是居民家庭的金融素养水平，由主观金融素养变量（*st_self*）和客观金融素养变量（*st_know*）组成，*X* 为影响居民家庭信用卡使用的其他控制变量。在 *X* 中，主要包括户主层面与家庭层面的控制变量以及地区变量。ε 是服从均值为 0、方差为 σ^2 正态分布的随机误差项。

而考虑到本章的另一个解释变量刷卡消费支出（ln *c_card*）是对数化处理的连续数值型变量，故选择普通最小二乘法（OLS）来探究户主的主

观和客观金融素养对刷卡消费支出的影响。具体的模型设置如式(6.2)所示:

$$\ln c\_card_i = \alpha \times st_i + \beta \times X_i + \varepsilon_i \tag{6.2}$$

式(6.2)中,$\ln c\_card$ 表示刷卡消费支出,其余变量与式(6.1)中相同。

6.3.2 回归结果及其分析

基于前文对户主的主观金融素养(st_self)、客观金融素养(st_know)、居民家庭信用卡使用状况($credit$)和家庭刷卡消费支出($\ln c\_card$)的界定,该部分进行实证检验,回归结果见表6.3。

表6.3 金融素养与家庭信用卡使用(基准回归)

变量	(1)	(2)	(3)	(4)	(5)	(6)
	$credit$	$credit$	$credit$	$credit$	$credit$	$credit$
st_self	0.020*** [0.000]	0.173*** [0.000]			0.017*** [0.000]	0.110*** [0.000]
st_know			0.024*** [0.000]	0.090*** [0.000]	0.020*** [0.000]	0.065*** [0.002]
age	−0.001 [0.587]	−0.002* [0.078]	−0.000 [0.898]	0.001 [0.669]	−0.000 [0.734]	−0.001 [0.445]
$age2$	−0.004*** [0.001]	−0.002* [0.075]	−0.004*** [0.000]	−0.004*** [0.000]	−0.004*** [0.001]	−0.003** [0.012]
$gender$	−0.016*** [0.006]	−0.026*** [0.000]	−0.014** [0.013]	−0.013** [0.028]	−0.015*** [0.009]	−0.020*** [0.001]
$married$	0.018 [0.222]	0.028* [0.087]	0.015 [0.307]	0.014 [0.352]	0.017 [0.250]	0.022 [0.156]
$high$	0.057*** [0.000]	0.017 [0.108]	0.058*** [0.000]	0.042*** [0.000]	0.054*** [0.000]	0.018* [0.067]
$college$	0.134*** [0.000]	0.054*** [0.004]	0.134*** [0.000]	0.104*** [0.000]	0.127*** [0.000]	0.057*** [0.001]
$graduate$	0.172*** [0.000]	0.068** [0.038]	0.167*** [0.000]	0.118*** [0.000]	0.160*** [0.000]	0.063** [0.047]
$risk$	0.024*** [0.000]	−0.030** [0.014]	0.027*** [0.000]	0.015*** [0.003]	0.022*** [0.000]	−0.020* [0.059]

续表

变量	(1) *credit*	(2) *credit*	(3) *credit*	(4) *credit*	(5) *credit*	(6) *credit*
ln*asset*	0.032*** [0.000]	0.024*** [0.000]	0.031*** [0.000]	0.027*** [0.000]	0.030*** [0.000]	0.022*** [0.000]
ln*income*	−0.048*** [0.000]	−0.042*** [0.000]	−0.047*** [0.000]	−0.043*** [0.000]	−0.047*** [0.000]	−0.040*** [0.000]
ln*income2*	0.004*** [0.000]	0.004*** [0.000]	0.004*** [0.000]	0.004*** [0.000]	0.004*** [0.000]	0.003*** [0.000]
health	0.003 [0.219]	−0.001 [0.740]	0.003 [0.200]	0.002 [0.341]	0.003 [0.234]	−0.000 [0.990]
retire	−0.019** [0.013]	−0.044*** [0.000]	−0.020*** [0.008]	−0.034*** [0.000]	−0.022*** [0.003]	−0.048*** [0.000]
self_em	0.019*** [0.001]	0.012* [0.078]	0.020*** [0.001]	0.019*** [0.001]	0.019*** [0.001]	0.014** [0.024]
mid	−0.018*** [0.003]	−0.027*** [0.000]	−0.016*** [0.007]	−0.015** [0.018]	−0.017*** [0.004]	−0.022*** [0.001]
west	0.007 [0.193]	−0.014* [0.077]	0.011* [0.053]	0.013** [0.023]	0.009 [0.133]	−0.003 [0.715]
Obs	24,469	24,469	24,498	24,498	24,469	24,469
工具变量 1 t 值		11.22				3.89/2.24
工具变量 2 t 值				21.41		16.57/6.10
Wald 检验 chi^2 值		28.87		11.98		26.03
Wald 检验 P 值		0.0000		0.000		0.0000

注：***、**、* 分别表示在 1%、5%、10%的水平上显著，括号内为对应的 P 值。本章其他表格若没有特别标注，表明与此相同。

表 6.3 中第（1）列、第（3）列分别为居民家庭主观金融素养和客观金融素养与居民家庭信用卡使用情况的回归结果。第（1）列回归结果表明，居民家庭主观金融素养与家庭信用卡使用情况呈正相关关系，即金融素养水平越高的居民使用信用卡的可能性越大，在 1%的水平上显著。这可能是金

融素养水平高的户主能更好地意识到信用卡是一种安全、可靠和高效便捷的支付工具,同时较高的金融素养也可能会降低居民对信用卡的恐惧感。

此外,从第(1)列中我们同样可以看出其他因素对信用卡使用情况的影响。从户主年龄这一因素上来看,户主年龄越大的家庭使用信用卡的可能性越低,这可能是户主年龄越大,使用信用卡的机会越少,也可能是年龄越大的户主不能很好地理解和认识到信用卡的优点,对信用卡这种创新型的金融工具存在一定恐惧感。从户主性别来看,户主是男性的家庭,信用卡使用的可能性相对较低,这可能是由于男性与女性的消费习惯与支出方式有所不同造成的。相对而言,户主婚姻状况与信用卡使用情况之间不存在明显的相关关系。就家庭受教育水平这一因素来看,随着户主受教育水平的提高,信用卡使用的可能性随之增加,这可能是由于受到较高层次教育的户主对信用卡更为了解,对这种金融工具的恐惧也相对较低。居民家庭资产则与信用卡使用情况呈现正相关关系,即随着家庭资产的增加,居民使用信用卡的情况也随之增加。同时,家庭成员一旦退休其信用卡使用的可能性就有所降低,这可能是因为自身还贷能力有所降低。而存在创业情况的家庭其信用卡使用的可能性有所增加,这可能是因为在创业中的家庭其对贷款的需求更大。

在以往的研究中,Kim 和 DeVaney(2001)认为信用卡使用与家庭收入呈现负相关关系,他们认为当家庭收入不足以满足家庭开支的时候可以通过信用卡借贷满足这部分需求。Slocum 和 Mathews(1970)认为信用卡使用与家庭收入是正相关的,他们的研究结果表明低收入家庭按期归还信贷余额能力不足,为了避免过度负债,低收入家庭会更少地使用信用卡借贷。而我国的情况则与这两种结论均存在着一些差异,由表 6.3 可以看出我国居民家庭信用卡使用与收入之间存在着一种"U"形的关系,即低收入家庭与高收入家庭信用卡使用的可能性较高,而中等收入的家庭使用信用卡的可能性相对较低。在低收入家庭中,可能是由于这部分家庭是为了更好地平滑消费支出,减少流动性约束,因此更多使用信用卡。而在高收入家庭中,尽管受到流动性约束的可能性比较小,但因为信用卡携带便利、支出更安全高效,因此也更多使用信用卡。

由第(3)列的结果可知,居民家庭客观金融素养同样与家庭信用卡使用情况亦存在着正相关关系,即随着家庭客观金融素养的提高,居民信用卡使用的可能性也随之增加。此外,其余变量对信用卡使用情况的影响与第(1)列基本一致。第(5)列的回归结果则同样显示了无论是家庭的主观金融素养还是客观金融素养的提高,均会增加居民使用信用卡的可能性。

当然,在探讨金融素养水平与信用卡使用情况的回归模型中可能会存在内生性。首先,尽管在模型中尽可能多地纳入会影响信用卡使用的变量,但一些不可观测的因素难以衡量;其次,有可能家庭在信用卡使用的过程中,学习到一些金融知识从而提高了自身的金融素养水平,那么就可能存在一定的反向因果关系;最后,无论是客观金融素养的度量方式还是主观金融素养的度量方式始终没有一个定论,其度量方式可能存在着一定的误差。总而言之,模型很可能存在内生性问题。

为解决内生性问题,本章选择使用工具变量法对模型进行修正。在工具变量的选取方面,参考已有文献做法并结合本章实证所用数据库的具体情况,选取"同省同城同社区其他家庭主观金融素养/客观金融素养的均值"作为工具变量。选择此变量作为工具变量的原因有两个,一方面同地区其他家庭的金融素养不会对本家庭的信用卡使用造成影响,另一方面同地区其他家庭的金融素养水平在一定程度上显现了该地区的金融政策等问题,从而对家庭的金融素养水平产生影响。

表 6.3 中第(2)列、第(4)列和第(6)列为 IV-Probit 模型下的估计结果。在此回归中,第(2)列中 Wald 内生性检验的 P 值为 0.000,表明不能拒绝模型中存在着内生性问题,主观金融素养工具变量的 t 值为 11.22。第(4)列报告的是客观金融素养工具变量后的回归结果,Wald 内生性检验的 P 值为 0.000,表明不能拒绝模型中存在着内生性问题,一阶段回归工具变量的 t 值为 21.41;第(6)列报告的是同时包含主观和客观金融素养工具变量的回归结果,其中 Wald 内生性检验的 P 值为 0.0000,依然表明不能拒绝模型中存在着内生性问题。最主要的是 IV-Probit 模型中主观和客观金融素养依然会显著促进家庭使用信用卡,而且使用工具变量法后系数均变大了,这与大多数的研究是一致的。

此外,表 6.4 报告了居民金融素养与刷卡消费支出之间的关系,由第(1)列回归结果可以看出主观金融素养越高的家庭,其刷卡消费支出也越高。这可能是因为在主观金融素养较高的家庭中,对于信用卡信任度更高,愿意使用信用卡进行消费支出。由第(3)列回归结果可以看出,居民客观金融素养同样与家庭通过信用卡等方式产生的消费支出成正比。这可能是因为家庭客观金融素养较高时,其对信用卡的了解程度更深,对信用卡的使用也更为熟悉,因此通过刷卡所产生的消费也就更高。而第(5)列则再次证实了上述两个结论,即无论是家庭主观金融素养或是家庭客观金融素养同样会促进家庭刷卡消费支出的增加。

同样考虑到模型中可能存在的内生性问题,选择采用两阶段最小二乘法(2SLS)重新进行回归。表6.4第(2)列、第(4)列及第(6)列为修正了内生性后的结果。

表6.4　金融素养与刷卡消费支出(基准回归)

变量	(1) ln c_card	(2) ln c_card	(3) ln c_card	(4) ln c_card	(5) ln c_card	(6) ln c_card
st_self	0.076*** [0.001]	2.361*** [0.001]			0.066*** [0.004]	1.033* [0.070]
st_know			0.082*** [0.002]	1.928*** [0.000]	0.069*** [0.009]	1.576*** [0.000]
age	−0.044*** [0.001]	−0.118*** [0.000]	−0.042*** [0.001]	−0.031* [0.073]	−0.044*** [0.001]	−0.066** [0.012]
age2	0.023* [0.079]	0.089*** [0.003]	0.021 [0.105]	0.020 [0.257]	0.023* [0.083]	0.050** [0.045]
gender	−0.211*** [0.000]	−0.454*** [0.000]	−0.202*** [0.000]	−0.150* [0.055]	−0.208*** [0.000]	−0.268*** [0.009]
married	−0.253** [0.038]	0.230 [0.355]	−0.269** [0.027]	−0.325** [0.050]	−0.257** [0.034]	−0.098 [0.643]
high	0.122** [0.037]	−0.541** [0.015]	0.128** [0.028]	−0.206** [0.049]	0.112* [0.055]	−0.441** [0.017]
college	0.270*** [0.000]	−0.834** [0.017]	0.277*** [0.000]	−0.401** [0.013]	0.250*** [0.000]	−0.771*** [0.009]
graduate	0.334** [0.026]	−1.310** [0.019]	0.335** [0.026]	−0.886*** [0.006]	0.296** [0.050]	−1.397*** [0.004]
risk	0.092*** [0.004]	−0.730*** [0.004]	0.106*** [0.001]	−0.185** [0.012]	0.085*** [0.008]	−0.501** [0.015]
ln asset	0.217*** [0.000]	0.033 [0.613]	0.217*** [0.000]	0.120*** [0.000]	0.214*** [0.000]	0.056 [0.299]
ln income	−0.400*** [0.000]	−0.201 [0.152]	−0.401*** [0.000]	−0.287*** [0.007]	−0.396*** [0.000]	−0.219* [0.067]
ln income2	0.032*** [0.000]	0.019** [0.015]	0.032*** [0.000]	0.023*** [0.000]	0.032*** [0.000]	0.018*** [0.006]
health	0.043 [0.111]	0.054 [0.228]	0.043 [0.114]	0.056 [0.127]	0.043 [0.107]	0.059 [0.125]

变量	(1)	(2)	(3)	(4)	(5)	(6)
	lnc_card	lnc_card	lnc_card	lnc_card	lnc_card	lnc_card
retire	0.057 [0.553]	−0.188 [0.287]	0.048 [0.620]	−0.281* [0.056]	0.046 [0.633]	−0.326** [0.041]
self_em	0.473*** [0.000]	0.353*** [0.000]	0.482*** [0.000]	0.545*** [0.000]	0.476*** [0.000]	0.478*** [0.000]
mid	−0.105* [0.062]	−0.244** [0.017]	−0.101* [0.074]	−0.042 [0.586]	−0.102* [0.070]	−0.113 [0.204]
west	−0.139** [0.020]	−0.429*** [0.001]	−0.129** [0.031]	−0.060 [0.467]	−0.135** [0.024]	−0.202* [0.078]
Constant	5.481*** [0.000]	3.812*** [0.000]	5.496*** [0.000]	3.954*** [0.000]	5.431*** [0.000]	3.467*** [0.000]
Obs	5,885	5,885	5,888	5,888	5,885	5,885
R^2	0.179		0.179		0.180	
工具变量 1 t 值		4.14				3.87/2.12
工具变量 2 t 值				4.14		1.65/6.21
一阶段 F 值		17.162		52.606		9.716 2/ 28.096
DWH 值		29.833		29.778		43.900
P 值		0.000		0.000		0.000

　　由第(2)列可知,DWH 值为 29.833,在 1‰的水平上显著,可以认为不能拒绝模型不存在内生性问题。主观金融素养对应工具变量的 t 值为4.14,对应的一阶段 F 值为 17.16,说明其不存在弱工具变量问题。同样,第(4)列与第(6)列中也对模型与工具变量进行了检验,两个模型同样不能拒绝存在内生性问题,F 值均大于避免为弱工具变量的临界值。重要的是修正了内生性问题后,主观和客观金融素养对刷卡消费支出的影响显著为正,即随着家庭主观金融素养与客观金融素养水平的提升,家庭刷卡消费支出随之提高。

6.4 稳健性检验

为了进一步检验所得结论的稳健性,该部分采用"变换被解释变量代理指标""改变核心解释变量度量方式"以及使用不同的实证方法(倾向得分匹配法)等方式对上述结论进行验证。

6.4.1 变换被解释变量代理指标

首先,随着技术的进步,扫码等非现金支付方式受到越来越多消费者青睐,而且支付宝等在一定程度上可以作为信用卡使用的替代。因此,在该部分进一步选择把信用卡使用采取更为广泛的度量,即把购物时会选择支付宝等方式支付和使用信用卡的家庭界定为信用卡使用($credit2$),以此替代信用卡使用($credit$)这一变量进行稳健性检验。

表 6.5 金融素养与家庭信用卡使用(扩大因变量的范围)

变量	(1)	(2)	(3)	(4)	(5)	(6)
	$credit2$	$credit2$	$credit2$	$credit2$	$credit2$	$credit2$
st_self	0.020*** [0.000]	0.278*** [0.000]			0.014*** [0.000]	0.119*** [0.000]
st_know			0.041*** [0.000]	0.174*** [0.000]	0.037*** [0.000]	0.147*** [0.000]
age	−0.008*** [0.000]	−0.011*** [0.000]	−0.007*** [0.000]	−0.006*** [0.000]	−0.007*** [0.000]	−0.007*** [0.000]
$age2$	−0.001 [0.484]	0.002 [0.263]	−0.001 [0.373]	−0.001 [0.264]	−0.001 [0.416]	−0.000 [0.860]
其他变量	控制	控制	控制	控制	控制	控制
Obs	24,611	24,611	24,640	24,640	24,611	24,611
工具变量 1 t 值		11.32				12.19/2.24
工具变量 2 t 值				21.53		5.96/16.66
Wald 检验 Chi² 值		57.59		40.84		59.42
Wald 检验 P 值		0.0000		0.0000		0.0000

表 6.5 给出了变换被解释变量代理指标后的回归结果。其中第(1)列、第(3)列以及第(5)列为改变了被解释变量后 Probit 模型的回归结果,结果表明家庭主观金融素养与客观金融素养均会增加家庭选择使用信用卡进行消费支出的可能。而表 6.5 第(2)列、第(4)列和第(6)列是考虑了潜在内生性问题,构建工具变量并采用 IV-Probit 模型所得的结果。结果表明当扩大信用卡使用变量的界定范围后,户主的主观金融素养和客观金融素养仍然能显著提高家庭信用卡使用的可能性,所得结论与基准回归结果基本上保持一致。

6.4.2　变换核心解释变量度量方式

基准回归中,核心解释变量"户主的客观金融素养"(st_know)采用得分累积加总的方式构建,该部分则改用因子分析法,重新构建户主的客观金融素养(st_know_f),回归结果见表 6.6。

表 6.6　金融素养与家庭信用卡使用(因子分析法重构客观金融素养)

变量	(1)	(2)	(3)	(4)	(5)	(6)
	credit	*credit*	*credit*	*credit*	*credit*	*credit*
st_self	0.020*** [0.000]	0.173*** [0.000]			0.014*** [0.000]	0.116*** [0.000]
st_know_f			0.047*** [0.000]	0.089*** [0.000]	0.041*** [0.000]	0.063*** [0.003]
age	−0.001 [0.587]	−0.002* [0.078]	−0.000 [0.928]	0.000 [0.867]	−0.000 [0.782]	−0.001 [0.312]
age2	−0.004*** [0.001]	−0.002* [0.075]	−0.004*** [0.000]	−0.004*** [0.000]	−0.004*** [0.001]	−0.003** [0.021]
其他变量	控制	控制	控制	控制	控制	控制
Obs	24,469	24,469	24,498	24,498	24,469	24,469
工具变量 1 t 值		11.22				12.48/4.04
工具变量 2 t 值				29.63		6.30/23.77
Wald 检验 Chi² 值		28.87		4.30		20.07
Wald 检验 P 值		0.000 0		0.038 1		0.000 0

表 6.6 的第(1)列、第(3)列及第(5)列为以信用卡使用情况(*credit*)为被解释变量的 Probit 模型下的回归结果。其回归结果显示,居民家庭的客观金融素养仍旧对家庭信用卡使用情况有显著的正向影响。表 6.6 的第(2)列、第(4)列与第(6)列则为 IV-Probit 模型下的回归结果,其结果表明当核心解释变量替换成因子分析法构建的客观金融素养指标后:居民家庭的主观金融素养和客观金融素养仍显著提高了家庭使用信用卡的可能性。该结论与基准回归所得结果基本一致。

同时,表 6.7 的第(1)列、第(3)列及第(5)列为以刷卡消费支出(ln*c_card*)为被解释变量的最小二乘法(OLS)的回归结果。其回归结果显示,居民家庭的主观金融素养和客观金融素养仍旧对家庭使用信用卡进行消费支出有显著的正向影响。表 6.7 的第(2)列、第(4)列与第(6)列则为修正了模型内生性后的两阶段最小二乘法(2SLS)的回归结果。其结果表明当核心解释变量替换成因子分析法构建的客观金融素养指标后:居民家庭的主观金融素养和客观金融素养仍提高了家庭通过刷卡进行的消费支出水平。该结论与基准回归所得结果基本上一致。

表 6.7　金融素养与家庭刷卡消费支出(因子分析法重构客观金融素养)

变量	(1) ln*c_card*	(2) ln*c_card*	(3) ln*c_card*	(4) ln*c_card*	(5) ln*c_card*	(6) ln*c_card*
st_self	0.076*** [0.001]	2.361*** [0.001]			0.056** [0.016]	1.280** [0.019]
st_know_f			0.216*** [0.000]	2.090*** [0.000]	0.194*** [0.000]	1.617*** [0.000]
age	−0.044*** [0.001]	−0.118*** [0.000]	−0.042*** [0.001]	−0.036** [0.020]	−0.043*** [0.001]	−0.078*** [0.002]
age2	0.023* [0.101]	0.089*** [0.141]	0.021 [0.079]	0.023 [0.002]	0.023* [0.084]	0.059** [0.015]
其他变量	控制	控制	控制	控制	控制	控制
Constant	5.587*** [0.000]	5.780*** [0.000]	5.481*** [0.000]	3.812*** [0.000]	5.515*** [0.000]	4.764*** [0.000]
Obs	5,888	5,888	5,885	5,885	5,885	5,885
R-squared	0.180		0.179		0.182	
工具变量 1 t 值		4.14				3.85/3.92

续表

变量	(1)	(2)	(3)	(4)	(5)	(6)
	lnc_card	lnc_card	lnc_card	lnc_card	lnc_card	lnc_card
工具变量2 t值				10.12		1.75/9.706.21
一阶段F值		17.162		102.354		9.737/58.794
DWH值		29.777 8		44.070 8		37.519
P值		0.000		0.000		0.000

6.4.3　使用不同的实证方法

考虑到户主的主观和客观金融素养可能受到遗传因素或生命早期教育干预的影响,其水平分布可能并不随机。因此,该部分进一步通过倾向得分匹配法(PSM)来检验所得结论的稳健性。在匹配方法上采用核匹配法、半径匹配法和最近邻匹配法。

由表6.8、表6.9和表6.10汇报的倾向得分匹配法(PSM)的回归结果可知,不管是以主观和客观金融素养同时高于均值为分组依据还是单独以主观金融素养或客观金融素养作为分组依据,在各种匹配方法下,信用卡使用的平均效应均在1%的水平上显著。尽管刷卡消费支出在各种情况下的显著水平有比较大的差异,但也都在10%或以上的水平上显著。

表6.8　金融素养与家庭信用卡使用(主客观高于均值)

变量	核匹配法		半径匹配法		最近邻匹配法	
	ATT	标准误	ATT	标误差	ATT	标误差
credit	0.066 3***	0.006 4	0.048 2***	0.006 7	0.050 6***	0.007 2
lnc_card	0.121 0**	0.055 0	0.103 6**	0.051 5	0.094 5*	0.057

注:***、**和*分别表示在1%、5%和10%水平上显著。

表6.9　金融素养与家庭信用卡使用(主观高于均值)

变量	核匹配法		半径匹配法		最近邻匹配法	
	ATT	标准误	ATT	标误差	ATT	标误差
credit	0.058 8***	0.005 4	0.043 0***	0.005 6	0.047 4***	0.006 0
lnc_card	0.148 0***	0.053 9	0.098 0*	0.050 9	0.097 6*	0.054 1

注:***、**和*分别表示在1%、5%和10%水平上显著。

表 6.10　金融素养与家庭信用卡使用(客观高于均值)

变量	核匹配法		半径匹配法		最近邻匹配法	
	ATT	标准误	ATT	标误差	ATT	标误差
$credit$	0.0555***	0.0053	0.0351***	0.0055	0.0353***	0.0059
lnc_card	0.0991*	0.0525	0.0982*	0.0555	0.0940*	0.0567

注：***、**和*分别表示在1%、5%和10%水平上显著。

从"变换被解释变量代理指标""改变核心解释变量度量方式"以及使用不同的实证方法(倾向得分匹配法)等方面的稳健性检验可以看出,本章的结果具有较好的稳健性。

6.5　进一步分析

前面部分探讨的是主观和客观金融素养对家庭信用卡使用和刷卡消费支出的影响,本小节则依据已有数据探讨主观金融素养对家庭合理使用信用卡的影响。[①] 依据清华大学中国金融研究中心 2010 年和 2011 年的微观调查数据显示,居民每月刷卡消费占全部消费的百分比和是否会发生延期支付在家庭层面存在明显的异质性。平均而言,使用信用卡的家庭中刷卡消费占全部消费约为 27.8%,最少的为 0,最大的为 95%;约有 5.9% 的家庭信用卡还款时出现延期现象。本部分着重分析主观金融素养对信用卡合理使用的影响。

事实上,国内外关于金融素养如何影响居民家庭信用卡使用早有探讨。例如,Lusardi 和 Tufano(2015)发现,金融素养低的信用卡持卡人支付的费用比金融素养较高的持卡人高出约 50%;吴锟和吴卫星(2018)研究指出,金融素养高的家庭在申请信用卡时对不同的发卡银行进行对比的可能性更高。借鉴上述文献思路,本部分将进一步检验主观金融素养是否会影响我国居民家庭信用卡的使用率以及信用卡余额的偿还。表 6.11 报告了把居民家庭按照主观金融素养从低到高分为四组(用 1~4 表示,1 为最低组,4

---

① 清华大学中国金融研究中心"中国消费金融现状及投资者教育调查"的问卷中,2010 年和 2011 年的数据包括刷卡消费支出占总消费的比重以及信用卡还款时是否出现延期等信息,但比较遗憾的是该数据中只有可以度量消费者主观金融素养的信息。因此,本小节仅探讨主观金融素养对消费者信用卡合理使用的影响。其中主观金融素养变量的构造可见第三章的"金融素养度量"部分。

为最高组)的描述性统计结果。可以看到,在金融素养最低的两组中,家庭刷卡消费占比平均分别为 0.247 和 0.243,延期支付的家庭占比分别为 0.074 和 0.059;在金融素养最高的两组中,家庭刷卡消费占比平均分别为 0.286 和 0.301,延期支付家庭占比分别为 0.065 和 0.048。总体而言,随着金融素养的提高,家庭刷卡消费占全部消费的百分比呈上升趋势,而延期支付则呈下降趋势。

表 6.11　金融素养与家庭消费占比及延期支付①(激活并使用信用卡家庭子样本)

	主观金融素养			
	1	2	3	4
消费占比	0.247	0.243	0.286	0.301
延期支付	0.074	0.059	0.065	0.048

注:消费占比是指刷卡消费占全部消费百分比;延期支付是指信用卡还款时是否发生延期,如果发生延期记为 1,否则为 0。

在分析金融素养对居民家庭合理使用信用卡的影响时,一方面考虑到使用信用卡是自我选择行为,另一方面考虑到合理使用信用卡与金融素养之间可能存在逆向因果关系等导致的内生性问题,本部分除了使用 OLS 方法外,还使用 Heckit 方法和 IV-Heckit 方法考察金融素养对居民家庭刷卡消费占比以及信用卡还款时是否延期支付的影响。

表 6.12 的 A 部分报告了主观金融素养对居民家庭刷卡消费占比影响的估计结果,模型(1)使用的是普通最小二乘法。从模型(1)可以看到,主观金融素养系数显著为正,在 1% 水平上显著。这可能是主观金融素养高的家庭能够意识到刷信用卡的好处,一方面可以享受信用卡一定期限之内的免息优惠,而且有时还可以享受购物优惠;另一方面使用信用卡可以避免过多携带现金的不方便。由于是否使用信用卡是自我选择,并不是随机分配的结果。如果自我选择偏差严重的话,那么模型(1)的结果是不可靠的。模型(2)报告的是 Heckit 模型的回归结果。可以看到,回归方程的逆米尔斯比(IMR)在 10% 水平上显著,表明样本存在自我选择问题,这也意味着 OLS 的估计结果是有偏的。Heckit 模型的回归结果显示,主观金融素养对

① 消费占比变量是根据问卷中"每个月,您刷卡消费约占全部消费的百分之多少"构造。延期支付则是根据"过去一年,您的信用卡还款是否发生过延期支付?",选项分别是"1. 没有延期,2. 很少延期,3. 有时延期,4. 经常延期"构造,本文把选择 3 和 4 的家庭定义为延期支付的家庭,其他选项为非延期支付的家庭,当把选择 2、3 和 4 的家庭定义为延期支付的家庭时,结果除了系数大小外,依然显著且符号不变。

居民家庭使用信用卡刷卡消费占比具有正向影响,并且在1‰水平上显著,系数大于OLS法的估计结果。这可能与陈云松(2012)解释同村打工效应的Heckit模型的估计值大于OLS法估计值类似,即使用信用卡的居民潜在能力更强。

表6.12 金融素养对使用信用卡刷卡消费及延期支付的影响

变量	消费占比(A)			是否延期支付(B)		
	OLS	Heckit	IV-Heckit	OLS	Heckit	IV-Heckit
	(1)	(2)	(3)	(4)	(5)	(6)
st_self	0.013*** [0.001]	0.038*** [0.008]	0.156** [0.035]	−0.034*** [0.000]	−0.126*** [0.000]	−0.552*** [0.000]
$\ln asset$	0.027*** [0.001]	0.030*** [0.000]	0.043*** [0.000]	−0.048*** [0.000]	−0.065*** [0.000]	−0.133*** [0.000]
$\ln income$	0.025** [0.012]	0.027*** [0.007]	0.033*** [0.002]	−0.052*** [0.000]	−0.063*** [0.000]	−0.101*** [0.000]
其他变量	控制	控制	控制	控制	控制	控制
IMR		0.075* [0.068]	0.397** [0.050]		0.259*** [0.000]	1.389*** [0.000]
constant	−0.082 [0.470]	−0.223 [0.104]	−0.792** [0.034]	1.670*** [0.000]	2.206*** [0.000]	4.524*** [0.000]
R-squared	0.097	0.098	0.063	0.209	0.212	0.141
工具变量 t值			5.74			8.13
一 阶 段 F值			32.95			66.10
DWH chi² (1)/F值			3.35			32.21
P值			0.06			0.00

遗漏变量(遗漏一些不可观测的变量)、互为因果(居民在使用信用卡的同时提高了自身的主观金融素养)、度量误差(主观金融素养度量本身可能存在一定的误差)使得模型可能存在严重的内生性问题。为了进一步克服样本选择和内生性问题,本部分继续采用IV-Heckit模型估计金融素养对居民家庭信用卡消费行为的影响。处理内生性问题的关键在于选取合理的

工具变量,借鉴吴锟和吴卫星(2017)的做法,选择"户主或户主配偶是否有经济或管理方面的学习经历"作为主观金融素养的工具变量。结果显示(见表6.12的模型3),IV-Heckit模型的逆米尔斯比在5%水平上显著。工具变量的t值为5.74,F值为32.95,F值远大于10,即一般文献中所认为是弱工具变量的经验标准值。此外,杜宾-吴-豪斯曼(DWH)内生性检验显示,OLS回归模型在10%的显著性水平上存在内生性。因此,IV-Heckit模型的估计结果更可靠。从回归结果中可以看到,考虑到内生性影响后,主观金融素养依旧对居民家庭刷信用卡消费占比具有正向的影响,在5%水平上显著。

表6.12的B部分报告了主观金融素养对延期支付的影响。模型(4)报告的是OLS方法的估计结果。可以看到,金融素养的系数显著为负,并且在1%水平上显著。考虑到申请并使用信用卡可能是自我选择行为以及金融素养可能是内生变量,与表6.12的A部分一样,分别采取Heckit模型和IV-Heckit模型予以纠正。模型(5)和模型(6)报告了Heckit模型和IV-Heckit模型纠正后的结果,结果显示,系数显著为负,且均在1%水平上显著。

表6.12的结果表明,主观金融素养越高的居民家庭,越会合理有效地使用信用卡进行信贷消费。

6.6 小结

本章利用西南财经大学中国家庭金融调查与研究中心2017年中国家庭金融调查(China Household Finance Survey, CHFS)数据进行实证研究,探索家庭的主观金融素养和客观金融素养对家庭信用卡使用情况的影响,同时也分析了居民金融素养对刷卡消费支出的影响。考虑到信用卡使用这一被解释变量为0—1变量,故选择使用Probit模型进行回归,同时考虑到可能存在的内生性问题,构建工具变量使用IV-Probit模型进行修正。而对于刷卡消费支出这一被解释变量,则使用OLS模型以及2SLS模型进行回归分析。且进一步通过变换因变量构造范围、变换自变量的构造方法以及改变回归方法等,对所得结果进行了稳健性检验。

基准回归结果显示,(1)仅考虑主观金融素养这一维度时,家庭的主观金融素养可以显著提升家庭的信用卡使用的可能性,且在一定程度上提高了家庭刷卡消费支出水平;(2)仅考虑客观金融素养这一维度时,家庭的客观金融素养同样可以显著增加信用卡使用的概率，促进家庭刷卡消费支出；（3）当同时考虑主观、客观金融素养两个维度时，主观金融素养与客观金融素养均对促进家庭信用卡使用的可能和刷卡消费支出有显著影响。

此外，本章使用变换因变量衡量方法、自变量衡量方法及回归方法进行的稳健性检验得出的结果也与基准回归结果是一致的，即随着家庭主观金融素养或客观金融素养的提高，家庭使用信用卡的概率随之增加，使用信用卡刷卡的消费支出也随之增加。在进一步分析部分，使用清华大学中国金融研究中心 2010 年和 2011 年调查数据研究发现主观金融素养对居民刷卡消费占比有显著促进作用，但对还款延期有显著地抑制作用。

本章的研究结果表明，主观金融素养和客观金融素养均是影响居民信用卡使用的重要因素，而信用卡的推广是普惠金融开展的重要渠道。因此，为了更好地开展普惠金融，使更多居民与家庭可以获得经济飞速发展的红利，相关政策的制定者应该注重家庭金融素养的提升，可通过对家庭进行金融教育、开展金融知识宣讲活动等方式增加居民对金融的了解，提升其客观金融素养，同时也要注意提升居民家庭自信等方式提升家庭主观金融素养，从而提高家庭信用卡使用的概率，进而使得家庭可以更好地获得普惠金融的福利。

第四篇

机制二：家庭资产配置篇

第7章 金融素养与家庭资产组合有效性

7.1 引言

有效的家庭资产组合对于居民增加财产性收入、提高财富积累水平,缓解不平等程度、促进共同富裕目标实现具有重要意义。由经典的投资组合理论可知,在无摩擦市场环境中,理性投资者基于自身风险偏好,通过无风险资产和风险资产组合实现家庭资产配置的有效性。而现实中,部分家庭持有的资产种类偏低,投资组合的有效性不高。由于承担的风险偏高,往往难以获得预期收益。是什么因素影响了家庭资产组合的有效性?

已有文献更多集中于探究家庭风险资产参与概率及参与比重的影响因素,主要从个体主观和认知特征、家庭人口和经济特征两个层面展开。如:个体的风险厌恶程度越高,家庭参与风险市场的概率越低(Guiso 和 Paiella,2008);增加居民的金融知识、提高受教育水平有助于家庭参与金融市场和股票市场(尹志超等,2014;路晓蒙等,2017);户主具有农村成长经历会显著降低家庭参与股票市场的概率(江静琳等,2018);家庭人口特征、财富水平、背景风险、住房风险等因素也会显著影响家庭风险资产配置(Flavin 和 Yamashita,2002;徐佳和谭娅,2016;马征程等,2019)。

而研究家庭资产组合有效性影响因素的文献相对较少,根据"资产组合有效性"度量指标可将其分为间接与直接两大类:一类文献以"家庭投资组合分散化程度"间接度量资产组合有效性(如 Guiso 和 Jappelli,2009;Abreu 和 Victor,2010;曾志耕等,2015;吴卫星等,2016);另一类文献则直接构建"家庭投资组合夏普比率"作为资产组合有效性的代理指标(如 Grinblatt 等,2011;吴卫星等,2015)。研究发现:家庭成员 IQ 值(Grinblatt 等,2011)、婚姻状况、性别、受教育程度等人口学变量(吴卫星等,2015)、家庭社会资本(柴时军,2017)、数字金融发展(吴雨等,2021)等因素对家庭资产组合有效性具有显著影响。

基于已有文献(吴卫星等,2018)研究的基础上,进一步将户主的金融素养细分成"主观金融素养"和"客观金融素养"两个维度,分别考察二者对家庭资产组合有效性的影响及影响背后的传导机制。

具体分析个体主观、客观金融素养与家庭资产组合有效性的关系,对现实层面的政策制定和理论层面的金融模型改进均具有较好的参考价值。若个体主观金融素养与客观金融素养水平对家庭资产组合有效性的影响具有相互独立性、互不干扰,则仅提高一种维度金融素养可能就会对家庭资产组合有效性有较明显的提高作用;若主观金融素养、客观金融素养之间的匹配程度对家庭资产组合有效性会产生干扰,如户主具有较好的客观金融素养但其对自己的主观评价(主观金融素养)较低,这种情况下单纯提高客观金融素养可能就无法达到预期效果。这就启示相关政策制定部门,在推行普惠金融教育时,除了普及客观金融知识、提高居民的客观金融素养外,还应关注到居民的主观金融素养水平,即注重知识的检测反馈,让居民能够对自身金融素养水平形成正确的认知,避免出现过度自信或信心不足的局面。从理论层面看,传统的投资组合理论模型中未考虑到个体的主观和客观金融素养水平的差异,这将是投资组合理论可以改进补充的地方。

7.2　主要风险资产市场发展概况

7.2.1　股票市场发展概况

股票市场的雏形最早可追溯到 1611 年一些商人在荷兰的阿姆斯特丹进行荷兰东印度公司的股票买卖交易,完善与成熟则主要发生在美国。良好的股票市场,有助于积聚社会闲散资金,满足生产建设需要,促进国家经济健康稳健发展。同时,股票市场也是居民实现资产多元化配置、获得财产性收入的一个重要渠道。

自 1990 年 11 月 26 日上海证券交易所成立以来,我国股票市场先后经历了探索发展、规范发展以及股权分置改革后的发展等阶段,目前已经成为世界最大的股票市场之一。尤其是 21 世纪以来,我国股票市场取得长足的进步。

由表 7.1 数据可知,我国的股票支数和上市公司数量一直处于比较快速的增长状态,股票支数由 2000 年的 1 174 支增加至 2021 年的 4 693 支,上市公司数量由 2000 年的 1 088 家上升至 2022 年的 4 917 家,分别增长了299.74% 和 351.93%。2022 年的流通股本为 64 245.00 亿股,是 2000 年流

表7.1 中国上市公司与股票概况

年份	股票支数（支）	上市公司家数（家）	流通股本（亿股）	流通市值（亿元）	成交量（亿股）	成交金额（亿元）	股票账户数（万个）	股票投资者个数（万个）
2000	1174	1088	1234.35	16098.00	4759.45	60835.19	6123.24	—
2001	1248	1160	1487.66	14488.82	3155.93	38325.39	6898.68	—
2002	1311	1224	1680.26	12487.20	3017.14	27993.91	6841.84	—
2003	1374	1287	1899.05	13185.13	4163.08	32115.27	6961.02	—
2004	1463	1377	2194.15	11701.20	5827.73	42333.95	7106.11	—
2005	1467	1381	2498.89	10638.01	6623.73	31664.78	7189.44	—
2006	1520	1434	3444.50	25021.11	16145.23	90468.89	7482.11	—
2007	1636	1550	4933.64	93140.66	36403.75	460556.23	9279.07	—
2008	1711	1625	6964.97	45303.02	24131.39	267112.66	10449.7	—
2009	1804	1718	14200.19	151342.07	51107.00	535986.77	12037.7	—
2010	2149	2063	19442.15	193110.41	42151.98	545633.54	13391.0	—
2011	2428	2342	22499.86	164921.30	33956.57	421644.58	14050.4	—
2012	2579	2494	24778.22	181658.26	32860.54	314583.27	14045.9	—
2013	2574	2489	29997.12	199579.54	48372.68	468728.61	13247.2	—
2014	2696	2613	32289.25	315624.31	73383.09	742385.26	—	7294.36

续表

年份	股票支数（支）	上市公司家数（家）	流通股本（亿股）	流通市值（亿元）	成交量（亿股）	成交金额（亿元）	股票账户数（万个）	股票投资者个数（万个）
2015	2 909	2 827	37 043.37	417 914.95	171 039.47	2 550 541.31	—	9 910.54
2016	3 134	3 052	41 136.05	393 401.68	95 525.43	1 277 680.32	—	11 811.04
2017	3 567	3 485	45 044.87	449 298.15	87 780.84	1 124 625.11	—	13 398.29
2018	3 666	3 584	49 047.57	353 794.20	82 037.25	901 739.40	—	14 650.44
2019	3 857	3 777	52 487.62	483 461.26	126 624.29	1 274 158.80	—	15 975.24
2020	4 233	4 154	56 353.50	643 605.29	167 451.86	2 068 252.52	—	17 777.49
2021	4 693	4 615	60 755.13	751 556.13	187 426.00	2 579 734.12	—	19 740.85
2022	—	4 917	64 245.00	663 429.00	185 725.00	2 245 095.00	—	—

注：1. 表 7.1 中 2021 年及之前数据均来自《证券期货统计年鉴 2022》，2022 年数据来自国家统计局。2. 表 7.1 中 2003 年起股票账户数为有效账户数。3. 表 7.1 中股票数据均为沪深交易所所交易数据统计汇总所得，不包括北交所数据。

通股本(1 234.35 亿股)的 52 倍;2022 年的流通市值为 663 429.00 亿元,是
2000 年流通市值(16 098.00 亿元)的 41 倍。2022 年股票成交量为 185 725.00
亿股,是 2000 年股票成交量(4 759.45 亿股)的 39 倍;2022 年股票成交金额
为 2 245 095.00 亿元,是 2000 年股票成交金额(60 835.19 亿元)的 37 倍。
从股票账户数来看,除了 2002 年和 2012 年数量略微下降外,2000 年至
2013 年其他年份的股票账户数以及 2014 至 2021 年的股票投资者个数均
处于逐年上升状态。

综上,无论是从股票支数、上市公司数量,还是从股票投资者的参与人
数与成交金额来看,股票都已成为相当多居民家庭资产配置中的重要组成
部分。如果个体或家庭能够理性参与股票市场,赚取合理的风险溢价,将有
助于增加居民财产性收入、提高资源配置效率、加大我国直接融资比重,为
金融服务实体经济助力。

7.2.2　其他风险资产市场发展概况

表 7.2 汇报了我国其他主要风险资产市场的发展概况。其中,债券成
交金额由 2000 年的 16 363.02 亿元上升至 2022 年的 4 416 738.00 亿元。基
金支数由 2000 年的 34 支上升至 2021 年的 9 152 支,上市基金成交额由
2 801.84 亿元增至 183 234.05 亿元,基金账户数至 2021 年已经达到
468 333.13 万个。期货成交金额于 2022 年达到 5 343 025.00 亿元,但截至
2021 年,我国期货账户数仅为 257.90 万户,该值相对我国人口数或家庭数
来说,普及性还远远不够。

综上,基于表 7.1 和表 7.2 数据认为:股票、基金和债券可以在我国家
庭资产配置中起到重要作用,而期货对于我国居民家庭来说普及程度相对
较低。

表 7.2　中国其他风险资产市场概况

年份	债券	基金			期货	
	成交金额 (亿元)	基金支数 (支)	上市基金 成交金额 (亿元)	账户数 (万个)	成交金额 (亿元)	账户数 (万个)
2000	16 363.02	34	2 801.84	—	8 041.14	—
2001	41 030.69	51	2 561.88	—	15 071.76	—
2002	106 321.69	71	1 166.62	—	19 745.30	—
2003	151 368.51	95	682.65	—	54 194.67	—

年份	债券	基金			期货	
	成交金额（亿元）	基金支数（支）	上市基金成交金额（亿元）	账户数（万个）	成交金额（亿元）	账户数（万个）
2004	127 849.02	161	479.47	—	73 465.27	—
2005	228 456.96	218	773.15	—	67 224.19	—
2006	382 839.23	307	2 002.65	—	105 023.16	27.74
2007	628 787.97	346	8 620.09	—	204 861.23	44.77
2008	956 855.15	439	5 831.05	16 846.00	359 570.98	71.28
2009	1 180 369.13	547	10 340.02	17 480.00	652 553.80	110.61
2010	1 522 585.20	704	8 996.44	19 672.00	1 545 582.31	150.55
2011	216 417.00	914	6 365.81	22 987.00	1 375 134.23	179.34
2012	403 426.00	1 173	8 123.61	22 948.00	1 711 231.31	89.69
2013	678 405.00	1 551	14 785.47	28 773.46	2 674 739.52	97.72
2014	935 357.00	1 899	47 230.89	46 409.34	2 919 882.26	99.35
2015	1 309 219.00	2 723	152 684.59	67 917.87	5 542 311.75	126.88
2016	2 387 096.00	3 873	111 444.32	94 303.67	1 956 316.08	138.53
2017	2 687 635.66	4 848	98 051.89	134 903.95	1 878 925.88	151.14
2018	2 405 453.70	5 580	102 704.59	212 638.47	2 107 973.78	158.70
2019	2 473 724.00	6 111	91 679.38	294 432.51	2 905 739.14	183.21
2020	3 075 974.26	7 237	136 238.63	387 155.04	4 372 770.66	227.64
2021	3 791 201.79	9 152	183 234.05	468 333.13	5 806 874.44	257.90
2022	4 416 738.00	—	—	—	5 343 025.00	—

注：1. 表 7.2 中债券数据来自国家统计局，其他数据来自《证券期货统计年鉴 2022》。2. 表 7.2 中公募基金是指公开募集证券投资基金，不包括社保基金、基金专户等。3. 表 7.2 中封闭式基金分类以截至统计时点的基金运作模式划分，开放式基金以设立时点的基金运作模式划分。

7.3　数据来源与指标构建

7.3.1　数据来源

本章实证部分所用数据主要来自清华大学中国金融研究中心在 2012

年进行的"中国消费金融现状及投资者教育调查"项目。清华大学中国金融研究中心在 2008 年、2010 年、2011 年和 2012 年先后进行了四轮次的家庭微观调查。其中,只有 2012 年的调查问卷同时包含有比较详细的可以用来较好度量消费者主观和客观金融素养的问项以及家庭持有各类风险资产的细项。因此,本章最终选取清华大学中国金融研究中心 2012 年数据,该调查从 2012 年 7 月持续到 9 月。项目组通过发放调查问卷的方式,对全国 24 个城市展开了问卷调查。样本城市既包括北京、上海、重庆、广州这样的直辖市或一线城市,也包括沈阳、济南、西安、武汉、南昌、海口、昆明、乌鲁木齐这样的省会城市,还包括洛阳、安庆、桂林、白银、株洲等三四线城市,覆盖范围较广,样本分布具有一定的代表性。问卷详细调查了户主和其所在家庭的基本信息、理财情况、资产与负债状况、家庭年收入、家庭消费、投资、融资、退休与保险、对某些金融产品理解程度以及信用使用等方面的信息,能够满足本章实证所需的变量构造。在剔除异常值与关键变量缺失数据后,最终保留 3 121 个有效观测值。

在稳健性检验部分,本章使用西南财经大学中国家庭金融调查(China Household Finance Survey, CHFS)2017 年数据做进一步验证,剔除异常值与关键变量缺失数据后,得到 24 611 个有效观测值[①]。需要说明的是:本章被解释变量"家庭资产组合有效性"指标构建所需的"基金指数"数据、"股票指数"数据和"中证全债指数"数据均来自 Wind 数据库,而 Wind 数据库中的"基金指数"数据只更新到 2017 年 6 月,因此,选择与该日期最相近的 CHFS2017 年数据做稳健性检验,而未选择 CHFS2019 年数据;此外,CHFS2017 年问卷中涉及金融素养的数据只包括新访户家庭,而追踪家庭的金融素养数据为前期数据填充所得,因此,本章选择截面数据进行稳健性检验,而未采用面板数据。

7.3.2　指标构建

本章旨在分析户主的主观金融素养和客观金融素养对家庭资产组合有效性的影响,因此,构建合理有效的"主观金融素养""客观金融素养""家庭资产组合有效性"代理指标,选取合适的控制变量是本章的关键。

7.3.2.1　核心解释变量

主观金融素养(st_self)。参考 Xia 等(2014)和吴卫星等(2018)的做

---

① 使用 CHFS2017 数据做稳健性检验的另一个原因是该调查问卷中只有一个问项作为主观金融素养的近似度量,因此更适合作为稳健性使用。

法,基于清华大学中国金融研究中心 2012 年进行的"中国消费金融现状及投资者教育调查"问卷具体情况,选择消费者对有关"股票、基金、债券、储蓄利率、保险产品、贷款产品、养老金产品等"共 17 个相关问题的调查数据进行指标构建。具体来看,每个问题选项包括"不知道、不太了解、有所了解、比较了解和非常了解",根据调查者回答依次将主观金融素养变量(st_self)赋值为 1、2、3、4、5。以 17 个问题的得分累加值作为主观金融素养变量(st_self)的最终取值。

客观金融素养(st_know)。该指标基于"中国消费金融现状及投资者教育调查"问卷中金融知识相关的 9 个问题[①],若答对取值为 1,否则取值为 0,以问题答对个数作为客观金融素养变量(st_know)的最终取值。

在稳健性检验部分,对主观金融素养和客观金融素养采取因子分析法构造对应的变量。

7.3.2.2 被解释变量

家庭资产组合有效性($sharp4$ 和 $sharp3$)。借鉴 Grinblatt 等(2011)和吴卫星等(2015)的做法,构建夏普比率作为家庭投资组合有效性的代理指标。清华大学中国金融研究中心 2012 年"中国消费金融现状及投资者教育调查"问卷中,涉及的家庭财富共 12 种[②],本章首先选择"股票、基金、债券和房产"四种风险资产组合构建夏普比率($sharp4$)。其次,考虑到家庭资产中的住房资产具有特殊性,即在一个家庭资产组合中,住房资产往往占有绝对的比重,为了避免出现"大数吃小数",又进一步构建仅包括"股票、基金、债券"三种风险资产组合的夏普比率($sharp3$)。

具体构建过程为:第一,计算每个家庭中每一类风险资产分别占总风险资产的比重;第二,计算家庭风险资产收益率;第三,代入夏普比率计算公式计算每个家庭的夏普比率值。

---

① 问题 1.下列哪个银行对金融体系负有管理职能;问题 2.如果降低商业银行的存款准备金率,您认为整个经济中的货币量会;问题 3.分散化投资能降低风险吗;问题 4.如果你持有了某公司股票,那么;问题 5.如果利率下降了,您认为债券的价格将会;问题 6.银行的营业网点人民币兑美元的外汇报价显示为 6.321 5—6.322 0 元/美元,您认为哪个数字指的是美元的买入价;问题 7.以下哪种保险对被保险人终身负责,直到死亡为止,无论何时发生身故,被保险人将获得 100%的赔付率;问题 8.下列意外伤害保险,当保险事故发生时,哪个是按照保险金额的一定百分比给付;问题 9.普通的医疗保险,免赔额度越高,所要交纳的保费。

② 12 种家庭资产:现金、存款、债券、基金、股票、借给亲友款项、储蓄性保险、商业资产、大件耐用消费品、其他(如保值商品)、汽车和住房。在后续稳健性检验中构造组合分散化指标的时候选择存款、债券、基金、股票、储蓄性保险和其他(如保值商品)构造分散化指数指标和资产种类指标(具体的构造公式可见第 9 章关键变量构造中的资产组合分散化部分)。

对该指标的构建需要做以下四点说明：

（1）在计算家庭资产组合的夏普比率时，需要知道组合中每一笔资产的收益率，而问卷只涵盖大类资产的调查数据。基于该问题，Grinblatt 等（2011）和吴卫星等（2015）创造性地提出了"以平均化方式计算每类资产收益率，并将此平均化收益率替代家庭该类资产的收益率"，本章也延续这一做法：①以股票成交额为权重，对上证指数月收益率和深成指数月收益率取加权平均，所得值作为家庭的股票收益率；②以中证全债指数月收益率作为家庭的债券收益率；③以基金成交额为权重，对上证基金指数月收益率和深圳基金指数月收益率取加权平均，所得值作为家庭的基金收益率；④用商品住宅每月销售总额除以每月销售面积，求出每月房价，再计算出房产每月收益率，以该收益率作为家庭的房产收益率。

（2）考虑到居民的自住房属于刚性需求特征，非自住房更能体现家庭风险资产配置属性，因此本章所涉及的"房产"仅指居民非自住房。

（3）清华大学中国金融研究中心 2012 年调查数据于 2012 年 7 月至 9月期间完成，为了研究方便，本章把存量数据时间统一截止于 2012 年 6 月，同时界定 2012 年 7 月及之后月份的收益率数据为"未来收益率数据"。

（4）首先，考虑到 2015 年 6 月中国股市出现的异常波动以及同年 6 月底证监会对股市采取的一系列干预措施，为了缓解异常波动和证监会干预可能对实证结果产生的影响，本章将各类收益率数据截止到 2015 年 6 月[①]。其次，收益率起始数据受制于中证全债指数最早于 2003 年开始编制，因此收益率起始时间设为 2003 年 2 月。第三，吴卫星等（2015）认为在一个周期考察组合有效性可能更为合适，而在我国的股票市场上 2003 年至 2015 年则基本包括一个周期的走势，故在基准回归部分采用"周期性收益率数据"进行实证检验，时间周期为 2003 年 2 月至 2015 年 6 月。第四，由于多个模型均基于历史数据进行检验，即认为历史会重演，为了验证结果的稳健性，后续使用"历史收益率数据（2003 年 2 月至 2012 年 6 月）"和"未来收益率数据（2012 年 7 月至 2015 年 6 月）"重新进行检验。

7.3.2.3　控制变量

参考已有关于家庭金融市场参与、家庭资产配置影响因素的相关文献（尹志超等，2014；王聪等，2017；吴卫星等，2018），本章选取户主、家庭、地区三个层面的控制变量共 17 个。

其中，户主层面的控制变量包括：户主的年龄（age）、年龄的平方

---

① 使用 CHFS2017 数据作为稳健性检验的时候则把截止时间定格为 2017 年 6 月。

（age2）、性别（gender）、婚姻状况（married）、学历①（初中及以下记为 primary，高中/中专/技校记为 high，大学本科/大专记为 college，硕士研究生及以上记为 graduate 等四个虚拟变量）、风险态度（risk，取值为1、2、3、4、5，值越大代表愿意承担的风险越高）。家庭层面的控制变量包括：家庭资产对数（ln asset）、家庭年收入对数（ln income）、儿童抚养比（child_rate，包括学前儿童与上学人员）、家庭成员健康状况（health，取值为1、2、3、4，值越大代表成员健康状况越好）、家庭成员退休保障（insur，若购买寿险或购买以养老为目的的长期投资产品，变量赋值为1，否则赋值为0）。地区层面的控制变量包括：东部地区（east）、中部地区（mid）、西部地区（west）②。

7.4　研究设计及回归结果

7.4.1　研究设计

本章的被解释变量"家庭资产组合有效性"（sharp4 和 sharp3）为连续数值型变量，故选择普通最小二乘法（OLS）来探究户主的主观和客观金融素养对家庭资产组合有效性的影响。具体的模型设置如式（7.1）所示：

$$sharp = cons + \alpha_1 * st\_self + \alpha_2 * st\_know + \beta * X + \varepsilon \quad (7.1)$$

其中，sharp 代表"家庭资产组合有效性"的代理指标夏普比率（sharp4 或 sharp3），cons 是截距项，st_self 代表户主的主观金融素养，st_know 代表户主的客观金融素养，X 代表控制变量，$\varepsilon \sim N(0, \sigma^2)$。

7.4.2　家庭资产组合有效性的经验观察

在实证分析之前，首先利用双变量分析，直观考察户主的主观、客观金融素养分别对家庭资产组合有效性（sharp3 和 sharp4）的影响。

表7.3 的 Panel A 将全样本根据主观金融素养得分按四分位数分组：当只考虑三种风险金融资产（sharp3）时，主观金融素养的得分越高，家庭资产组合有效性越好；若考虑四种风险金融资产（sharp4）时，随着主观金融素养的得分越高，家庭资产组合有效性有升有降，整体呈上升态势。

---

① 为了避免严重的多重共线性问题，在回归时将学历为"初中及以下"（primary）设置为参考组。

② 为了避免严重的多重共线性问题，在回归时将"西部地区"（west）设置为参考组。

表 7.3　金融素养与家庭资产组合有效性

Panel A	主观金融素养			
	1	2	3	4
sharp3	0.028 8	0.047 6	0.062 6	0.069 6
sharp4	0.053 0	0.057 4	0.057 1	0.057 6
Panel B	客观金融素养			
	1	2	3	4
sharp3	0.044 1	0.054 6	0.058 6	0.058 2
sharp4	0.055 6	0.056 8	0.055 5	0.057 0

表 7.3 的 Panel B 将全样本根据客观金融素养得分按四分位数分组:当只考虑三种风险金融资产(*sharp3*)时,随着客观金融素养得分的提高,家庭资产组合有效性先升后降;若考虑四种风险金融资产(*sharp4*)时,随着客观金融素养得分的提高,家庭资产组合有效性呈现波动,有升有降。

综合分析以上结果:当个体的主观和客观金融素养水平均处于较低水平(分组 1 和分组 2)时,不管是提高主观还是客观金融素养,两种夏普比率衡量的家庭资产组合有效性均表现出提高效果;而当个体的主观、客观金融素养水平处于较高水平(分组 3 和分组 4)时,单独提高主观或单独提高客观金融素养水平,对家庭资产组合有效性的影响呈现出不同状态。

分析原因,可能在两种金融素养水平均处于较低情况时,不管是提高主观还是客观金融素养,均能对家庭资产组合有效性产生促进作用;但是当个体的主观、客观金融素养处于一种相对较好的状态时,此时家庭资产组合有效性可能不仅仅取决于某一维度的金融素养水平,可能还受两种金融素养水平之间匹配程度的影响,因此组 3 和组 4 表现出有升有降的状况。以上结果也进一步说明,同时分析个体主观和客观金融素养分别对家庭资产组合有效性的影响是必要的。

7.4.3　基准回归结果

基于前文对户主的主观金融素养(*st_self*)、客观金融素养(*st_know*)和家庭资产组合有效性(*sharp4* 和 *sharp3*)的界定,该部分使用"周期性收益率数据"(数据区间:2003 年 2 月—2015 年 6 月)进行实证检验,回归结果见表 7.4。

表 7.4 前四列的被解释变量为 *sharp4*,即用家庭股票、基金、债券、房产收益率构建的夏普比率指标;后四列的被解释变量为 *sharp3*,即用家庭

表 7.4　金融素养与资产组合有效性（数据区间：2003 年 2 月—2015 年 6 月）

变量	sharp4				sharp3			
	OLS	OLS	OLS	2SLS	OLS	OLS	OLS	2SLS
	(1)	(2)	(3)	(4)	(5)	(6)	(7)	(8)
st_self	0.002*** [0.006]		0.002** [0.015]	0.012** [0.016]	0.015*** [0.000]		0.014*** [0.000]	0.125*** [0.000]
st_know		0.004** [0.038]	0.003 [0.102]	0.037 [0.197]		0.018*** [0.001]	0.011** [0.046]	0.279** [0.028]
age	−0.068** [0.041]	−0.075** [0.024]	−0.071** [0.032]	−0.081* [0.070]	0.044 [0.602]	0.001 [0.995]	0.033 [0.692]	0.003 [0.989]
$age2$	0.006 [0.123]	0.007* [0.081]	0.007 [0.103]	0.007 [0.151]	−0.009 [0.387]	−0.004 [0.711]	−0.008 [0.450]	−0.008 [0.725]
其他变量	控制	控制	控制	控制	控制	控制	控制	控制
Obs	3,121	3,121	3,121	3,121	3,121	3,121	3,121	3,121
R^2	0.030	0.029	0.031		0.159	0.142	0.160	
DWH Chi2/F值				8.492				135.401
P值				0.000				0.000

注：***、**、* 分别表示在 1%、5%、10%水平上显著。括号内为 P 值。一阶段 F 值及工具变量 t 值未在表中报告。本章其他表格若没有特别标注，表明与此相同。

138

股票、基金、债券收益率构建的夏普比率指标。第(1)列和第(5)列核心解释变量仅包括户主的主观金融素养(st_self),第(2)列和第(6)列核心解释变量仅包括户主的客观金融素养(st_know),第(3)列和第(7)列则同时考虑户主的主观和客观金融素养对家庭资产组合有效性的影响。

由第(1)列、第(2)列、第(5)列和第(6)列回归结果可知:仅考虑主观金融素养或仅考虑客观金融素养,均对家庭资产组合有效性产生显著的正向促进作用。由第(3)列和第(7)列回归结果可知:同时考虑主观和客观金融素养,主观金融素养对两种口径的资产组合有效性($sharp4$ 和 $sharp3$)均呈现显著正向影响,而客观金融素养仅对 $sharp3$ 显著正向促进,对 $sharp4$ 影响不显著。以上结果表明:将主观金融素养和客观金融素养同时纳入模型时,若不考虑住房资产,户主的主观金融素养和客观金融素养均显著正向影响家庭资产组合有效性;若考虑住房资产,则家庭资产组合有效性受户主的主观金融素养影响更显著。这表明主观金融素养和客观金融素养作为金融素养的两种不同度量,其实代表的是两个不同的维度,既包含有部分相同的信息,也包含了各自独特的信息。

考虑到以上结果可能由于反向因果、遗漏变量和测量误差等引起的内生性问题而存在偏误,该部分进一步构建工具变量,采用两阶段最小二乘法(2SLS)重新进行回归,以期缓解潜在的内生性问题的影响。

在工具变量的选取方面,参考已有文献(Jappelli 和 Padula,2013;Xia 等,2014;尹志超等,2014;曾志耕等,2015)做法并结合本章实证所用数据库的具体情况,选择"同地区同年龄段其他人主观金融素养的均值"作为主观金融素养的工具变量、选择"同地区同年龄段其他人客观金融素养的均值"作为客观金融素养的工具变量。表 7.4 第(4)列和第(8)列汇报了两阶段最小二乘法的估计结果,DWH 值分别为 8.492 和 135.401,均在 1% 的水平上拒绝了不存在内生性的假设。两阶段最小二乘法估计法的一阶段的 F 值分别为 60.729 和 15.021,主观金融素养工具变量的 t 值分别为 7.13 和 3.94,客观金融素养的工具变量的 t 值分别为 5.44 和 3.01,表明工具变量的选择是比较合适的。最重要的是,除了系数大小外,表 7.4 第(4)列和第(8)列的结果与基准回归所得结论基本一致,再次证明:(主观金融素养和客观金融素养同时纳入模型)当不考虑住房资产时,提高户主的主观金融素养和客观金融素养可以显著提高家庭资产组合的有效性;当考虑住房资产时,家庭资产组合有效性受户主的主观金融素养正向影响更显著。

7.4.4　稳健性检验

为了进一步检验所得结论的稳健性，该部分采用"变换被解释变量代理指标""改变核心解释变量度量方式""变换资产收益率数据起止时间""更换其他数据库（CHFS2017）"以及使用不同的实证方法（"倾向得分匹配法""IV-Heckit 法"）等方式进行验证。

7.4.4.1　变换被解释变量代理指标

首先，考虑到"家庭资产组合分散化形式"也可以反映个体的投资理性程度，因此，该部分尝试构建"家庭资产组合分散化指数"（div_index）和"家庭持有资产种类数"（$count$）两个变量，并以此代替基准回归中的"夏普比率"作为家庭资产组合有效性的代理指标，重新进行回归。

表 7.5 给出了变换被解释变量代理指标后的回归结果。前四列被解释变量为"家庭资产组合分散化指数"（div_index），后四列被解释变量为"家庭持有资产种类数"（$count$），其中第（4）列和第（8）列是考虑了潜在内生性问题，构建工具变量并采用两阶段最小二乘法回归所得的结果。回归结果表明：当以家庭资产组合分散化指标作为代理变量时，户主的主观金融素养和客观金融素养仍然能显著提高家庭资产组合的有效性，所得结论与基准回归结果基本保持一致。

7.4.4.2　变换核心解释变量度量方式

基准回归中，核心解释变量"户主的主观金融素养"（st_self）和"户主的客观金融素养"（st_know）均采用得分累积加总的方式构建。考虑到简单加总可能忽视不同问项之间信息重叠等带来的偏误，该部分改用因子分析法，重新构建户主的主观金融素养（st_self_f）和客观金融素养（st_know_f），回归结果见表 7.6。

表 7.6 的第（4）列和第（8）列是考虑了内生性问题后的 2SLS 回归结果，由此可知，当核心解释变量替换成用因子分析法构建的主观、客观金融素养指标后：若不考虑住房资产，户主的主观金融素养和客观金融素养均显著提高家庭资产组合的有效性；若考虑住房资产，则家庭资产组合有效性受户主主观金融素养的正向影响更显著。除了系数大小之外，该结论显著性以及影响方向与基准回归所得结果基本上是一致的。

7.4.4.3　更换收益率数据起止时间

在基准回归中，利用周期性收益率数据（2003 年 2 月—2015 年 6 月）构建夏普比率进行实证检验。考虑到投资者制定决策的时候往往是根据历史

表 7.5　金融素养与资产组合有效性（替换因变量）

变量	div_index				count			
	OLS	OLS	OLS	2SLS	OLS	OLS	OLS	2SLS
	(1)	(2)	(3)	(4)	(5)	(6)	(7)	(8)
st_self	0.006***		0.006***	0.042***	0.044***		0.043***	0.290***
	[0.000]		[0.000]	[0.000]	[0.000]		[0.000]	[0.000]
st_know		0.008***	0.005**	0.094**		0.042***	0.020	0.962***
		[0.000]	[0.014]	[0.030]		[0.001]	[0.118]	[0.005]
age	−0.030	−0.048	−0.035	−0.046	−0.104	−0.221	−0.123	−0.494
	[0.335]	[0.126]	[0.264]	[0.509]	[0.598]	[0.268]	[0.532]	[0.372]
age2	0.002	0.004	0.003	0.003	0.004	0.018	0.006	0.037
	[0.593]	[0.281]	[0.504]	[0.759]	[0.867]	[0.466]	[0.800]	[0.570]
其他变量	控制	控制	控制	控制	控制	控制	控制	控制
Obs	3,121	3,121	3,121	3,121	3,121	3,121	3,121	3,121
R2	0.133	0.113	0.135		0.258	0.233	0.258	

表7.6 金融素养与资产组合有效性(因子分析法)

变量	sharp4				sharp3			
	OLS	OLS	OLS	2SLS	OLS	OLS	OLS	2SLS
	(1)	(2)	(3)	(4)	(5)	(6)	(7)	(8)
st_self_f	0.015*** [0.009]		0.014** [0.018]	0.090** [0.013]	0.149*** [0.000]		0.145*** [0.000]	0.902*** [0.000]
st_know_f		0.011* [0.080]	0.009 [0.185]	0.118 [0.155]		0.053*** [0.002]	0.025 [0.132]	0.912*** [0.008]
age	-0.069** [0.038]	-0.075** [0.025]	-0.072** [0.032]	-0.090** [0.032]	0.041 [0.627]	0.002 [0.985]	0.033 [0.693]	-0.092 [0.623]
$age2$	0.007 [0.117]	0.007* [0.084]	0.007 [0.102]	0.008* [0.083]	-0.009 [0.400]	-0.004 [0.703]	-0.008 [0.447]	0.003 [0.910]
其他变量	控制	控制	控制	控制	控制	控制	控制	控制
Obs	3,121	3,121	3,121	3,121	3,121	3,121	3,121	3,121
R^2	0.030	0.029	0.030		0.167	0.142	0.168	

数据作出判断,那么依据以历史收益率数据构造家庭资产组合的夏普比率的结果会如何呢? 要检验投资者决策的实际效果,则需要以未来收益率数据为基础构造夏普比率。于是该部分进一步以问卷完成时间为界限,利用"历史收益率数据(2003 年 2 月—2012 年 6 月)"和"未来收益率数据(2012 年 7 月—2015 年 6 月)",重新构建夏普比率进行回归,进一步验证结果的稳健性。

表 7.7 和表 7.8 分别给出了"历史收益率数据"和"未来收益率数据"的实证检验结果。两个表格的第(4)列和第(8)列汇报的是考虑潜在内生性问题之后的回归结果:与基准回归所得结论基本一致,当不考虑住房资产时,户主的主观金融素养和客观金融素养均显著正向影响家庭资产组合的有效性;当考虑住房资产时,家庭资产组合有效性受户主主观金融素养的正向影响更显著。

7.4.4.4　更换为 CHFS2017 数据

为了进一步验证所得结果的稳健性,该部分变换实证所用数据,利用 CHFS2017 年调查问卷数据重新进行回归,所得结果如表 7.9 所示。

需要说明的是,基于 CHFS2017 年调查问卷具体情况:(1)以"平时对经济、金融方面的信息关注程度如何"作为户主主观金融素养的代理指标;(2)以三个金融知识相关问题答对个数作为户主客观金融素养的代理指标;(3)工具变量采用"同一社区群体(排除自己)主观/客观金融素养得分均值"。

更换数据库后的回归结果见表 7.9。表 7.9 的第(4)列和第(8)列结果显示,不论是否考虑住房资产,户主的主观和客观金融素养均显著正向影响家庭资产组合的有效性。

该结果与基准回归结果基本一致,不同点在于:基准回归结果中,当考虑住房资产且核心解释变量同时包括主观和客观金融素养时,户主的客观金融素养不再显著;而使用 CHFS2017 年数据的回归结果中,户主的客观金融素养仍然显著。分析原因,可能是两类数据库涉及的调查问题不同,相同指标的构建基于不同的问题,从而导致回归结果出现一定的差异。但整体来看,依然可以证明户主的主观和客观金融素养对家庭资产组合有效性有正向促进作用。

7.4.4.5　使用不同的实证方法(倾向得分匹配法)

考虑到户主的主观和客观金融素养可能受到遗传因素或生命早期教育干预的影响,其水平分布可能并不随机。因此,该部分进一步通过倾向得分匹配法(PSM)来检验所得结论的稳健性。

表 7.7 金融素养与资产组合有效性(数据区间:2003 年 2 月—2012 年 6 月)

变量	sharp4				sharp3			
	OLS	OLS	OLS	2SLS	OLS	OLS	OLS	2SLS
	(1)	(2)	(3)	(4)	(5)	(6)	(7)	(8)
st_self	0.001** [0.031]		0.001* [0.076]	0.007* [0.091]	0.009*** [0.000]		0.009*** [0.000]	0.079*** [0.000]
st_know		0.004** [0.016]	0.004** [0.038]	0.022 [0.310]		0.010** [0.023]	0.005 [0.216]	0.152* [0.074]
age	-0.044 [0.117]	-0.050* [0.074]	-0.047* [0.090]	-0.053 [0.130]	0.043 [0.523]	0.018 [0.791]	0.038 [0.576]	0.039 [0.774]
age2	0.004 [0.267]	0.005 [0.191]	0.004 [0.222]	0.005 [0.253]	-0.008 [0.312]	-0.006 [0.514]	-0.008 [0.346]	-0.010 [0.511]
其他变量	控制	控制	控制	控制	控制	控制	控制	控制
Obs	3,121	3,121	3,121	3,121	3,121	3,121	3,121	3,121
R²	0.144	0.144	0.145		0.090	0.080	0.091	

表 7.8　金融素养与资产组合有效性(数据区间:2012 年 7 月—2015 年 6 月)

变量	sharp4				sharp3			
	OLS	OLS	OLS	2SLS	OLS	OLS	OLS	2SLS
	(1)	(2)	(3)	(4)	(5)	(6)	(7)	(8)
st_self	0.002*** [0.002]		0.001*** [0.006]	0.007** [0.049]	0.015*** [0.000]		0.014*** [0.000]	0.117*** [0.000]
st_know		0.004** [0.013]	0.003** [0.047]	0.019 [0.313]		0.016*** [0.000]	0.009* [0.051]	0.279** [0.016]
age	-0.026 [0.289]	-0.032 [0.188]	-0.029 [0.237]	-0.033 [0.287]	0.030 [0.662]	-0.010 [0.882]	0.022 [0.753]	-0.025 [0.892]
age2	0.002 [0.465]	0.003 [0.332]	0.003 [0.401]	0.003 [0.439]	-0.006 [0.468]	-0.001 [0.872]	-0.005 [0.537]	-0.004 [0.862]
其他变量	控制	控制	控制	控制	控制	控制	控制	控制
Obs	3,121	3,121	3,121	3,121	3,121	3,121	3,121	3,121
R^2	0.221	0.220	0.222		0.227	0.205	0.228	

表 7.9　金融素养与资产组合有效性（CHFS2017 年数据）

变量	sharp4					sharp3			
	OLS	OLS	OLS	2SLS	OLS	OLS	OLS	OLS	2SLS
	(1)	(2)	(3)	(4)	(5)	(6)	(7)	(8)
st_self	0.002*** [0.000]		0.002*** [0.000]	0.006** [0.000]	0.002*** [0.000]		0.002*** [0.000]	0.013*** [0.000]
st_know		0.001*** [0.000]	0.001*** [0.000]	0.003** [0.024]		0.002*** [0.000]	0.002*** [0.000]	0.009*** [0.000]
age	0.000** [0.014]	0.000*** [0.001]	0.000*** [0.004]	0.000 [0.403]	0.000*** [0.002]	0.000*** [0.000]	0.000*** [0.000]	0.000*** [0.000]
其他变量	控制	控制	控制	控制	控制	控制	控制	控制
Obs	24,611	24,640	24,611	24,611	24,611	24,640	24,611	24,611
R²	0.158	0.155	0.158		0.133	0.130	0.136	

表 7.10　实验组与对照组协变量误差消减状况(以核匹配法为例)

变量	匹配前/匹配后	均值		偏差(%)	t 检验	
		实验组	对照组		t 值	p 值
age	匹配前	3.471	3.399	9.4	2.48	0.013
	匹配后	3.471	3.441	4.0	0.93	0.350
age2	匹配前	12.6	12.15	7.5	1.98	0.048
	匹配后	12.6	12.391	3.5	0.82	0.410
gender	匹配前	0.723	0.704	4.3	1.13	0.257
	匹配后	0.723	0.721	0.5	0.11	0.910
married	匹配前	0.860	0.829	8.5	2.22	0.026
	匹配后	0.860	0.854	1.5	0.35	0.726
high	匹配前	0.060	0.133	−25	−6.29	0.000
	匹配后	0.060	0.048	3.9	1.18	0.239
college	匹配前	0.777	0.751	6.2	1.64	0.101
	匹配后	0.777	0.800	−5.3	−1.27	0.204
graduate	匹配前	0.160	0.095	19.7	5.42	0.000
	匹配后	0.160	0.148	3.6	0.76	0.448
risk	匹配前	3.126	2.786	32.9	8.59	0.000
	匹配后	3.126	3.151	−2.4	−0.57	0.567
ln asset	匹配前	14.301	13.867	49.6	12.75	0.000
	匹配后	14.301	14.311	−1.2	−0.30	0.765
ln income	匹配前	9.342	9.032	41.7	10.99	0.000
	匹配后	9.342	9.348	−0.9	−0.20	0.842
child_rate	匹配前	0.169	0.110	37.4	10.02	0.000
	匹配后	0.169	0.169	0.0	0.01	0.995
health	匹配前	3.673	3.674	−0.2	−0.05	0.963
	匹配后	3.673	3.692	−3.8	−0.91	0.364
insur	匹配前	0.626	0.442	37.5	9.90	0.000
	匹配后	0.626	0.611	3.0	0.70	0.486
east	匹配前	0.455	0.421	6.8	1.80	0.072
	匹配后	0.455	0.466	−2.4	−0.55	0.583
mid	匹配前	0.242	0.274	−7.2	−1.90	0.057
	匹配后	0.242	0.234	1.8	0.42	0.672

注:"匹配前"表示未实施倾向得分匹配前的样本,"匹配后"表示实施倾向得分匹配后的样本。

倾向得分匹配法的关键检验是匹配的平衡性。Rosenbaum 和 Rubin (1985)认为,如果匹配后各协变量的均值偏误不超过 20%,就表明匹配效果较好。下面以核匹配法为例,显示本文的匹配效果。从表 7.10 可以看出,匹配后除 health 外,其余协变量在实验组和对照组之间的均值偏误都明显减少,而且各协变量在两组之间均值偏误全部都小于 10%,大多数变量甚至小于 4%。这表明经过匹配以后,实验组和对照组之间个体特征的差异性得到有效降低,匹配效果比较好。由表 7.11 和表 7.12 汇报的 PSM 回归结果可知:当被解释变量为 sharp3 时,主观和客观金融素养对家庭资产组合有效性的平均处理效应显著为正;被解释变量换为 sharp4 时,结果依然保持稳健。进一步验证,户主的主观和客观金融素养可以显著正向影响家庭资产组合的有效性,基准回归所得结论受自选择偏差的干扰较小。

表 7.11　金融素养与资产组合有效性(PSM:主、客观均高于均值)

变量	核匹配法		半径匹配法		最近邻匹配法	
	ATT	标准误	ATT	标误差	ATT	标误差
sharp4	0.043***	0.008	0.047***	0.009	0.034***	0.009
sharp3	0.094***	0.022	0.094***	0.024	0.065***	0.024

注:***、**、*分别表示在 1%、5%、10%水平上显著。

表 7.12　金融素养与资产组合有效性(PSM:主、客观均高于均值,稳健标准误)

变量	一对一匹配	一对四匹配
sharp4	0.035*** [0.011]	0.034*** [0.009]
sharp3	0.065*** [0.023]	0.064** [0.027]

注:***、**、*分别表示在 1%、5%、10%水平上显著,括号内为稳健标准误。

7.4.4.6　IV-Heckit 回归法

考虑到个体参与风险市场可能本身就存在自我选择性,进而对样本的随机性和均质性产生潜在影响,该部分进一步采用 IV-Heckit 重新进行回归。

表 7.13 汇报了采用 IV-Heckit 方法回归所得结果,与基准回归结果基本一致,当同时考虑户主的主观金融素养和客观金融素养时:若夏普比率不

包括住房资产,主观和客观金融素养均显著提高家庭资产组合的有效性;若夏普比率包括住房资产,则家庭资产组合有效性受户主主观金融素养的正向影响更显著。

表 7.13　金融素养对家庭资产组合有效性的影响(IV-Heckit 方法)

变量	sharp4	sharp3
	(1)	(2)
	IV-Heckit	IV-Heckit
st_self	0.011*** [0.007]	0.120*** [0.000]
st_know	0.039* [0.100]	0.285** [0.022]
lambda	0.542*** [0.000]	0.410*** [0.000]
age	−0.083** [0.021]	0.000 [1.000]
age2	0.008* [0.060]	−0.007 [0.752]
其他变量	控制	控制
Obs	3 121	3,121

总之,以上结果说明本文所得结论受自选择偏差的影响较小。

7.5　进一步分析

7.5.1　机制检验

为了进一步探究户主的主观和客观金融素养对家庭资产组合有效性的传导机制,该部分通过构建中介效应模型,实证检验"户主投资能力"($ability$)对以上关系的影响。

具体的中介效应模型设计如式(7.2)和式(7.3):

$$ability = cons + \alpha_1 * st\_self + \beta_1 * st\_know + \gamma_1 * X + \varepsilon_1 \quad (7.2)$$

$$sharp = cons + \varphi * ability + \alpha_2 * st\_self + \beta_2 * st\_know + \gamma_2 * X + \varepsilon_2$$

$$(7.3)$$

其中,$ability$ 为中介变量"户主投资能力",其构建基于问卷中"若您家在股票、基金、债券等金融产品上投资,您发现和把握投资机会的能力"问题:受访者回答"A. 逐渐提高",则 $ability$ 赋值为1;受访者回答"B. 没有提高",则 $ability$ 赋值为0。st_self 代表"户主的主观金融素养",st_know 代表"户主的客观金融素养",$sharp$ 表示"家庭资产组合有效性"(具体指:$sharp4$ 或 $sharp3$),X 表示控制变量,$\varepsilon_i \sim N(0, \sigma^2)$。

表7.14第(1)列、第(4)列和第(7)列给出了式(7.2)的估计结果,说明:提高户主的主观金融素养和客观金融素养,可以显著增强户主的投资能力。

表7.14第(2)列和第(3)列结果显示:仅考虑主观金融素养时,被解释变量不论是否包含房产,将中介变量"投资能力"纳入解释变量后,中介变量($ability$)和主观金融素养(st_self)的系数均显著为正。表7.14第(5)列和第(6)列结果显示:仅考虑客观金融素养时,将中介变量"投资能力"纳入解释变量后,若不考虑房产,则中介变量($ability$)和客观金融素养(st_know)的系数均在1‰水平上显著为正;若考虑房产,则仅有中介变量的系数($ability$)显著,客观金融素养(st_know)不再显著。以上结果可以说明:提高户主的主观金融素养和客观金融素养,能够有效提高其投资能力,进而提高家庭资产组合的有效性,即"投资能力"是主、客观金融素养影响家庭资产组合有效性的一条可能机制。

表7.14的第(8)列和第(9)列,同时将主观和客观金融素养作为解释变量纳入模型,回归结果仍支持"投资能力($ability$)是主、客观金融素养影响家庭资产组合有效性的可能机制"这一结论。

7.5.2 异质性分析

7.5.2.1 不同居住地区

首先,考虑到我国幅员辽阔,不同地区的经济发展和金融服务水平存在一定的差距,该差异性可能会使得"主观、客观金融素养对家庭资产组合有效性的影响"出现不同。基于此,该部分采用分组检验的方式,探究在我国东部和非东部地区户主的主观和客观金融素养对家庭资产组合有效性影响是否存在差异。

表7.15和表7.16给出了分组回归的结果,其中表7.15的被解释变量考虑了住房资产,表7.16的被解释变量未包含住房资产。

表 7.14　金融素养与资产组合有效性（机制检验）

变量	(1) ability	(2) sharp4	(3) sharp3	(4) ability	(5) sharp4	(6) sharp3	(7) ability	(8) sharp4	(9) sharp3
ability		0.061*** [0.000]	0.389*** [0.000]		0.061*** [0.000]	0.398*** [0.000]		0.060*** [0.000]	0.388*** [0.000]
st_self	0.007*** [0.000]	0.001* [0.052]	0.013*** [0.000]				0.006*** [0.000]	0.001* [0.090]	0.013*** [0.000]
st_know				0.014*** [0.003]	0.003 [0.108]	0.014*** [0.007]	0.011** [0.026]	0.003 [0.194]	0.007 [0.162]
age	−0.017 [0.822]	−0.066** [0.045]	0.052 [0.509]	−0.042 [0.581]	−0.072** [0.030]	0.016 [0.844]	−0.027 [0.717]	−0.069** [0.037]	0.045 [0.568]
age2	−0.002 [0.847]	0.007 [0.113]	−0.009 [0.364]	0.001 [0.912]	0.007* [0.083]	−0.005 [0.639]	−0.001 [0.943]	0.007* [0.098]	−0.008 [0.406]
其他变量	控制	控制	控制	控制	控制	控制	控制	控制	控制
Obs	3,121	3,121	3,121	3,121	3,121	3,121	3,121	3,121	3,121
R^2	0.058	0.047	0.258	0.055	0.046	0.244	0.059	0.047	0.258

由表 7.15 的第(3)列和第(6)列结果可知:若考虑住房资产,在东部地区家庭中,户主的主观和客观金融素养均能够显著提高家庭资产组合的有效性,而在非东部地区家庭中,户主的主观金融素养对家庭资产组合有效性产生显著正向影响,客观金融素养对家庭资产组合有效性的影响尽管是正的,但不再显著。

表 7.15　金融素养与资产组合有效性(sharp4):分不同居住地区

变量	东部地区			非东部地区		
	(1)	(2)	(3)	(4)	(5)	(6)
	sharp4	sharp4	sharp4	sharp4	sharp4	sharp4
st_self	0.006*** [0.000]		0.006*** [0.000]	0.006*** [0.000]		0.006*** [0.000]
st_know		0.012*** [0.000]	0.009*** [0.004]		0.005** [0.036]	0.002 [0.448]
age	−0.103** [0.048]	−0.119** [0.023]	−0.112** [0.031]	0.008 [0.832]	−0.012 [0.763]	0.006 [0.871]
age2	0.010 [0.118]	0.012* [0.070]	0.011* [0.086]	−0.002 [0.668]	0.000 [0.944]	−0.002 [0.700]
其他变量	控制	控制	控制	控制	控制	控制
Obs	1,350	1,350	1,350	1,771	1,771	1,771
R²	0.134	0.121	0.140	0.140	0.112	0.140

表 7.16 的结果显示,当不考虑家庭住房资产时,户主的主观和客观金融素养对家庭资产组合有效性的影响在东部和非东部地区未出现明显的差异化表现。

表 7.16　金融素养与资产组合有效性(sharp3):分不同居住地区

变量	东部地区			非东部地区		
	(1)	(2)	(3)	(4)	(5)	(6)
	sharp3	sharp3	sharp3	sharp3	sharp3	sharp3
st_self	0.014*** [0.000]		0.013*** [0.000]	0.017*** [0.000]		0.016*** [0.000]
st_know		0.020** [0.019]	0.013 [0.133]		0.019*** [0.008]	0.010 [0.154]

变量	东部地区			非东部地区		
	(1)	(2)	(3)	(4)	(5)	(6)
	$sharp3$	$sharp3$	$sharp3$	$sharp3$	$sharp3$	$sharp3$
age	−0.052 [0.705]	−0.082 [0.557]	−0.065 [0.640]	0.110 [0.304]	0.054 [0.620]	0.100 [0.350]
$age2$	0.001 [0.944]	0.004 [0.804]	0.003 [0.882]	−0.016 [0.218]	−0.010 [0.470]	−0.015 [0.250]
其他变量	控制	控制	控制	控制	控制	控制
Obs	1,350	1,350	1,350	1,771	1,771	1,771
R^2	0.142	0.128	0.144	0.167	0.145	0.168

上述结果表明,在我国东部地区家庭中,户主的主观金融素养和客观金融素养对家庭资产组合有效性的提高作用更显著。

7.5.2.2　不同户主性别

其次,户主的性别不同可能也会在一定程度上对"主观和客观金融素养与家庭资产组合有效性"之间的关系产生影响。因此,进一步根据户主的性别,将样本分组并回归,以检验基准回归所得结论在不同性别分组中是否会表现出差异性。

表 7.17 和表 7.18 给出了分组回归的结果,其中表 7.17 的被解释变量考虑了住房资产,表 7.18 的被解释变量未包含住房资产。

表 7.17 的第(3)列和第(6)列结果显示,当考虑家庭住房资产时,户主的主观金融素养和客观金融素养对家庭资产组合有效性的影响在男女分组中的差异化并不明显。

表 7.17　金融素养与资产组合有效性($sharp4$):分不同性别

变量	男性			女性		
	(1)	(2)	(3)	(4)	(5)	(6)
	$sharp4$	$sharp4$	$sharp4$	$sharp4$	$sharp4$	$sharp4$
st_self	0.006*** [0.000]		0.006*** [0.000]	0.007*** [0.000]		0.006*** [0.000]
st_know		0.007*** [0.003]	0.004* [0.084]		0.011*** [0.003]	0.007* [0.051]

续表

变量	男性			女性		
	(1)	(2)	(3)	(4)	(5)	(6)
	$sharp4$	$sharp4$	$sharp4$	$sharp4$	$sharp4$	$sharp4$
age	−0.042 [0.246]	−0.059 [0.110]	−0.048 [0.191]	−0.005 [0.935]	−0.023 [0.715]	−0.002 [0.973]
$age2$	0.003 [0.438]	0.006 [0.228]	0.004 [0.359]	−0.001 [0.869]	0.000 [0.953]	−0.002 [0.809]
其他变量	控制	控制	控制	控制	控制	控制
Obs	2,217	2,217	2,217	904	904	904
R^2	0.138	0.117	0.139	0.128	0.102	0.132

表 7.18 的结果显示,当不考虑家庭住房资产时,男性户主和女性户主的主观金融素养均能够显著提高家庭资产组合的有效性,而只有男性户主的客观金融素养可以正向影响家庭资产组合有效性,女性户主的客观金融素养对家庭资产组合有效性的影响不再显著。

表 7.18　金融素养与资产组合有效性(sharp3):分不同性别

变量	男性			女性		
	(1)	(2)	(3)	(4)	(5)	(6)
	$sharp3$	$sharp3$	$sharp3$	$sharp3$	$sharp3$	$sharp3$
st_self	0.015*** [0.000]		0.014*** [0.000]	0.016*** [0.000]		0.016*** [0.000]
st_know		0.023*** [0.000]	0.016** [0.010]		0.010 [0.361]	0.000 [0.992]
age	0.047 [0.626]	−0.003 [0.979]	0.025 [0.796]	0.053 [0.763]	0.000 [0.999]	0.053 [0.763]
$age2$	−0.009 [0.440]	−0.003 [0.785]	−0.007 [0.578]	−0.013 [0.563]	−0.007 [0.760]	−0.013 [0.563]
其他变量	控制	控制	控制	控制	控制	控制
Obs	2,217	2,217	2,217	904	904	904
R^2	0.162	0.146	0.164	0.153	0.129	0.153

综合以上结果说明,提高男性户主的主观和客观金融素养,对于家庭资产组合有效性的提升效果可能更显著。

7.5.2.3　不同婚姻状况

最后,考虑到已婚和未婚家庭的资产配置情况可能存在不同,该部分将样本分成"在婚家庭"和"非在婚家庭"两组并分别进行回归,以检验主观、客观金融素养对不同婚姻状况家庭资产组合有效性影响的差异。

表 7.19 的被解释变量考虑了家庭房产,表 7.20 的被解释变量不包含家庭房产。而由两表的前三列结果可知:无论是否考虑住房资产,在婚家庭中,户主的主观金融素养和客观金融素养均可以显著提高家庭资产组合有效性;两表的后三列结果显示:无论是否考虑住房资产,在非在婚家庭中,只有户主的主观金融素养可以显著提高家庭资产组合有效性,而客观金融素养对家庭资产组合有效性的影响不再显著。

综合对比以上结果说明:在已婚家庭中,提高户主的主观和客观金融素养对家庭资产组合有效性的提升作用相对更显著。

表 7.19　金融素养与资产组合有效性($sharp4$):不同婚姻状况

变量	在婚			非在婚		
	(1)	(2)	(3)	(4)	(5)	(6)
	$sharp4$	$sharp4$	$sharp4$	$sharp4$	$sharp4$	$sharp4$
st_self	0.006*** [0.000]		0.006*** [0.000]	0.008*** [0.000]		0.007*** [0.000]
st_know		0.008*** [0.000]	0.005** [0.022]		0.006 [0.237]	0.002 [0.690]
age	−0.012 [0.735]	−0.031 [0.390]	−0.017 [0.622]	−0.077 [0.280]	−0.104 [0.154]	−0.079 [0.271]
$age2$	−0.001 [0.892]	0.002 [0.715]	0.000 [0.996]	0.009 [0.309]	0.011 [0.186]	0.009 [0.302]
其他变量	控制	控制	控制	控制	控制	控制
Obs	2,620	2,620	2,620	501	501	501
R^2	0.130	0.109	0.132	0.168	0.133	0.168

表 7.20　金融素养与资产组合有效性($sharp3$):不同婚姻状况

变量	在婚			非在婚		
	(1)	(2)	(3)	(4)	(5)	(6)
	$sharp3$	$sharp3$	$sharp3$	$sharp3$	$sharp3$	$sharp3$
st_self	0.016*** [0.000]		0.015*** [0.000]	0.014*** [0.002]		0.014*** [0.003]

续表

变量	在婚			非在婚		
	(1)	(2)	(3)	(4)	(5)	(6)
	$sharp3$	$sharp3$	$sharp3$	$sharp3$	$sharp3$	$sharp3$
st_know		0.019*** [0.001]	0.011* [0.056]		0.014 [0.348]	0.006 [0.678]
age	0.053 [0.570]	0.007 [0.941]	0.041 [0.661]	0.104 [0.613]	0.052 [0.802]	0.099 [0.632]
$age2$	−0.011 [0.346]	−0.006 [0.642]	−0.010 [0.411]	−0.014 [0.576]	−0.008 [0.739]	−0.013 [0.588]
其他变量	控制	控制	控制	控制	控制	控制
Obs	2,620	2,620	2,620	501	501	501
R^2	0.173	0.154	0.174	0.097	0.081	0.097

7.6 小结

本章利用清华大学中国金融研究中心于 2012 年开展的"中国消费金融现状及投资者教育调查"数据辅以西南财经大学中国家庭金融调查与研究中心 CHFS2017 数据进行实证研究,探索户主的主观金融素养和客观金融素养对家庭资产组合有效性的影响及其传导机制。考虑到潜在的内生性问题,本章构建工具变量进行两阶段最小二乘法(2SLS)估计。进一步通过变换代理指标、更换实证数据和使用不同的回归方法等多方面验证所得结果的稳健性。最后本章还基于不同居住地区、不同户主性别、不同婚姻状况的家庭进行异质性分析。

基准回归结果显示,(1)仅考虑主观金融素养这一维度时,户主的主观金融素养可以显著提升家庭资产组合有效性;(2)仅考虑客观金融素养这一维度时,户主的客观金融素养可以显著提升家庭资产组合有效性;(3)当同时考虑主观、客观金融素养两个维度时,若构造夏普比率不包括住房资产,户主的主观和客观金融素养均能显著提升家庭资产组合有效性,若构造夏普比率包括住房资产,则家庭资产组合有效性受主观金融素养的正向影响更显著。

通过改变核心解释变量与被解释变量度量指标,变换数据库和数据收益率起止时间,利用倾向得分匹配法、IV-heckit 法等重新回归,对基准回归所得结论进行稳健性检验,检验结果均与基准回归所得结论基本保持一致。

机制分析表明,提高户主的主观和客观金融素养,会通过提高户主的投资能力,进而有效提升家庭资产组合的有效性,即"投资能力"是主、客观金融素养影响家庭资产组合有效性的一条可能机制。

异质性分析表明,在东部地区、户主为男性、已婚家庭中,提高户主的主观和客观金融素养对家庭资产组合有效性的提升效果更显著。

总之,本章的研究结果表明,在鼓励金融创新、丰富金融产品的同时,需要加大对居民家庭进行金融普惠教育,提高金融消费者的金融素养。不仅要提高居民的金融知识水平,还要让居民能够意识到他们掌握的金融知识。另外,金融机构要适当降低投资的门槛,让财富比较低的家庭也有更多的机会参与金融市场,分散化他们的资产组合以增进金融福利,从而让每个家庭都能享受到金融创新和经济发展带来的好处,最终提高居民家庭的幸福感。

第8章　金融素养与居民商业保险参与

8.1　引言

中国保险业自 1979 年恢复业务至今,已经历了 40 多年的历程。从规范发展到开放试点,再到完全开放,保险业发生了翻天覆地的变化。尤其是 21 世纪初中国加入 WTO 以来,保险市场发展迅速。2014 年 8 月 13 日,国务院发布的《关于加快发展现代保险服务业的若干意见》指出,要把商业保险构建成社会保障体系的重要支柱,创新养老保险的产品服务,发展多样化的健康保险服务。2018 年 5 月,保险业对外开放工作全面展开。随着改革的深化和开放的加速,保险业未来面临着光明的发展前景。

图 8.1 报告了自 2000 年以来,中国保费收入和赔偿及给付的变化趋势。由图 8.1 可知,我国近 22 年来,不论是保费收入还是赔偿及给付,整体均呈明显上升趋势。总保费收入由 2000 年的 1 598 亿元增长到 2021 年的

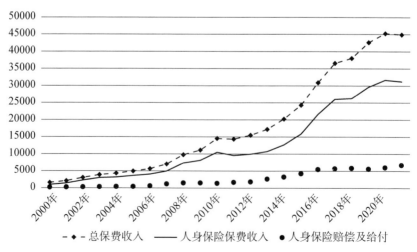

图 8.1　保费收入、支出变化趋势(单位:亿元)

注:图中数据来源于各年的国家统计年鉴

44 900 亿元,增长了约 27 倍。人身保险的保费收入由 2000 年的 990 亿元增长到 2021 年的 31 224 亿元,增长了近 31 倍。保险赔偿及给付由 2000 年的 218 亿元增长到 2021 年的 6 761 亿元,增长了约 30 倍。其中,保费收入和赔偿及给付在 2010 年出现拐点,这可能是 2010 年 12 月起保险公司全面实施《企业会计准则解释第 2 号》,统计口径发生变化导致的。图 8.1 较好地说明了保险在促进我国国民经济发展、化解居民家庭风险方面发挥了越来越重要的作用。

　　然而,我国保险行业与发达国家相比还存在明显差距。纵向来看,我国家庭商业保险参与率增长并不明显。中国家庭金融调查与研究中心公布的最新数据显示,2011 年至 2019 年间,个体的商业保险参与率增长几乎为零,家庭商业保险参与率由 2011 年的 14% 增长到 2019 年的 18%,9 年仅增长 4 个百分点(张诚等,2023)。表 8.1 数据显示,从 2000 年以来虽然我国的保险密度基本处于上升状态,但保险深度有升有降、整体增加幅度不大。横向来看,虽然我国保险规模超过世界平均水平,但保险密度和保险深度仍处于落后状态。根据《2022—2027 年中国保险行业市场前瞻与投资规划分析报告》:中国的保费收入连续 5 年排名全球第二;2021 年中国的保险密度为 3 178.550 2 元/人(493 美元/人),低于全球平均水平 4 264.441 5 元/人(661 美元/人)[①];2021 年中国的保险深度为 3.93%,低于全球平均水平 5.96%。这说明,从"保险大国"到"保险强国",中国依然"任重而道远"。

表 8.1　保险密度和保险深度

年份	保险密度	人身保险密度	保险深度	人身保险深度
2000	126.081 9	78.110 8	0.015 935	0.009 872
2001	165.247 2	111.575 1	0.019 023	0.012 845
2002	237.752 3	177.029 7	0.025 091	0.018 683
2003	300.246 9	233.000 8	0.028 234	0.021 911
2004	332.184 5	245.715 0	0.026 681	0.019 736
2005	377.191 1	279.069 4	0.026 329	0.019 480
2006	429.067 0	308.943 5	0.025 702	0.018 506
2007	532.525 0	374.611 2	0.026 051	0.018 326
2008	736.751 0	552.551 9	0.030 648	0.022 986

---

①　根据国家外汇交易中心公开信息,2021 年我国人民币与美元的平均汇率为 6.451 5。

年份	保险密度	人身保险密度	保险深度	人身保险深度
2009	834.5673	610.2960	0.031956	0.023369
2010	1083.4433	783.1324	0.035252	0.025481
2011	1062.8317	708.6039	0.029387	0.019593
2012	1139.4697	732.6334	0.028757	0.018490
2013	1250.4683	779.8891	0.029044	0.018114
2014	1470.0609	921.9592	0.031442	0.019719
2015	1755.4545	1146.5162	0.035250	0.023023
2016	2219.6191	1554.1183	0.041405	0.028990
2017	2612.4947	1859.5896	0.043962	0.031292
2018	2704.7837	1868.2733	0.041351	0.028562
2019	3024.2823	2101.1857	0.043228	0.030033
2020	3204.9188	2242.9822	0.044652	0.031250
2021	3178.5502	2210.3709	0.039260	0.027301
2022	3326.1555	2425.7128	0.038801	0.028297

注:表8.1中数据根据各年统计年鉴整理,其中保险密度和人身保险密度的单位为元。

　　制约我国居民保险市场投保的因素较多,包括早期的保险从业人员素质偏低导致的"信任感缺失",以及现在的保险条款复杂导致的"误导行为频发"、发生保险事故时的"理赔难"现象(钟春平等,2012)等等。保险市场亟待规范发展,投保者利益需要得到更加充分的保障。尽管监管机构、行业自律组织和保险公司可以大有作为,不断提高整个保险业的服务质量,但不能忽视的是,居民才是真正的市场投保主体。保险条款比较复杂,对保险条款的理解需要消费者掌握一定量的金融知识,并具备运用金融知识的信心。然而不幸的是,绝大多数居民的金融素养水平比较低,运用金融知识提高自身金融福祉的信心更是不足。为了帮助居民作出合意的金融决策,许多国家(地区)的政府、雇主和金融机构以各种形式向居民提供金融教育以提高居民的金融素养。

　　学术界对于金融素养的度量有客观和主观两种方式,得到的金融素养分别称为客观金融素养和主观金融素养。客观金融素养主要反映的是个人真实的知识水平,而主观金融素养则可以更好地捕捉影响个人决策过程的心理驱动因素。客观金融素养侧重强调金融素养的"能力"一面,而主观金融素养侧重强调金融素养的"信心"一面。要作出合理、优质的经济决策,既需要具备相关的经济金融知识,又需要对自己掌握知识的情况有合理的信心和认知。因而,两者之间的关系并不能视为等同的[①]。Hadar(2013)认为金融教育并没有产生预期效果的主要原因在于,现有的金融教育往往关注的是客观金融素养,忽视了提高消费者的主观金融素养,而消费者的投资决策往往更多地受到其主观金融素养的影响。Allgood 和 Walstad(2016)研究发现,主观金融素养和客观金融素养都有它们各自的价值,但主观金融素养对居民家庭金融行为的影响更大。Bellofatto 等(2018)研究指出,主观金融素养高的投资者,其投资决策更加合理、分散化更充分、发生"处置效应"的可能性更小。在金融素养对居民保险市场参与行为的影响方面,秦芳等(2016)和王沈南等(2021)均考察了金融素养对家庭参与保险市场的影响,但秦芳等(2016)探讨的是客观金融素养的作用,而王沈南等(2021)则探讨的是主观金融素养的作用。本章利用中国家庭追踪调查(CFPS)2014 年数据,在王沈南等(2021)的基础上进一步探讨主观金融素养和客观金融素养同时对驱动家庭参与商业保险的影响。

实证研究结果显示:仅考虑一个维度的金融素养时,户主的主观金融素养和客观金融素养能分别对家庭商业保险参与概率和参与深度产生显著的正向促进作用;当同时控制两个维度的金融素养时,主观和客观金融素养对商业保险的影响变小了,但依然显著为正。这表明通过金融教育方式提高居民金融素养从而促进居民家庭作出合理金融决策,不仅要提高消费者对金融知识的掌握,也要提高受教者对自己所掌握金融知识的感知。机制分析显示,提高户主的主观和客观金融素养,可以有效提高户主对外界的信任程度、扩大家庭的社交网络,进而有效促进家庭参与商业保险。异质性分析表明,在高收入家庭、高受教育水平家庭以及中西部地区家庭中,户主的主观金融素养对家庭商业保险的影响不再显著,而客观金融素养在文中分析的所有类型家庭中的影响均显著为正。

本章可能的边际贡献在于:第一,基于中国家庭追踪调查(CFPS)2014 年数据并在缓解内生性问题基础上,分析了同时控制户主的主观金融素养和客观金融素养对家庭商业保险参与概率和支出的影响,是对已有文献的重要补充。第二,通过对已有文献的梳理与逻辑推导,提出"户主对外界的信任程度"和"家庭的社会网络广泛程度"两条传导机制,同时利用分组回归进行异质性分析,进一步完善和细化了主观和客观金融素养对家庭商业保险影响的传导网络,为提高我国居民商业保险参与概率和参与深度提出有益建议。

---

① 两者具体含义可以参考后面指标度量的相关内容。

8.2　数据来源和变量构建

8.2.1　数据来源

本章所用数据源自北京大学中国社会科学调查中心实施的"中国家庭追踪调查"(China Family Panel Studies, CFPS)项目。该调查涵盖中国 25 个省/市/自治区,是一项综合的、具有全国代表性的社会追踪调查项目,问题涉及个体、家庭、社区三个层面。CFPS 项目目前成功实施并发布 2010、2012、2014、2016、2018、2020 六期数据,仅有 2014 年问卷中包括金融知识客观水平测试与主观评价。因此,本章主要采用 CFPS2014 年家庭经济问卷和 CFPS2014 年成人问卷数据。在内生性检验部分也涉及 CFPS2016 年家庭经济问卷,地区层面控制变量数据均来自各省/市/自治区的《统计年鉴》。

此外,在稳健性检验部分,使用中国家庭金融调查与研究中心(CHFS)2019 年数据以验证结果的稳健性[①]。

8.2.2　变量构建

8.2.2.1　被解释变量

本章旨在研究户主的主观金融素养和客观金融素养水平如何影响家庭商业保险参与决策,被解释变量具体指:家庭是否参与商业保险($insur\_if$)和家庭商业保险支出($insur\_ln$)。

两个变量的具体构造基于 CFPS2014 年家庭经济问卷中的问题"过去 12 个月,您家用于购买商业性保险(如:商业医疗保险、汽车险、房屋财产保险、商业人寿等)的支出是多少?":若支出大于 0,则界定该家庭参与商业保险,定性指标 $insur\_if$ 取值为 1,否则 $insur\_if$ 取值为 0;以实际商业保险支出额加 1 取对数的值作为变量 $insur\_ln$ 的取值。

8.2.2.2　核心解释变量

本章的核心解释变量为户主的主观金融素养(st_self)和客观金融素养(st_know)。客观金融素养强调个体自身掌握金融知识、利用金融工具的实

[①] 使用 CHFS2017 数据的结果是一致的。本部分报告 CHFS2019 数据做稳健性检验的原因是,CHFS2019 数据是目前公开可以申请到的最新数据。

际能力,而主观金融素养反映个体对自身金融素养的评价和信心程度
(Lusardi 和 Mitchell,2017)。

本章使用的数据主要来自 CFPS2014,金融素养构造的具体说明可以见
第 5 章的核心解释变量构造部分。

8.2.2.3 控制变量

参考关于商业保险参与的已有研究(秦芳等,2016;王沈南等 2021)做
法,本章控制了包括个体、家庭、地区三个层面共 13 个变量,具体来说:

户主的个人特征包括:户主的年龄(age);户主年龄的平方除以 100
($age2$);户主的受教育年限($eduy$);户主的性别($male$),户主为男性取值为
1,户主为女性取值为 0;户主的婚姻状况($married$),在婚有配偶或同居状
态取值为 1,否则取值为 0;户主是否参与宗教信仰组织($religion\_if$),若参
加取值为 1,否则取值为 0;户主是否为风险偏好($risk\_pre$),若投资时倾向
高风险高收益,则取值为 1,否则取值为 0;户主的健康状况自评($health\_self$),1 表示不健康,2 表示一般,3 表示比较健康,4 表示很健康,5 表示非
常健康;户主是否享受职工保险($s\_security$),若工作单位提供养老保险、医
疗保险、失业保险、工伤保险、生育保险中的一种或多种则取值为 1,否则取
值为 0。

家庭特征包括:家庭的年收入水平($fincome\_ln$),以家庭实际年收入加
1 取对数的值作为变量的最终赋值;家庭的净资产水平($asset\_ln$),以家庭
实际净资产加 1 取对数的值作为变量的最终赋值;家庭的人口规模
($fsize$)。

地区层面的控制变量是指家庭所在省/市/自治区在 2014 年的地区人
均生产总值对数值(gdp_ln)。

8.2.2.4 中介变量

为分析主观金融素养、客观金融素养对家庭商业保险参与的影响机制,
本章实证检验了"户主对外界的信任程度"和"家庭的社会网络广泛程度"两
条可能机制的影响。

户主对外界的信任程度($trust$):该指标基于 CFPS2014 年成人问卷中 6
个关于信任程度的问题,每个问题的打分为 0—10,分值越高代表越信任。
以 6 个问题得分的平均值作为中介变量"户主对外界的信任程度"($trust$)的
最终取值。

家庭社会网络的广泛程度($social$):参考易行健等(2012)的做法,以"过
去 12 个月家庭的人情礼金支出"作为该家庭社会网络广泛程度的代理
指标。

8.3 研究设计与实证结果

8.3.1 研究设计

本章的被解释变量分为定性指标"家庭是否参与商业保险"($insur\_if$)和定量指标"家庭商业保险支出"($insur\_ln$)。参考大多数文献的做法(吴卫星等,2018;尹志超等,2014;孟亦佳,2014),结合本章数据的具体情况:

"家庭是否参与商业保险"($insur\_if$)取值为 0 或 1,因此选择 Probit 回归模型分析户主的主观金融素养和客观金融素养对家庭参与商业保险概率的影响;考虑到"家庭商业保险支出"($insur\_ln$)取值均大于等于 0,即左截堵数据,因此选用 Tobit 模型来识别户主的主观金融素养和客观金融素养对家庭商业保险参与深度的影响。

具体的回归方程分别为式(8.1)和式(8.2):

$$insur\_if = 1(\beta_0 + \beta_1 * X + \beta_2 * Z + \varepsilon > 0) \tag{8.1}$$

$$insur\_ln^* = \gamma_0 + \gamma_1 * X + \gamma_2 * Z + \mu, insur\_ln = max(0, insur\_ln^*) \tag{8.2}$$

其中,式(8.1)为 Probit 模型,式(8.2)为 Tobit 模型。X 为核心解释变量,代表主观金融素养(st_self)或客观金融素养(st_know),Z 代表 13 个控制变量,ε 和 μ 均为服从 $N(0, \sigma^2)$ 分布的误差项,$insur\_if$ 表示"家庭是否参与商业保险",取值为 0 或 1,$insur\_ln$ 表示"家庭商业保险支出",即家庭年度商业保险支出加 1 取对数的值。

8.3.2 描述性统计

8.3.2.1 全样本描述性统计

表 8.2 给出了全体户主样本的描述性统计结果。从两个被解释变量来看,平均有 29.0% 的家庭参与了商业保险市场,家庭年度商业保险支出的对数均值为 2.352。从核心解释变量来看,标准化处理后的主观金融素养和客观金融素养的得分均值分别为 0.354 和 0.454。

从个体层面的控制变量来看,户主的平均年龄约为 49 岁;平均受教育年限约 10 年;45.2% 的户主为男性;82.1% 的户主处于在婚(有配偶)或同居状态;有1.3%的户主参与宗教信仰组织;2.9%的户主为风险偏好者;户主的自我健康状况评价得分均值约为3,即比较健康;有28.4%的户主享有职工保险。从家庭特征来看,平均为3口之家;家庭年收入对数的平均值为10.774;家庭净资产对数的平均值为14.855。家庭所在地区2014年人均GDP对数的均值为10.753。

表8.2 全体户主样本描述性统计

变量	观测值	均值	标准差	最小值	中位数	最大值
$insur\_if$	3 424	0.290	0.454	0	0	1
$insur\_ln$	3 424	2.352	3.744	0	0	12.2
st_self	3 424	0.354	0.200	0	0.25	1
st_know	3 424	0.454	0.238	0	0.462	1
age	3 424	49.272	15.030	16	49	89
$age2$	3 424	26.536	15.407	2.56	24	79.2
$eduy$	3 424	10.178	4.235	0	9	19
$male$	3 424	0.452	0.498	0	0	1
$married$	3 424	0.821	0.383	0	1	1
$religion\_if$	3 424	0.013	0.113	0	0	1
$risk\_pre$	3 424	0.029	0.169	0	0	1
$health\_self$	3 424	2.925	1.105	1	3	5
$s\_security$	3 424	0.284	0.451	0	0	1
$fincome\_ln$	3 424	10.774	1.044	2.4	10.8	15.2
$asset\_ln$	3 424	14.855	0.376	0	14.8	16.6
$fsize$	3 424	3.162	1.506	1	3	17
gdp_ln	3 424	10.753	0.700	10.182	10.613	11.514

8.3.2.2 金融素养与家庭商业保险购买的双变量分析

在实证分析之前,首先使用双变量分析直观考察户主的主观金融素养、客观金融素养分别对家庭商业保险参与的影响。将全样本根据主观和客观金融素养水平分别划为5组,每组的统计结果见表8.3。

由表8.3的TABLE A可知:前四组中,随着居民主观金融素养水平的提高,家庭参与商业保险的概率、家庭对商业保险的支出额都依次提高;尽管主观金融素养水平达到最高(第五组)时,商业保险的参与概率以及商业保险支出反而略低于第四组,但整体是呈上升的趋势。

由表 8.3 的 TABLE B 可知:随着户主的客观金融素养水平的不断提高,家庭参与商业保险的概率和支出都随之提高。商业保险参与概率由第一组的 8.7% 上升至第五组的 46.5%;商业保险支出对数均值由第一组的 0.582 上升至第五组的 3.854。

综上表明,随着户主主观金融素养和客观金融素养水平的不断提高,家庭参与商业保险的概率越来越大,且保费支出也越来越多。

表 8.3 金融素养与家庭商业保险参与的描述性统计

TABLE A			
主观金融素养	商业保险参与概率均值	商业保险支出均值	观测值
$st\_self \leqslant 0$	0.202	1.583	416
$0 < st\_self \leqslant 0.25$	0.267	2.175	1402
$0.25 < st\_self \leqslant 0.5$	0.319	2.589	1401
$0.5 < st\_self \leqslant 0.75$	0.438	3.602	178
$0.75 < st\_self \leqslant 1$	0.333	2.793	27
TABLE B			
客观金融素养	商业保险参与概率均值	商业保险支出均值	观测值
$st\_know \leqslant 0$	0.087	0.582	161
$0 < st\_know \leqslant 0.25$	0.149	1.113	649
$0.25 < st\_know \leqslant 0.5$	0.252	2.000	1105
$0.5 < st\_know \leqslant 0.75$	0.373	3.113	1066
$0.75 < st\_know \leqslant 1$	0.465	3.854	443

8.3.3 基准回归结果

表 8.4 的第(1)列和第(2)列给出了户主的主观金融素养对家庭商业保险参与概率和参与深度影响的实证结果:主观金融素养对家庭是否参与商业保险的边际影响系数为 0.126,对家庭商业保险支出的边际影响系数为 0.966,且均在 1% 水平上显著。说明户主的主观金融素养有助于家庭参与商业保险市场。表 8.4 的第(3)列和第(4)列给出了户主的客观金融素养对家庭商业保险参与概率和参与深度影响的实证结果:客观金融素养对家庭是否参与商业保险的边际影响系数为 0.209,对家庭商业保险支出的边际影响系数为 1.673,且均在 1% 水平上显著。说明户主的客观金融素养也有助于家庭参与商业保险市场。

进一步,表8.4的第(5)列和第(6)列则将两个维度的金融素养同时纳入模型进行分析:当同时考虑两个维度的金融素养对家庭商业保险参与的影响时,主观金融素养对家庭商业保险的参与概率和参与深度的边际系数分别降为0.083和0.631,较第(1)、(2)列的系数分别下降34.13%和34.68%;客观金融素养对家庭商业保险的参与概率和参与深度的边际系数分别降为0.191和1.533,较第(3)、(4)列的系数分别下降8.61%和8.37%。对比来看,边际系数有所下降,表明主观金融素养和客观金融素养所提供的信息既有重叠的部分,也有各自所包含的独特信息。

表8.4　金融素养对家庭商业保险购买的影响

变量	(1)	(2)	(3)	(4)	(5)	(6)
	insur_if	*insur_ln*	*insur_if*	*insur_ln*	*insur_if*	*insur_ln*
st_self	0.126*** [0.038]	0.966*** [0.286]			0.083** [0.039]	0.631** [0.292]
st_know			0.209*** [0.038]	1.673*** [0.290]	0.191*** [0.039]	1.533*** [0.297]
age	0.018*** [0.004]	0.149*** [0.027]	0.018*** [0.003]	0.145*** [0.027]	0.018*** [0.003]	0.146*** [0.027]
age2	−0.022*** [0.004]	−0.181*** [0.028]	−0.021*** [0.004]	−0.173*** [0.028]	−0.021*** [0.004]	−0.175*** [0.028]
其他变量	控制	控制	控制	控制	控制	控制
Obs	3 424	3 424	3 424	3 424	3 424	3 424
Pseudo R^2	0.133 7	0.060 8	0.138 4	0.063 0	0.139 6	0.063 5

注:为了解释的方便,表8.4中汇报的系数为边际效应而非回归系数。*、**、***分别表示在10%、5%和1%水平上统计显著。系数下方括号内的值为标准误。本章其他表格除非有专门标注,否则与此相同。

综上,可以初步得出结论:(1)当分别考察主观、客观金融素养时,户主的主观金融素养和客观金融素养均能显著提高家庭参与商业保险的概率和参与深度。(2)同时考察两个维度金融素养时,尽管系数均有不同程度的下降,但户主的主观和客观金融素养依然会显著促进家庭商业保险参与,这表明在提供普惠金融教育的过程中,不仅要提供相关金融知识的信息,也要培养受教育者对自己所掌握金融知识的感知,这样才能更好地达到普惠金融教育的预期目标。

8.3.4 稳健性检验

为了检验基准回归所得结论的稳健性,该部分通过改变样本量(扩大、缩小回归样本),变换核心解释变量(客观金融素养)的度量指标,对模型中包含的家庭收入、家庭资产、商业保险支出数据进行缩尾处理,改变实证所用数据库(CHFS2019)四种方式进行稳健性检验。

8.3.4.1 改变样本量

(1)扩大样本:不限制户主

在基准回归中仅保留了家庭户主且该户主回答了13个金融知识以及对自己金融知识水平主观评价的3 424个样本。该部分则放宽条件,保留回答了相关金融知识问题以及主观评价但非户主的样本,重新进行回归。

表8.5的前四列单独考察了个体的主观金融素养、客观金融素养对家庭商业保险参与概率和参与深度的影响,与基准回归结果一致,主观金融素养和客观金融素养均能显著促进家庭参与商业保险概率和深度。表8.5的第(5)列和第(6)列同时考察两个维度的金融素养对商业保险的影响,主观金融素养的边际系数分别下降了36.22%和36.65%,客观金融素养的边际系数分别下降了8.68%和7.91%,同时主观金融素养对家庭商业保险影响的显著性水平由1%下降至5%。尽管如此,同样表明主观和客观金融素养除了包含相同信息之外,还包含了各自独有的信息,而且均会显著影响家庭商业保险参与。

表8.5 金融素养对家庭商业保险购买的影响(不限制户主)

变量	(1)	(2)	(3)	(4)	(5)	(6)
	insur_if	insur_ln	insur_if	insur_ln	insur_if	insur_ln
st_self	0.127*** [0.038)	0.966*** [0.282]			0.081** [0.038]	0.612** [0.288]
st_know			0.219*** [0.037]	1.744*** [0.287]	0.200*** [0.038]	1.606*** [0.294]
age	0.018*** [0.003]	0.149*** [0.027]	0.018*** [0.003]	0.146*** [0.026]	0.018*** [0.003]	0.147*** [0.026]
age2	−0.022*** [0.004]	−0.183*** [0.027]	−0.021*** [0.004]	−0.175*** [0.027]	−0.022*** [0.004]	−0.178*** [0.027]
其他变量	控制	控制	控制	控制	控制	控制
Obs	3 506	3 506	3 506	3 506	3 506	3 506
Pseudo R^2	0.134 6	0.061 1	0.139 9	0.063 6	0.140 9	0.064 1

以上结果说明,当放宽条件扩大样本,重新回归所得的结果与基准回归结果基本是一致的。

(2) 缩小样本:剔除从事金融工作的户主

考虑到从事金融相关工作人员具有更高的金融知识水平,更大概率接触商业保险产品,可能会对回归结果产生干扰。该部分进一步剔除从事金融业务、银行业务、保险业务、证券业务以及其他金融业务人员样本,重新进行回归。

表 8.6 的前四列单独考察了户主的主观金融素养、客观金融素养对家庭商业保险参与概率和参与深度的影响,实证结果与基准回归一致,户主的主观金融素养和客观金融素养均在 1% 水平上显著促进家庭商业保险的参与概率和参与深度。表 8.6 的第(5)列和第(6)列同时考虑两个维度的金融素养对家庭商业保险的影响,对比可知,主观金融素养的边际系数较(1)列和(2)列分别下降了 33.33% 和 34.64%,客观金融素养的边际系数较(3)列和(4)列分别下降了 8.33% 和 7.79%,此外,主观金融素养对商业保险参与概率和参与深度影响的显著性水平有所下降。

表 8.6 金融素养对家庭商业保险购买的影响(剔除从事金融业务人员)

变量	(1)	(2)	(3)	(4)	(5)	(6)
	insur_if	insur_ln	insur_if	insur_ln	insur_if	insur_ln
st_self	0.120*** [0.038]	0.918*** [0.290]			0.080** [0.039]	0.600** [0.296]
st_know			0.204*** [0.038]	1.630*** [0.292]	0.187*** [0.039]	1.503*** [0.298]
age	0.018*** [0.004]	0.153*** [0.027]	0.018*** [0.004]	0.150*** [0.027]	0.018*** [0.004]	0.151*** [0.027]
age2	−0.022*** [0.004]	−0.185*** [0.028]	−0.021*** [0.004]	−0.177*** [0.028]	−0.022*** [0.004]	−0.179*** [0.028]
其他变量	控制	控制	控制	控制	控制	控制
Obs	3 386	3 386	3 386	3 386	3 386	3 386
Pseudo R^2	0.132 4	0.060 4	0.137 1	0.062 7	0.138 1	0.063 1

以上结果说明,当剔除从事金融相关行业人员样本之后,重新回归所得的结果与基准回归结果是基本一致的。

8.3.4.2 改变核心解释变量度量

基准回归中,以 13 个问题的答对个数为基础构造客观金融素养指标,在该部分采用因子分析法得到综合变量来度量客观金融素养(st_fac_know)。

表8.7给出了变换客观金融素养度量指标的实证结果。由表8.7的前四列可知,当单独考察一个维度的金融素养对家庭商业保险参与的影响时,户主的主观金融素养和客观金融素养均对家庭商业保险的参与概率和参与深度起显著促进作用。表8.7的第(5)列和第(6)列结果显示,若同时考虑主观和客观两种维度金融素养对家庭商业保险参与的影响时,户主的主观和客观金融素养对家庭商业保险参与的影响依然显著为正,同时,主观金融素养的边际系数较第(1)列、第(2)列边际系数分别下降了34.13%和34.58%,客观金融素养的边际系数较第(3)列、第(4)列边际系数分别下降了8.53%和8.29%,且主观金融素养对家庭商业保险参与影响的显著性水平有所下降。

表8.7　金融素养对家庭商业保险购买的影响(变换客观金融素养指标)

变量	(1) $insur\_if$	(2) $insur\_ln$	(3) $insur\_if$	(4) $insur\_ln$	(5) $insur\_if$	(6) $insur\_ln$
st_self	0.126*** [0.038]	0.966*** [0.286]			0.083** [0.039]	0.632** [0.292]
st_fac_know			0.211*** [0.038]	1.689*** [0.291]	0.193*** [0.039]	1.549*** [0.298]
age	0.018*** [0.004]	0.149*** [0.027]	0.018*** [0.003]	0.144*** [0.027]	0.018*** [0.003]	0.146*** [0.027]
$age2$	−0.022*** [0.004]	−0.181*** [0.028]	−0.021*** [0.004]	−0.173*** [0.028]	−0.021*** [0.004]	−0.175*** [0.028]
其他变量	控制	控制	控制	控制	控制	控制
Obs	3 424	3 424	3 424	3 424	3 424	3 424
Pseudo R^2	0.133 7	0.060 8	0.138 5	0.063 0	0.139 6	0.063 5

注:(1)和(2)是基准回归结果,此处保留是为了对比的方便。

以上结果表明,当改变客观金融素养指标的构建方式后,实证结果与基准回归所得结论基本保持一致。

8.3.4.3　双边缩尾处理

为了缓解离群值可能对回归结果造成的干扰,该部分将模型中涉及的家庭收入数据、家庭资产数据以及家庭商业保险年度支出数据均进行了1%双边缩尾处理,并重新进行回归,所得结果见表8.8。

表 8.8 的前四列是考虑单一维度金融素养对家庭商业保险参与概率和参与深度影响的回归结果,实证结果表明,户主的主观金融素养和客观金融素养都可以显著促进家庭参与商业保险。表 8.8 的第(5)列和第(6)列则同时考虑了两个维度金融素养对家庭商业保险的影响,对比可知,主观金融素养对家庭商业保险影响的边际系数相比第(1)列、第(2)列边际系数分别下降了 33.98% 和 33.83%,客观金融素养对家庭商业保险影响的边际系数相比第(3)列、第(4)列边际系数分别下降了 8.62% 和 8.28%,且主观金融素养对家庭商业保险影响的显著性水平有所下降。

表 8.8　金融素养对家庭商业保险购买的影响(1%双边缩尾处理)

变量	(1)	(2)	(3)	(4)	(5)	(6)
	insur_if	insur_ln_w	insur_if	insur_ln_w	insur_if	insur_ln_w
st_self	0.103*** [0.037]	0.804*** [0.281]			0.068* [0.038]	0.532* [0.287]
st_know			0.174*** [0.037]	1.401*** [0.286]	0.159*** [0.038]	1.285*** [0.292]
age	0.017*** [0.003]	0.141*** [0.027]	0.017*** [0.003]	0.137*** [0.027]	0.017*** [0.003]	0.139*** [0.027]
age2	−0.021*** [0.004]	−0.177*** [0.028]	−0.021*** [0.004]	−0.169*** [0.027]	−0.021*** [0.004]	−0.171*** [0.027]
其他变量	控制	控制	控制	控制	控制	控制
Obs	3 424	3 424	3 424	3 424	3 424	3 424
Pseudo R²	0.152 5	0.068 6	0.155 8	0.070 2	0.156 6	0.070 5

以上结果表明,在对相关变量进行 1% 双边缩尾处理之后,回归结果依然与基准回归结果保持基本一致。

8.3.4.4　替换数据库

为了更好地验证结论的可靠性,该部分进一步更换实证所用数据库进行稳健性检验。通过更换中国家庭金融调查(CHFS)2019 年数据,基于 CHFS2019 年问卷具体情况,利用 3 个金融知识问题①构建户主的客观金融

---

① 3 个金融知识问题的具体内容如下:问题 1. 假设银行的年利率是 4%,如果把 100 元钱存 1 年定期,1 年后获得的本金和利息为;问题 2. 假设银行的年利率是 5%,通货膨胀率每年是 8%,把 100 元钱存银行一年之后能够买到的东西将;问题 3. 您认为一般而言,主板股票和创业板股票哪个风险更大。

素养指标,利用"您平时对经济、金融方面的信息关注程度如何"问题构建户主的主观金融素养指标。其他指标的构建及处理过程与基准回归的处理方式一致。更换 CHFS2019 年数据后的回归结果见表 8.9。

表 8.9　金融素养对家庭商业保险购买的影响(CHFS2019 数据)

变量	(1)	(2)	(3)	(4)	(5)	(6)
	insur_if	insur_ln	insur_if	insur_ln	insur_if	insur_ln
st_self	0.104*** [0.007]	1.053*** [0.078]			0.074*** [0.008]	0.767*** [0.082]
st_know			0.137*** [0.008]	1.284*** [0.082]	0.115*** [0.008]	1.055*** [0.085]
age	0.005*** [0.001]	0.060*** [0.011]	0.006*** [0.001]	0.070*** [0.011]	0.005*** [0.001]	0.066*** [0.011]
age2	−0.008*** [0.001]	−0.098*** [0.010]	−0.008*** [0.001]	−0.105*** [0.010]	−0.008*** [0.001]	−0.102*** [0.010]
其他变量	控制	控制	控制	控制	控制	控制
Obs	33 887	33 887	34 013	34 013	33 887	33 887
Pseudo R^2	0.137 4	0.072 8	0.141 7	0.074 4	0.144 3	0.075 7

表 8.9 的前四列分别考察主观金融素养或客观金融素养单独对家庭商业保险参与的影响,结果显示,户主的主观金融素养和客观金融素养均能够显著提高家庭商业保险的参与概率和参与深度,该结论与基准回归结果基本上是一致的。表 8.9 的第(5)列和第(6)列则同时考虑两个维度的金融素养对家庭商业保险参与概率和商业保险参与深度的影响,对比结果可知,主观金融素养的边际系数分别下降了 28.85% 和 27.16%,客观金融素养边际系数分别下降了 16.06% 和 17.83%。说明在模型中同时纳入主观、客观金融素养时,主观和客观金融素养所起作用存在差异。

以上结果可以表明,在更换为 CHFS 数据库后,回归所得的结论与基准回归结果依然基本上是一致的。

8.3.5　内生性分析

考虑到基准回归所得结论可能受到潜在的反向因果、测量误差以及遗漏变量的影响产生偏误,该部分通过引入 2016 年被解释变量、剔除问卷可信度低于平均水平样本、构建工具变量的方式缓解以上潜在的内生性问题。

8.3.5.1　反向因果

前文的基准回归和稳健性检验的结果均表明：在只考虑一个维度金融素养时，户主的主观金融素养和客观金融素养均能显著促进家庭商业保险参与概率和参与深度；而同时考虑两个维度的金融素养时，主观和客观金融素养对家庭商业保险参与的影响尽管均有不同程度的下降，但都依然显著。

但考虑到，家庭是否参与商业保险、参与商业保险深度的一系列行为也可能反向影响户主的两类金融素养水平，有可能购买了商业保险的户主出于需要会更主动地了解相关金融知识也更加自信，即可能存在反向因果引起的内生性问题。

该部分将被解释变量"家庭是否参与商业保险"和"家庭商业保险支出"替换为 2016 年数据，即通过分析 2014 年户主的主观金融素养水平和客观金融素养水平如何影响家庭 2016 年商业保险参与情况来缓解潜在的反向因果问题对本章结论产生的干扰。具体的实证结果见表 8.10。

表 8.10 的前四列探究 2014 年户主的主观、客观金融素养水平分别对 2016 年家庭商业保险参与概率、商业保险支出的影响：与基准回归所得结果一致，户主的主观金融素养和客观金融素养的边际系数均在 1% 水平上显著为正。表 8.10 的后两列则同时将两个维度的金融素养变量纳入回归模型，结果显示，主观、客观金融素养的边际系数均有所下降：主观金融素养边际系数较第(1)列、第(2)列分别下降 28.48% 和 28.45%，客观金融素养边际系数较第(3)列、第(4)列分别下降了 11.39% 和 10.71%，说明当同时考虑两个维度金融素养对家庭商业保险的影响时，主观和客观金融素养均起到重要作用。

以上结果表明，将被解释变量换为 2016 年数据后，回归结果仍与基准回归结果所得结论一致，可以认为潜在的反向因果对本章所得结论的干扰较小。

表 8.10　金融素养对家庭商业保险购买的影响(因变量换为 2016 年数据)

变量	(1)	(2)	(3)	(4)	(5)	(6)
	insur_if16	insur_ln16	insur_if16	insur_ln16	insur_if16	insur_ln16
st_self	0.165*** [0.042]	1.255*** [0.317]			0.118*** [0.043]	0.898*** [0.322]
st_know			0.237*** [0.042]	1.867*** [0.324]	0.210*** [0.044]	1.667*** [0.331]

变量	(1)	(2)	(3)	(4)	(5)	(6)
	insur_if16	insur_ln16	insur_if16	insur_ln16	insur_if16	insur_ln16
age	0.017*** [0.004]	0.140*** [0.030]	0.016*** [0.004]	0.135*** [0.030]	0.017*** [0.004]	0.137*** [0.030]
age2	−0.021*** [0.004]	−0.175*** [0.031]	−0.020*** [0.004]	−0.164*** [0.031]	−0.020*** [0.004]	−0.167*** [0.031]
其他变量	控制	控制	控制	控制	控制	控制
Obs	2 777	2 777	2 777	2 777	2 777	2 777
Pseudo R²	0.135 2	0.060 6	0.139 7	0.062 7	0.141 9	0.063 7

注:表8.10的样本量为2 777,低于全样本量3 424,原因是合并CFPS2016年家庭经济问卷与CFPS2014年问卷时,剔除了未合并成功的647个家庭。

8.3.5.2 测量误差

主观金融素养指标的构建需要基于受访者对个体自身金融知识水平的主观评价,该指标构建的准确程度依赖于受访者回答的真实度与可信度。考虑到潜在测量误差问题,该部分基于CFPS问卷中访员对受访者"回答的可信程度"打分,剔除可信程度较低的样本重新进行回归,以期缓解由于测量误差对本章结论产生的干扰。由于"回答的可信程度"打分为1—7,值越大表示回答的可信度越高,该部分剔除了得分小于4的样本,重新回归的结果见表8.11。

表8.11 金融素养对家庭商业保险购买的影响(剔除可信度低的样本)

变量	(1)	(2)	(3)	(4)	(5)	(6)
	insur_if	insur_ln	insur_if	insur_ln	insur_if	insur_ln
st_self	0.130*** [0.039]	0.990*** [0.293]			0.088** [0.040]	0.665** [0.299]
st_know			0.202*** [0.039]	1.619*** [0.296]	0.182*** [0.040]	1.470*** [0.303]
age	0.017*** [0.004]	0.144*** [0.028]	0.017*** [0.004]	0.140*** [0.027]	0.017*** [0.004]	0.142*** [0.027]
age2	−0.021*** [0.004]	−0.177*** [0.028]	−0.020*** [0.004]	−0.169*** [0.028]	−0.021*** [0.004]	−0.172*** [0.028]
其他变量	控制	控制	控制	控制	控制	控制
Obs	3 305	3 305	3 305	3 305	3 305	3 305
Pseudo R²	0.132 7	0.060 0	0.136 7	0.061 9	0.137 9	0.062 4

表 8.11 的前四列为只考虑单一维度金融素养对家庭商业保险参与概率和参与深度影响的回归结果,与基准回归一致,单独来看,户主的主观和客观金融素养均能显著正向影响家庭的商业保险参与概率和参与深度。表8.11 的第(5)列和第(6)列则同时考虑主观和客观金融素养对家庭商业保险参与的影响,结果依然显著为正。其中,主观金融素养相比第(1)列、第(2)列边际系数分别下降了 32.31% 和 32.83%,客观金融素养相比第(3)列、第(4)列分别下降了 9.90% 和 9.20%。

以上结果表明,在剔除了问卷回答可信程度低于一般水平的样本后,重新回归的结果与基准回归所得结论一致,可以认为潜在的测量误差问题对本章所得结论的干扰较小。

8.3.5.3　遗漏变量

考虑到即使在基准回归模型中纳入了个体、家庭、地区三个层面共 13个控制变量,但仍可能遗漏掉一些既影响家庭商业保险参与又影响户主金融素养水平的变量(如:童年灾害经历、父母的教育投入等),导致出现遗漏变量问题,从而使得回归结果有偏。基于以上考虑,本章构建工具变量、进行 IV-Probit 和 IV-Tobit 回归,以期缓解潜在的内生性问题。

本章选择学历相同且工作所属行业相同的其他户主的主观金融素养水平均值($self\_mean$)和客观金融素养水平均值($know\_mean$)作为主观金融素养和客观金融素养的工具变量。从理论上分析:首先,个体的知识来源在少年时多来自学校、成年后多来自工作岗位,因此推测,若学生时代拥有相同学历水平、工作时代从属于同一行业,这类群体之间的主观金融素养和客观金融素养可能存在一定的相似性,即满足工具变量所需的相关性要求;其次,相同学历、相同行业的人群整体的金融素养平均水平(排除自己)不太可能对其中一个成员的家庭商业保险的参与决策产生直接影响,即满足工具变量所需的外生性需求。

表 8.12 为 IV-Probit 和 IV-Tobit 回归的极大似然估计结果,表 8.13为 IV-Probit 和 IV-Tobit 回归的两步法的估计结果。

表 8.12　金融素养对家庭商业保险购买的影响(工具变量法极大似然估计)

变量	(1)	(2)	(3)	(4)	(5)	(6)
	$insur\_if$	$insur\_ln$	$insur\_if$	$insur\_ln$	$insur\_if$	$insur\_ln$
st_self	3.803*** [1.027]	37.541* [19.969]			2.160 [1.570]	21.552 [20.746]
st_know			3.928*** [0.589]	40.331*** [11.732]	3.262*** [0.962]	37.474*** [12.657]

续表

变量	(1) *insur_if*	(2) *insur_ln*	(3) *insur_if*	(4) *insur_ln*	(5) *insur_if*	(6) *insur_ln*
age	0.052*** [0.014]	0.615*** [0.129]	0.050*** [0.013]	0.570*** [0.120]	0.049*** [0.013]	0.613*** [0.133]
age2	−0.064*** [0.016]	−0.750*** [0.136]	−0.051*** [0.014]	−0.598*** [0.124]	−0.052*** [0.014]	−0.657*** [0.141]
其他变量	控制	控制	控制	控制	控制	控制
Obs	3 403	3 403	3 403	3 403	3 403	3 403
Wald Test	4.48	3.84	12.86	11.30	19.89	14.82
P 值	0.034 3	0.049 9	0.000 3	0.000 8	0.000 0	0.000 6

表 8.13　金融素养对家庭商业保险购买的影响（工具变量法两步法估计）

变量	(1) *insur_if*	(2) *insur_ln*	(3) *insur_if*	(4) *insur_ln*	(5) *insur_if*	(6) *insur_ln*
st_self	5.124* [2.624]	37.538* [20.255]			3.150 [2.757]	21.550 [21.153]
st_know			5.141*** [1.488]	40.331*** [11.859]	4.757*** [1.598]	37.474*** [12.506]
age	0.070*** [0.015]	0.615*** [0.118]	0.065*** [0.014]	0.570*** [0.111]	0.071*** [0.015]	0.613*** [0.123]
age2	−0.086*** [0.015]	−0.750*** [0.124]	−0.067*** [0.014]	−0.598*** [0.112]	−0.075*** [0.016]	−0.657*** [0.128]
其他变量	控制	控制	控制	控制	控制	控制
Obs	3 403	3 403	3 403	3 403	3 403	3 403
Wald Test	4.68	3.90	12.12	11.14	13.01	11.71
P 值	0.030 6	0.048 3	0.000 5	0.000 8	0.001 5	0.002 9

　　由表 8.12 和表 8.13 的前四列结果可知，当只考虑一个维度的金融素养时，主观金融素养和客观金融素养均显著正向促进家庭商业保险的参与概率和参与深度。由表 8.12 和表 8.13 的后两列结果可知，当同时考虑主观和客观两个维度金融素养水平对家庭商业保险的影响时，相比前四列，主观和客观金融素养的回归系数均有所下降：主观金融素养的系数下降程度（表 8.12：43.20% 和 42.59%；表 8.13：38.52% 和 42.59%）

要大于客观金融素养的系数下降程度(表 8.12:16.96%和 7.08%;表 8.13:7.47%和 7.08%),同时主观金融素养的显著性水平有所下降,甚至是不再显著。

以上结果表明,构建工具变量进行 IV-Probit 和 IV-Tobit 回归所得结果与基准回归所得结果一致,可以认为遗漏变量这一潜在内生性问题对本章所得结论的干扰较小。

8.4　进一步分析

以上基准回归、稳健性检验和内生性分析共同表明:只考虑单一维度金融素养时,主观金融素养、客观金融素养均能显著促进家庭参与商业保险的概率和深度;同时考虑两个维度金融素养对家庭商业保险的影响时,主观和客观金融素养所起作用尽管均有所减少,但依然表明主观和客观金融素养对家庭商业保险参与起着重要的作用。接下来进一步检验主观和客观金融素养促进居民家庭购买商业保险的可能机制及其异质性。

8.4.1　机制检验

主观和客观金融素养除了会提高居民对保险的认知和信心之外,是否还有可能通过其他的渠道影响居民对商业保险的购买呢?该部分借鉴温忠麟和叶宝娟(2014)的做法,利用中介效应模型检验户主的主观和客观金融素养是否可以通过影响"户主对外界的信任程度"和"家庭的社会网络广泛程度"两条渠道来影响家庭商业保险的参与概率与参与深度。具体的中介效应模型见式(8.3)、式(8.4)、式(8.5)、式(8.6)和式(8.7)。

$$insur\_if = \alpha_1 + \beta_1 * st\_self + \varphi_1 * st\_know + \gamma_1 * Z + \varepsilon_1 \quad (8.3)$$

$$insur\_ln = \alpha_2 + \beta_2 * st\_self + \varphi_2 * st\_know + \gamma_2 * Z + \varepsilon_2 \quad (8.4)$$

$$M = \alpha_3 + \beta_3 * st\_self + \varphi_3 * st\_know + \gamma_3 * Z + \varepsilon_3 \quad (8.5)$$

$$insur\_if = \alpha_4 + \omega_1 * M + \beta_4 * st\_self + \varphi_4 * st\_know + \gamma_4 * Z + \varepsilon_4 \quad (8.6)$$

$$insur\_ln = \alpha_5 + \omega_2 * M + \beta_5 * st\_self + \varphi_5 * st\_know + \gamma_5 * Z + \varepsilon_5 \quad (8.7)$$

其中,*insur_if* 表示家庭是否参与商业保险,*insur_ln* 表示家庭商业保险支出,*st_self* 表示户主的主观金融素养水平,*st_know* 表示户主的客观金融素养水平,*Z* 表示 13 个控制变量,ε_i 为随机扰动项。*M* 分别代表本章的两个中介变量:户主对外界的信任程度(*trust*)、家庭的社会网络广泛程度(*social*)。具体的实证结果见表 8.14 和表 8.15。

表 8.14 中介效应的检验与估计结果(户主对外界的信任程度)

变量	(1)	(2)	(3)	(4)	(5)
	insur_if	*insur_ln*	*trust*	*insur_if*	*insur_ln*
trust				0.014** [0.006)	0.097** [0.045)
st_self	0.085** [0.039]	0.643** [0.296]	0.199* [0.113]	0.080** [0.039]	0.617** [0.296]
st_know	0.187*** [0.039]	1.499*** [0.301]	0.234** [0.113]	0.185*** [0.039]	1.478*** [0.301]
age	0.018*** [0.004]	0.149*** [0.028]	−0.041*** [0.009]	0.019*** [0.004]	0.153*** [0.028]
age2	−0.022*** [0.004]	−0.178*** [0.029]	0.048*** [0.009]	−0.022*** [0.004]	−0.183*** [0.029]
其他变量	控制	控制	控制	控制	控制
Obs	3 341	3 341	3 341	3 341	3 341
Pseudo R^2	0.138 8	0.062 8	0.043 4	0.140 1	0.063 3

注:表 8.14 的样本量为 3 341,低于全样本量 3 424,原因是在构建中介变量"户主对外界的信任程度"(*trust*)时剔除了相关信任问题回答不知道或拒绝回答的样本共 83 个。

表 8.15 中介效应的检验与估计结果(家庭的社会网络广泛程度)

变量	(1)	(2)	(3)	(4)	(5)
	insur_if	*insur_ln*	*social*	*insur_if*	*insur_ln*
social				0.045*** [0.011]	0.324*** [0.077]
st_self	0.083** [0.039]	0.631** [0.292]	0.055* [0.032]	0.078** [0.039]	0.597** [0.291]
st_know	0.191*** [0.039]	1.533*** [0.297]	0.137*** [0.032]	0.182*** [0.039]	1.472*** [0.296]

变量	(1)	(2)	(3)	(4)	(5)
	insur_if	*insur_ln*	*social*	*insur_if*	*insur_ln*
age	0.018*** [0.003]	0.146*** [0.027]	0.011*** [0.003]	0.017*** [0.003]	0.141*** [0.027]
age2	−0.021*** [0.004]	−0.175*** [0.028]	−0.010*** [0.002]	−0.021*** [0.004]	−0.171*** [0.028]
其他变量	控制	控制	控制	控制	控制
Obs	3 424	3 424	3 424	3 424	3 424
Pseudo R^2	0.139 6	0.063 5	0.046 5	0.143 8	0.065 2

8.4.1.1　信任程度机制

表 8.14 检验了"户主对外界的信任程度"(*trust*)作为户主主观金融素养和客观金融素养促进家庭商业保险参与概率、参与深度的中介变量的影响。

表 8.14 的第(1)列、第(2)列与基准回归所得结果一致,当同时考虑两个维度金融素养对家庭商业保险的影响时,主观和客观金融素养均会显著促进家庭购买商业保险。第(3)列以中介变量"户主对外界的信任程度"(*trust*)为被解释变量,结果显示主观金融素养、客观金融素养的系数显著为正,说明主观和客观金融素养越高,户主对外界越信任。第(4)列、第(5)列则将中介变量纳入解释变量,结果显示,中介变量(*trust*)对家庭商业保险参与概率和参与深度影响的边际系数均显著为正,且主观金融素养和客观金融素养的边际系数较表 8.14 的第(1)列、第(2)列有所下降。

以上实证结果表明,提高户主的主观和客观金融素养,有助于加强其对外界的信任程度,缓解我国居民对商业保险产品持有的不理性怀疑,进而提高家庭商业保险的参与概率和参与深度,即户主对外界的信任程度是主观金融素养和客观金融素养促进家庭商业保险参与概率和参与深度的一条可能机制。

8.4.1.2　社会网络广泛程度机制

表 8.15 检验了"家庭的社会网络广泛程度"(*social*)作为户主主观金融素养和客观金融素养促进家庭商业保险参与概率、参与深度的中介变量的影响。

表 8.15 的第(1)列、第(2)列结果与基准回归结果(表 8.4 第 5 列和第 6 列)相同,第(3)列以中介变量"家庭的社会网络广泛程度"(*social*)为被解释

变量,主观金融素养和客观金融素养对家庭的社会网络广泛度的影响系数显著为正,说明户主的主观金融素养和客观金融素养的提高,有利于家庭扩大社交网络。第(4)列、第(5)列将中介变量纳入解释变量,结果显示:中介变量(social)对家庭商业保险参与概率和参与深度有显著的促进作用,主观和客观金融素养的边际系数仍然显著为正,但边际系数相比表8.15的第(1)列、第(2)列有所下降。

以上实证结果说明,提高户主的主观金融素养和客观金融素养,可以提高其家庭的社会网络广泛程度,增强户主从社会网络中了解商业保险产品、信任商业保险产品的可能,进而有效促进家庭参与商业保险市场、增加商业保险支出,即家庭的社会网络程度是主观金融素养和客观金融素养促进家庭商业保险参与概率和参与深度的一条可能机制。

8.4.2 异质性分析

由前文实证结果可知:单独来看,户主的主观金融素养和客观金融素养都可以显著促进家庭参与商业保险、提高家庭商业保险支出。两个维度金融素养同时分析,主观和客观金融素养对家庭商业保险的购买依然起着重要的作用。也有文献指出,家庭的收入水平、受教育水平以及居住地区也会对其参与商业保险产生重要影响(尹志超等,2021;曹国华等,2020)。那么,在不同的收入水平、不同的受教育水平以及不同居住地区的家庭中,户主的主观金融素养和客观金融素养对家庭商业保险的参与概率和参与深度的促进作用是否会存在差异?

基于以上思考,该部分对不同收入水平、不同受教育程度、不同居住地区的家庭进行分组回归。相应的回归结果见表8.16、表8.17和表8.18。

8.4.2.1 不同收入水平

根据家庭年收入中位数将全体样本分为"高收入水平家庭"和"低收入水平家庭":若家庭年收入小于全体样本家庭年收入的中位数,则界定该家庭属于低收入水平家庭;若年收入大于等于全体样本家庭年收入的中位数,则界定该家庭属于高收入水平家庭。

由表8.16的实证结果可知:不论是在高收入家庭还是低收入家庭,户主的客观金融素养均显著正向促进家庭商业保险的参与概率和参与深度;但主观金融素养仅在低收入家庭中显著,在高收入家庭中主观金融素养对家庭商业保险的影响虽然为正但不显著。

对于高收入水平的家庭来说:首先,高收入本身就可能带来更高的信心,普遍的高主观金融素养可能导致其对家庭商业保险的促进作用不再显著;其次,高收入家庭面临的信贷约束、消费约束可能相对较小,家庭本身应对风险的能力相对较高,因此高收入群体可能更看重商业保险的财富管理功能,而该功能的实现更多取决于户主实际的金融水平和金融知识储备,即客观金融素养,因此出现客观金融素养显著、主观金融素养不显著的情况。

表 8.16　金融素养对家庭商业保险购买的影响(按收入水平分组)

变量	高收入水平家庭		低收入水平家庭	
	(1)	(2)	(3)	(4)
	insur_if	*insur_ln*	*insur_if*	*insur_ln*
st_self	0.022 [0.059]	0.158 [0.419]	0.120** [0.048]	1.108** [0.437]
st_know	0.189*** [0.059]	1.424*** [0.431]	0.155*** [0.048]	1.506*** [0.441]
age	0.033*** [0.006]	0.261*** [0.043]	0.005 [0.004]	0.047 [0.036]
age2	−0.040*** [0.006]	−0.312*** [0.045]	−0.006 [0.004]	−0.063* [0.036]
其他变量	控制	控制	控制	控制
Obs	1 712	1 712	1 712	1 712
Pseudo R^2	0.128 6	0.052 2	0.089 6	0.045 9

表 8.17　金融素养对家庭商业保险购买的影响(按教育程度分组)

变量	高受教育水平家庭		低受教育水平家庭	
	(1)	(2)	(3)	(4)
	insur_if	*insur_ln*	*insur_if*	*insur_ln*
st_self	0.069 [0.061]	0.523 [0.431]	0.090* [0.048]	0.780* [0.414]
st_know	0.195*** [0.061]	1.511*** [0.441]	0.152*** [0.048]	1.411*** [0.418]
age	0.037*** [0.006]	0.288*** [0.045]	0.008* [0.004]	0.077** [0.039]
age2	−0.045*** [0.007]	−0.348*** [0.050]	−0.011** [0.004]	−0.097** [0.038]

续表

变量	高受教育水平家庭		低受教育水平家庭	
	(1)	(2)	(3)	(4)
	insur_if	*insur_ln*	*insur_if*	*insur_ln*
其他变量	控制	控制	控制	控制
Obs	1 617	1 617	1 807	1 807
PseudoR^2	0.144 3	0.061 1	0.104 3	0.050 9

表 8.18　金融素养对家庭商业保险购买的影响(按地区分组)

变量	东部地区		中部或西部地区	
	(1)	(2)	(3)	(4)
	insur_if	*insur_ln*	*insur_if*	*insur_ln*
st_self	0.091* [0.047]	0.783** [0.364]	0.019 [0.067]	0.099 [0.480]
st_know	0.142*** [0.047]	1.222*** [0.372]	0.245*** [0.065]	1.867*** [0.484]
age	0.013*** [0.004]	0.119*** [0.033]	0.021*** [0.006]	0.166*** [0.046]
age2	−0.017*** [0.004]	−0.146*** [0.034]	−0.027*** [0.006]	−0.207*** [0.047]
其他变量	控制	控制	控制	控制
Obs	2 152	2 152	1 272	1 272
PseudoR^2	0.171 9	0.078 6	0.134 8	0.059 2

8.4.2.2　不同受教育水平

根据户主的最高学历水平将样本分为"高受教育水平家庭"和"低受教育水平家庭":若拥有高中及以上的学历,则界定属于高受教育水平家庭;若学历水平低于高中,则界定属于低受教育水平家庭。

由表 8.17 的实证结果可知:不论是在高受教育水平家庭还是低受教育水平家庭,户主的客观金融素养始终显著正向影响家庭参与商业保险和商业保险支出;但主观金融素养在高受教育水平家庭中对家庭商业保险的影响作用不再显著。

随着受教育水平的提高,个体的金融知识储备不断提高的同时,其对自身的认知和评价可能也更加准确和清晰。因此推测:在高受教育水平的家庭中,由于户主的信心程度与其实际金融知识储备相匹配,当同时考虑两个维度的金融素养水平对家庭商业保险参与决策的影响时,客观金融素养表现出的作用更显著;而主观金融素养(信心程度)对家庭商业保险的作用一定程度上被客观金融素养所掩盖,从而出现在高受教育水平家庭中主观金融素养的影响不显著的现象。

8.4.2.3　不同居住地区

根据国家统计局的划分标准,将样本分为"东部地区家庭"和"中部或西部地区家庭"两组。

由表8.18给出的分组回归结果可知,客观金融素养在所有地区家庭中均显著促进家庭商业保险的参与概率和参与深度,但在中西部地区家庭中,主观金融素养不再显著,主观金融素养对家庭商业保险的影响仅在东部地区家庭中显著。

一个可能的原因是中部或西部地区的经济和金融发展水平较东部地区相对落后,商业保险公司的数量较少、商业保险服务水平相对较低,在这一经济背景下,可能单纯提高户主的主观金融素养(信心程度)并不能解决实际问题,而如果客观金融素养的水平较高,则户主更大概率会通过网络平台、数字服务等方式接触到商业保险产品,进而提高参与商业保险市场的可能。因此,在中西部地区表现出主观金融素养对商业保险影响不显著,而客观金融素养影响显著的状况。

8.5　小结

本章利用中国家庭追踪调查(CFPS)2014年数据,构建"主观金融素养""客观金融素养""家庭是否参与商业保险"和"家庭商业保险支出"指标,选择Probit、Tobit和中介效应模型来识别户主的主观和客观金融素养对家庭商业保险的影响及影响背后的传导机制。进一步,通过分组回归,探究在不同收入水平、不同受教育水平、不同居住地区的家庭中,主观和客观金融素养对家庭商业保险的影响作用是否存在异质性。

首先,基准回归结果表明:(1)仅考虑单一维度的金融素养时,主观金融素养和客观金融素养均能显著促进家庭商业保险的参与概率和参与深度;(2)同时考虑两个维度的金融素养时,主观和客观金融素养的系数均有不同程度的减少,但依然显著为正。

其次,为了证明基准回归结果的稳健性和可靠性,通过"扩大和缩小样本量""改变客观金融素养代理指标构建方式""对家庭收入、资产以及商业保险支出数据进行双边缩尾处理""更换 CHFS 数据库"四种方式进行稳健性检验,得到的结论与基准回归所得结论基本是一致的。

第三,为了缓解潜在的反向因果、测量误差、遗漏变量所导致的内生性问题,分别采取"将被解释变量换为 2016 年数据""删除问卷回答可信度低于一般水平的样本""构建工具变量进行 IV-Probit 和 IV-Tobit 回归"三种方式进行内生性分析,实证结果表明,以上三种潜在的内生性问题对本章所得结论的干扰较小。

第四,机制分析表明:提高户主的主观和客观金融素养,可以有效提高户主对外界的信任程度、扩大家庭的社会网络广泛度,进而有效促进家庭对商业保险的参与概率和参与程度。

第五,异质性分析发现:在高收入水平、高受教育水平、中西部地区的家庭中,户主的主观金融素养对家庭商业保险的影响不再显著,仅在低收入水平、低受教育水平、东部地区家庭中主观金融素养的作用显著。而客观金融素养在所有类型家庭中对商业保险参与均呈现显著促进作用。

第五篇

金融素养提升和替代篇

第9章　金融教育、金融素养与家庭金融行为

9.1　引言

近年来,在数字经济尤其是金融科技的推动下,金融产品日益精细化、复杂化,并与居民投资、消费行为深度融合,金融已经成为大众生活中不可或缺的重要组成部分。在中国居民资产负债表持续扩张的背景下,金融市场对于家庭财富的保值增值将发挥重要作用。党的十九届五中全会提出扎实推进共同富裕目标,十九届六中全会进一步对目标实现作出了战略部署。伴随着金融市场化改革进程的深入,未来金融市场或将成为助推共同富裕的重要抓手。有效地普及金融教育,在更大范围内提升全民的金融素养,有助于提高资产配置效率、增强债务风险防范能力,这对于促进全体人民共同富裕具有战略意义。

金融教育是一个全球性的共识话题。20世纪70年代以来,随着金融自由化的兴起,金融市场快速扩张超出了居民理性决策的能力范围(Klapper 等,2013;雷晓燕等,2022)。许多金融素养低下的居民难以驾驭复杂的金融工具,无法有效地管理个人金融事务(Brown 等,2016)。2008年全球性金融危机的爆发正是由居民债务的非理性扩张所驱动的。危机过后,各国政府对本国居民金融知识的匮乏深表关切。"提供基本的金融教育以帮助人们更好地应对危机""加强对贫困人口的教育和保护"等理念在全球范围内获得了越来越多的政治支持。美联储前主席伯南克甚至指出,"金融教育必须是一项终身的追求"。发达国家开展金融教育的历史悠久。早在20世纪50年代,美国各州就开始强制将个人财务、经济和消费者教育议题纳入 k-12 教育课程,英国和日本也都在20世纪后期开展了类似的金融教育。21世纪以来,许多国家更是将金融教育提升到国家战略高度,通过立法、机构设置等为金融教育创造条件。例如,美国《多德—弗兰克法案》中的一项核心内容便是成立消费者金融保护局。2007年12月,欧盟发布了《欧盟委员会金融教育通讯》,向有需要的公民提供金融教育服务。

2013年,中央政府制定了《中国金融教育国家战略》,在央行网站发布了《金融知识普及读本》,并把每年9月定为"金融知识普及月",向消费者普及日常生活中必要的金融知识。但与发达国家相比,我国普及金融教育的力度明显不够。一个重要的原因在于,"强监管、弱创新"的制度背景使得居民家庭投资决策相对简单。然而,近期的一些变化值得关注:一方面,在中央政府信贷刺激政策的推动下,居民部门自危机以来经历了快速的"加杠杆"周期。BIS数据显示,截至2021年,中国居民部门债务率已经高达61.6%,信贷风险持续上升。另一方面,互联网金融的快速发展在便民的同时,也导致以"P2P爆雷"为代表的风险事件频发,理财市场"乱象丛生"(吴锟和王沈南,2022)。在构建现代金融体系背景下,金融市场打破"刚性兑付"、理财市场"破净"或将成为常态,居民金融素养缺失的弊端或将加速放大。中央政府亟待出台有针对性的政策措施,对居民金融行为进行干预。

尽管世界各国普遍重视金融教育,但对金融教育的质疑声音也不绝于耳。现实中,对"金融教育有效"的最大挑战在于,欧美国家实施金融教育战略花费了大量的人力、物力和财力,但收效似乎甚微。金融教育体系最为发达的美国、英国反而在2008年金融危机中受到的冲击最大。部分学者指出,金融教育即便提升了居民金融素养,也很难纠正全部的非理性行为。他们甚至质疑"让居民成为自己理财顾问"的政策导向不利于专业化分工,这与"无需强迫每个人都成为自己的医生和律师"是一样的道理。一种典型观点认为,缺乏金融知识的居民在遇到投资难题时,可以求助于更加专业的理财顾问。这意味着,金融教育作为一种干预手段,本身还可能存在其他的替代方案,这也使得对金融教育有效性的评估愈发困难。

本章系统回顾了学术界不同阵营对于"金融教育有效性"的认知差别,实证考察了我国居民接受金融教育对其金融投资行为的影响,得出了"金融教育有助于优化居民投资行为"的肯定性证据。与国外的复杂评估框架相比,本章的工作还只是相对初步的探索,但上述研究依然具有重要的现实意义和政策含义。

9.2　文献综述

金融教育源于提高居民金融素养的需要。主要通过基础课程、继续教育或职业培训等方式,提高消费者对金融市场运作规律的认识,发展自身的技能,使其能够对现有金融资源作出明智的决策(Novarese 和 Giovinazzo,2018)。国内外学者针对金融教育、金融素养、金融行为之间的关系进行了大量探讨,本章仅综述与"金融教育有效性"相关的内容。

9.2.1　"金融教育有效性"的学理基础和经验证据

以永久收入假说为代表的经典理论假定居民能够在生命周期进行理性投资决策,并未讨论居民金融素养缺失带来的影响。受 Ben-Porath(1967)将人力资本引入生命周期模型的启发,Borden 等(2008)较早地将金融素养引入居民跨期决策模型。Jappelli 和 Padula(2013)、Lusardi 等(2017)、Lusardi 等(2020)进一步发展了上述模型,其核心逻辑[1]在于:(金融)知识投资可积累,教育投入有成本。金融教育的收益体现在投资回报率的增加,成本体现在知识投资成本等。上述理论文献揭示了居民金融教育决策的内生动力。

除理论模型热衷探讨的"自发"属性外,金融教育作为"政策干预"的常见手段,其干预效果也是学者们评估的重点。针对各类金融教育的效果,学术界得到了诸多支持性证据(McCormick,2009)。金融教育被认为可以在许多方面对公民产生有益影响(Braunstein 和 Welch,2002)。在金融素养方面,无论将金融教育列为选修课还是必修课、大纲内还是大纲外(Walstad 等,2010),无论是在高中阶段(Bruhn 等,2016)还是大学或工作场所(Xiao 和 O'Neill,2016)接受金融教育,居民的金融素养都会获得显著提升。在金融决策方面,在不同时期接受金融教育,居民储蓄率和净财富积累更多(Bernheim 等,2001),风险管理水平显著提高(Dolvin 和 Templeton,2006),更有可能制定退休储蓄计划(Joo 和 Grable,2005);从事风险信贷行为的可能性更小(Lyons,2004),发生信用违约的概率更低(Skimmyhorn,2016;Urban 等,2020),不太可能实施"幼稚"的多样化股票投资策略(Clark 等,2017)。这是因为,金融教育可以有助于深刻理解金融工具,鼓励居民更好地规划未来(Laverty,2016)。Subrahmanyam(2009)从市场供求角度分析了金融教育的效果,认为进行有针对性的"金融教育"是必要的,但由金融中介主导的金融教育是"无效"的。

---

[1]　系列文献的共性假设在于:金融知识是一个持续积累的过程,它在忘却和知识体系更新中折旧,并通过付出一定的成本而获得提升。积累金融知识可以提高居民投资组合的收益率。因此,居民的当期财富可用于消费、金融教育投资,并使得当期(未来期)财富以更快的速度增长。

9.2.2 对"金融教育有效性"的质疑

学术界对"金融教育有效"的质疑主要经历了两个阶段。早期阶段部分研究发现，无论如何度量金融教育，都没有证据表明金融教育对居民金融素养产生了显著影响（Mandell 和 Klein，2009；Gale 和 Levine，2011）。同时，部分学者深刻指出，即便有充分的证据表明，金融教育提升了居民的金融素养，如果不能对金融行为产生有利的影响，其也是"无效"的，这是对金融教育有效性认知的第一次升华。这一时期，反对阵营还集中探讨了金融教育"无效"的原因。典型观点包括，消费者的习惯和偏好总在不断演变，对金融教育的需求处于动态发展中（Betti 等，2007）；每个居民都有自己特殊的财务管理方式和不同的理财经验（Fünfgeld 和 Wang，2009），一种普适性的金融教育模式并不存在。金融决策的复杂性、居民认知的异质性、金融市场的发展性等使得金融教育是一种必要（公平）但低效（效率）的工具（Novarese 和 Giovinazzo，2018）。Willis（2011）总结了已有金融教育政策的误区，认为有效的金融教育必须是广泛、密集、频繁、强制、考虑个性化的。这意味着，金融教育的成本是巨大的，与普通教育截然不同，不恰当的金融教育反而会使投资者财富受损。Hadar 等（2015）指出，金融教育没有产生预期效果的原因可能在于，忽视了对居民主观金融素养的干预。与客观金融素养相比，主观金融素养对金融决策的影响更大。

对金融教育替代方案的关注标志着学术界对"金融教育有效"的质疑进入第二个阶段。如果替代方案能够产生更为显著的效果，那么金融教育是"无效"的。金融教育常见的替代方案包括金融监管、理财顾问（建议）等。例如，Betti 等（2007）研究发现，家庭过度负债的主要原因是金融监管缺失所导致的信贷空间无限扩大，而不是金融教育缺失所致。因此，加强对高风险人群的监管比实施金融教育更为"有效"。Willis（2011）较为深刻地指出，金融教育看似比金融监管更加照顾公民的自主选择权，但有效的金融教育依然会在诸多方面干预公民自由。考虑到其巨大的成本和强制性，金融教育未必是最优的公共政策选择。当整个社会真正了解金融教育的高成本后，替代方案将会"脱颖而出"。至此，学术界对金融教育有效性的认知实现了第二次升华，更加关注金融教育项目与替代方案的"投入—产出"效率比较，也使得反对阵营得到了更多攻击"金融教育有效"的逻辑依据。

9.2.3 对我国"金融教育有效性"的相关讨论

由于国内金融教育尚处起步阶段，相关研究甚少。孙同全、潘忠（2014）

基于党的十八届三中全会"发展普惠金融"目标,系统地阐述了金融教育的内容、趋势、教育群体以及迫切需要解决的问题。周弘(2016)进一步指出,我国金融教育缺失严重,且存在"快餐化"现象。男性、年轻人群和高学历人群更愿意接受金融教育。传统媒体是居民接受金融教育的主要渠道,了解产品是居民选择接受金融教育的主要动机。对"金融教育有效性"的相关讨论也停留在"关注金融行为影响"的初级阶段。例如,张勇菊(2016)通过随机对照实验发现,传统的金融教育对创业者的企业实践行为、经营业绩影响不大。罗靳雯、彭湃(2016)指出,金融教育能够显著提升家庭投资参与概率和投资收益。杜征征等(2017)则发现,参加金融教育培训的消费者事前防范意识和金融产品选择能力都会得到明显的改进。

9.2.4　文献述评与本章的边际贡献

综上所述,关于"金融教育有效性"的认知分歧体现在,如何科学地评估金融教育的成本(含强制性执行社会成本)与收益,是否应当充分考虑替代方案的"成本—收益"比较,等等。仅就评估特定金融教育计划的效果来说,鉴于金融教育的"自选择性"、多样性和复杂性,因果识别技术的应用至关重要,随机控制实验或准自然实验场景具有巨大的评估价值。与国外文献相比,国内文献存在以下不足。

其一,学理认知停留在早期阶段(关注行为影响),鲜见"投入—产出"式与"成本—收益"式的评估工作。其二,即便在少量探讨金融行为影响的文献中,囿于微观数据限制,多选取是否参与金融市场、金融资产配置比重等度量金融教育干预后果,指标较为粗糙。例如,参与金融市场并不能完全代表家庭资产组合的分散化程度(有效性)。其三,忽视了对本土化特色指标的深入考察。例如,由于居民金融素养缺失、理财顾问市场发展滞后,社会互动曾对居民家庭的科学决策影响重大,然而鲜有研究关注到社会互动对金融教育效果的影响。总的来说,金融教育有效性评估在我国处于"现实意义重大,学术研究滞后,思想认知不足"的窘境。

基于此,本章在系统地梳理金融教育有效性相关文献的基础上[①],选取家庭资产组合分散化、投资组合有效性以及反映理财规划和消费者保护的指标作为金融教育的"效果"变量,进一步拓展了国内文献有关金融教育干

---

① 事实上,对于"投入—产出"框架和"成本—收益"框架的梳理,也是本章重要的边际贡献。向国内学界、监管机构介绍国外学者对金融教育有效性的前沿认知具有重要的政策评估价值。

预行为的度量范畴，这是本章的第一个边际贡献。其次，鉴于因果识别在金融教育评估领域的重要性，本章综合利用 PSM、IV 等技术，对可能存在的"自选择"等内生性问题进行了科学处理，并利用多样化的调查问卷进行实证分析。与国内同类文献相比，评估结果更为可靠，这是本章的第二个边际贡献。最后，鉴于社会互动在低金融素养家庭中所发挥的关键作用，本章深入探讨了社会互动对金融教育效果的异质性影响，丰富了国内金融教育效果评估的研究维度。尽管与国外"前沿"工作相比，评估手段尚存不小差距，但作为国内金融教育有效性评价的早期尝试，本章在概念框架构建、评估指标选取、技术手段选择和研究视角拓展等方面均作出了有益的创新。

9.3　金融教育有效性的评估框架

由金融教育"支持论"和"反对论"两派观点可知，评估金融教育的"有效性"需要格外的谨慎。首先，在金融教育提升金融素养的问题上，两派的分歧并不大。大家普遍认为，金融教育有助于增强居民的金融素养水平、改善居民的金融感知，因此"一定程度"的金融教育是必不可少的，它本身也是公平社会教育体系中不可或缺的重要环节，符合"普惠金融"的价值理念。但即便如此，我们仍需考虑一个关键性问题——金融教育提升金融素养的边界。大多数人不会成为自己的专业医生，但诸如感冒之类的小毛病还是可以自己处理的，这或许应该是金融素养教育政策力求达到的边界，居民没必要都成为专业的理财专家。这或许说明，全民金融素养的提升更像是一个"社会公平"问题，而不是一个教育有效性评估问题。金融教育对居民金融素养乃至金融能力的改善不应当成为评估教育有效性的"落脚点"。

其次，应充分把握关键变量的本质属性。金融教育是一个宽泛的概念，所有致力于提升居民金融素养且需要花费时间、精力、财力的行为都应涵盖在金融教育的认定范围之内，既包括求学过程中的课程学习，也包括工作过程中的自我提升以及培训计划等等；既可以用投入时间来测度，又可以用投入资金来衡量。而金融教育的效果指标应具有明确的指向性，不宜"模糊不清"，这里既可以包含微观个体的金融行为的实际效果，也可以包含整个社会金融行为的经济结果。效果指标应当明确关乎居民部门的金融福祉或经济社会稳定、安全。唯有科学、精确地度量上述指标，才能使实证结论更具可比性和政策含义。

第三，应加强对金融教育影响居民金融行为机制的理论探讨，并在实证上通过巧妙的设计进行更为精致的"因果识别"。实证方面,尤其应当重视随机对照实验或准自然实验设计,尽可能地剔除"内生性"对金融教育效果评估的干扰,保证实证结果的稳健性。还要充分考虑到金融教育有效性的异质性,识别出最具有金融教育需求的人群,采取针对性的措施,再评估教育计划的效果,避免"平均化"的实证结果掩盖掉重要的异质性问题。

第四,可尝试给予金融教育"成本—收益"层面的评估,即在评价金融教育效果的同时充分考虑金融教育的各项成本。一些教育计划尽管具有改善居民福利的效果,但如果投入的成本过高,不免"得不偿失"。实际上,国外近期的一些研究已经致力于上述分析,例如,Lusardi 和 Mitchell(2020)指出,由于金融教育存在成本,且因人而异,低收入、金融素养较低的居民不参与金融教育或许是更优的选择,自我选择对于参与金融教育至关重要。

最后,也是最为重要的,可尝试构建"目标—方案(含替代方案)—效果(识别与比较)"式的评估框架。实际上,考虑到不同的目标,包括居民层面的提高金融素养、改善投资行为、提高金融福祉和政府层面的防止恶性事件乃至系统性金融风险的爆发等等,金融教育或存在很多替代方案,如产前营养改善、发育期的体育锻炼、成年期的专业性理财帮助(如求助有经验的亲朋好友、理财顾问或智能投顾)、对金融中介机构实施激励相容监管确保其与消费者利益一致、强制性禁令措施等等都可能是更好的解决方案。这就不单单需要对金融教育本身的"成本—收益"进行评估,还要比较替代方案的"投入—产出"效果①。

总而言之,金融教育有效性的评估具有"由低到高"三个层次的目标,即"最低目标:金融教育产生了何种经济后果",该问题的回答有赖于精确的因果识别技巧;"中级目标:金融教育产生的这种效果是否值得",该问题的回答有赖于因果识别技巧(经济收益的评估)和经济成本的准确度量,以便进行科学的"成本—收益"比较;"最高目标:是否存在更高的替代方案",该问题的回答有赖于替代方案的识别和"投入—产出"比较。表 9.1 概括了金融教育有效性的一个初步的评估框架。

基于上述评估框架,本章将试图给出评价我国居民金融教育有效性的经验证据。值得说明的是,囿于调查样本的限制,本章所评估的金融教育主要是指居民在自主获取金融知识方面的投入(包括时间和资金)。这类金融

---

① 特别需要说明的是,如果对金融教育计划和替代方案进行比较,不一定局限于"成本—收益"分析的比较,只要两类方案具备相近的投入指标和产出指标(未必是成本收益层面的指标),就可以在因果效应(例如平均处置效应等等)识别的基础上,计算单位投入指标的产出效果,并直接进行比较。

教育计划的实施成本相对较低，本章认为可以忽视这类金融教育计划的成本[①]。而在金融教育的目标上，本章聚焦于"提高居民投资效率、降低金融行为偏差"等系列指标，直接触及金融教育改善居民金融行为的经济结果。从替代方案上看，智能投顾在我国的发展尚处于萌芽阶段，不予以考虑；而现阶段理财建议不能对金融素养起到替代作用(吴锟和吴卫星，2017)，同样不再讨论；唯有社会关系求助的"替代作用"尚存探讨价值。然而，现有微观数据均不存在准确度量"居民在投资决策中寻求亲戚、朋友帮助"的问项，因此本章不再对替代方案的效应进行识别和比较。但本部分认为，广义层面的社会互动可能对金融教育的效果产生影响，恰好这一变量有相应的问项来度量，因此本章将进一步考察社会互动对金融教育效果的异质性影响。

表9.1　金融教育有效性的评估框架

可能的目标	金融教育计划	可能的替代方案	评估要点(方向)	技术手段
提高居民的金融素养(能力)水平	求学阶段：学前教育计划、义务教育课程*、高等教育课程*　就业阶段：金融培训计划*、自我提升计划*　退休阶段：金融警示教育……	产前营养搭配发育时期的体育锻炼	低要求：识别金融教育计划对金融行为(结果)的因果效应*　中要求：给予"成本—收益"层面的评估*　高要求：比较金融教育计划和替代方案在达成目标方面的"投入—产出"效率差异*	因果识别：随机对照实验*、准自然实验(DID、RDD等*)、其他识别技术(如PSM、IV等*)　异质性分析：挖掘金融教育需求敏感性群体*
优化居民的金融行为(提高投资效率*、纠正行为偏差*等)		理财顾问*智能投顾*社会关系求助		
提高居民的金融福祉*		利用投资行为偏差，引导并达成提升居民福利水平的投资结果		
防范恶性金融事件的发生		对相关金融机构实施强监管*		
防范系统性金融风险的爆发*		出台强制性监管措施		

注：*表示在金融教育有效性评估时应重点关注的内容。

① 考虑到国内目前实施金融教育战略尚处在起步阶段，求学期间的金融课程学习更多地具有"义务"属性，本章不再单独对其进行分析，而是将其作为工具变量。从样本数据上看，现阶段居民的自发学习的投入是极为有限的，本章所定义的金融教育家庭是那些资金投入大于月收入的5%、时间投入多于1个小时的家庭。忽略金融教育投入成本，直接进行效果层面的因果识别具有一定的合理性。

9.4　数据来源与变量构建

9.4.1　数据来源

清华大学中国金融研究中心在 2008 年、2010 年、2011 年和 2012 年先后进行了 4 轮次的家庭微观调查。只有 2012 年的调查数据涉及金融教育。该调查从 2012 年 7 月持续到 9 月,总共收集到有效问卷 3 122 份。项目组通过发放调查问卷的方式,对全国 24 个城市展开了问卷调查。样本城市覆盖范围较广,样本分布具有一定的代表性。问卷详细调查了户主和其所在家庭的基本信息、理财情况、资产与负债状况、资金流入流出情况、对某些金融产品理解程度以及信用卡使用等方面的信息,本章选择该问卷数据作为研究样本。此外,为了进一步增加研究结论的可靠性,同时选用 CHFS2015 年数据进行稳健性检验。

9.4.2　关键变量构建

本章主要是从资产组合分散化、组合有效性、理财规划以及消费者保护方面评价金融教育的有效性,主要指标构造方法如下。

金融教育(f_edu 和 f_eduD)。本章关注的金融教育主要是指居民自主获取金融知识的学习行为。具体使用"您的家庭在金融教育上的投入约占您家庭月收入的百分比是多少?"问项构造金融教育绝对指标变量(用 f_edu1 表示),选项包括"没有投入、不到 5%、5%~10%、10%~15% 以及大于 15%",该指标主要用于双变量分析以及后文的稳健性检验。此外,还根据不同的标准定义了金融教育虚拟变量,该指标主要用于倾向得分匹配分析。即本章把金融教育投入大于 5% 的家庭定义为有金融教育的家庭(f_eduD1),此时 f_eduD1 取值为 1,其余取值为 0。考虑到一些金融教育是不需要花费金钱的,但需要付出一定的时间。因此,本章进一步使用"每周您(户主)在金融知识方面的学习所花的时间是多少?"的问项构造另一绝对指标(用 f_edu2 表示),选项包括"不花费任何时间、小于 1 个小时、1~2 小时、2~3 小时、3~5 小时以及大于 5 小时",当构造虚拟变量的时候(用 f_eduD2 表示),本章把选择大于 1 个小时的家庭定义为有金融教育的家庭,此时 f_eduD2 取值为 1,其余取值为 0[①]。

资产组合分散化(*count6* 和 *div_index6*)。资产组合分散化是指家庭资产在资产类别之间的分配和每一类资产类别中持有的资产份额。为了更好地度量家庭资产组合分散化,本章首先借鉴 Wu 等(2022)和吴锟等(2022)做法,使用资产种类指标(记为 *count6*)和基于赫芬达尔-赫斯曼指数为基础开发的资产组合分散化指数指标(记为 *div_index6*)。资产种类指标依据家庭 6 类资产中持有多少类为依据,持有多少类就赋值为多少[②]。而上述六种资产的资产组合分散化指数指标的计算公式具体为:

$$div\_index6 = 1 - \sum_{i=1}^{N} w_i^2 \qquad if \quad N > 0 \qquad (9.1)$$

其中,N 表示资产种类的数量,本章选取为 6;w_i 表示居民各类资产在上述 6 种资产总额中的比重。理论上,当 N 趋于无穷大时,分散化指数的范围为 $[0,1)$,数值越大代表居民资产组合分散化程度越高,分散化指标等于 0 表示居民只持有一种资产。

资产组合有效性(*sharpratio4* 和 *sharpratio3*)。吴卫星等(2015)指出,夏普比率是一个比较好的度量家庭资产组合有效性的指标。受此启发,本章选择房产[③]、债券、股票和基金 4 类风险资产构造夏普比率(记为 *sharpratio4*)。具体而言:首先,计算每类风险资产的收益率;其次,计算每类资产占 4 类资产的比重;最后,根据公式计算每个家庭资产组合的夏普比率。与此同时,鉴于房产在中国居民家庭资产中占比较大的特殊性,4 类风险资产计算的夏普比率可能出现大数吃小数现象,使得该比率更多体现的是房产的风险与收益之间的关系。于是本章进一步排除家庭房产,只考虑使用流动性较强的金融资产,即债券、股票和基金三类资产来构造夏普比率,记为 *sharpratio3*。由于清华大学 2012 年数据的调查时间跨度是 7—9 月,同时中证全债指数从 2003 年开始编制,为了数据的完整性,故收益率数据从 2003 年 2 月开始,至 2012 年 6 月。

理财规划(*plan* 和 *plan_year*)。制定理财规划有助于家庭合理地安排

---

① 本章也选择了把教育投入不到收入 5% 的家庭或时间投入不到 1 小时的家庭归为有金融教育的家庭,除了平均处置效应的数值大小发生变化外,结果依然显著。限于篇幅,书中未报告相关结果。

② 根据清华大学中国金融研究中心 2012 调查数据包含的 6 种金融资产分别为:现金、存款、股票、债券、基金和储蓄性保险。

③ 此处房产是指家庭非自住房,理由是自住房更多体现的是消费属性,非自住房则能体现投资属性。

消费与投资计划等等,这也是理性居民应具备的能力。为此,本章构造两类理财规划指标反映上述行为:其一,家庭是否进行理财规划,记为 *plan*,具体问项为"您的家庭有理财规划吗?",选项包括"有、没有",本章将选择"有"的家庭 *plan* 记为 1,其余记为 0;其二,家庭的理财规划年限,记为 *plan_year*,具体问项为"若您的家庭有理财规划,这个时间跨度是____年?",以实际填写的数字赋值。

消费者自我保护(*protect*)。消费者保护是普惠金融的一项重要内容,消费者懂得如何保护自己,一方面有助于其更好地参与金融市场,另一方面对于规范金融中介机构发展也具有倒逼作用。为此,本章构造消费者自我保护指标,用 *protect* 表示。具体问项是"在使用金融产品或服务时,若权益受到损害,您是否知晓求助的途径?",选项包括"a. 完全不清楚,b. 不太清楚,c. 知道一些,d. 比较清楚,e. 完全清楚",本章将选择"d 和 e"家庭的 *protect* 记为 1,其余的记为 0[①]。

9.5 研究设计及实证结果

9.5.1 研究设计

9.5.1.1 倾向得分匹配法(PSM)

金融教育与金融行为之间存在内生性问题,主要原因之一是是否选择接受金融教育很大程度上是居民自我选择的结果,并不一定是随机的。这一点在 Lusardi 等(2020)的理论模型中可以窥见动机。当把所有家庭按照是否接受金融教育区分为两类后,家庭的基本特征(如家庭资产、户主年龄、学历等)存在明显的差异(见表 9.2)。为了克服可能存在的"自我选择偏差",本章主要采用倾向得分匹配方法(PSM)进行因果识别。

具体而言,根据居民家庭接受金融教育的实际情况,本章将样本分成两组:实验组——接受过金融教育的居民家庭集合;对照组——没有接受过金融教育的居民家庭集合。利用 PSM 方法,能够帮助我们找到与实验组尽可能相似的对照组,从而解决"反事实"缺失的问题。具体做法如下:(1)在给定一组可观察到的协变量 X 的情况下,采用 Probit 或 Logit 模型估计某个

---

① 本章也把选择"c, d 与 e"的家庭的 *protect* 记为 1,其余的记为 0,结果除效果大小变化外,结果依然显著。限于篇幅,书中未报告相关结果。

居民家庭接受金融教育的条件概率;(2)根据多种匹配方法,如核匹配法、半径匹配法和最近邻匹配法等[①],实现实验组和对照组样本之间的匹配;(3)根据匹配结果,计算接受金融教育家庭与没有接受金融教育家庭的金融行为差异,得到平均处理效应(ATT)。

协变量 X 的选择对于合理地估计倾向得分值至关重要,本章主要以家庭特征变量作为协变量,具体包括资产对数($\ln asset$)、资产对数的平方($\ln asset2$)、收入对数($\ln income$)、收入对数的平方($\ln income2$)、婚姻状态($married$)、年龄(age)、年龄的平方($age2$)、性别($gender$)、学历(虚拟变量,其中学历为高中或中专,记为 $high$;学历为大专或大学本科,记为 $college$;学历为研究生及以上,记为 $graduate$;而初中及以下为参照)、小孩抚养率($child\_rate$)、风险态度($aversion$)、家庭成员健康状况($health$)和家庭是否有商业保险($shangbao$)等等。

9.5.1.2 工具变量法

可观察因素与不可观察因素均可能引致样本选择偏差,本章主要采用的 PSM 方法是基于一组可观察到的协变量进行的分析,能够在一定程度上缓解、克服由可观察因素引起的样本选择偏差问题,但是难以矫正潜在不可观察因素引起的样本选择偏差。为进一步增强因果识别的稳健性,本章同时采用工具变量法(IV)进行了相应的实证检验。

使用工具变量法进行因果识别的关键在于选择合理的工具变量,根据国内外相关文献的惯用做法,并对照问卷的相关问项,当使用清华大学中国金融研究中心 2012 年数据时,本章最终以"户主或户主配偶在所接受过的国民教育中,是否学习过经济类的专业知识"作为金融教育的工具变量;当使用 CHFS2015 年数据进行稳健性检验时,使用"同地区其他家庭上过经济类或金融类课程家庭的占比"作为金融教育的工具变量。

[①] 最近邻匹配法是在对照组中寻找若干个与实验组中某一倾向得分最接近的家庭。一般来说,如果选择的是一对一匹配,该匹配方法的优点是偏差较小,缺点是方差较大;而进行一对多匹配的时候,方差可以得到降低,但偏差会增大。Abadie 等(2004)认为选择一对四匹配比较理想。半径匹配法则是事先给定一个常数,寻找对照组中与实验组中倾向得分值之间差异小于事先给定值的所有样本都作为匹配对象。一般来说,事先给定的常数应该小于或等于倾向得分标准差的 0.25。完成匹配后,最近邻匹配法和半径匹配法都是根据匹配个数计算简单的算术平均数,得到平均处理效应。最近邻匹配法和半径匹配法都属于部分匹配法,核匹配法则属于整体匹配法,实验组中的每个个体的匹配对象则是对照组中处于共同取值范围之内的所有个体,每个个体根据距离赋予不同的权重,依据核函数计算该权重。

9.5.2　描述性统计

表 9.2 报告了不同类型家庭金融行为和协变量的描述性统计结果。可以看到,家庭持有金融资产的平均种类约为 3.30 种;由 6 种资产计算的分散化指数的均值约为 0.49;由 3 种资产构造的夏普比率的均值约为 0.032,由 4 种资产构造的夏普比率的均值为 0.04;64.57% 的家庭会制定理财规划,理财规划的平均年限为 3.85 年;11.4% 的家庭在使用金融产品或服务时权益受到损害后知道求助途径。协变量方面,家庭资产对数的均值为 14.02,家庭月收入对数的均值为 9.14,83.95% 的户主已婚,71.04% 的户主为男性,户主的平均年龄为 34.24 岁。而按家庭是否接受过金融教育分组可以看到,接受过金融教育和未接受过金融教育家庭的特征变量之间存在明显的差异,这也表明直接比较金融教育在两组家庭中的效果可能会存在偏差。

表 9.2　主要变量的描述性统计

变量名称	变量说明	全样本		未接受过金融教育家庭		接受过金融教育家庭	
		均值	标准误	均值	标准误	均值	标准误
count6	金融资产种类	3.3017	1.3719	3.0950	1.3138	3.7102	1.3931
div_index6	6 种资产的分散化指数	0.4890	0.2015	0.4646	0.2014	0.5372	0.1929
sharpratio3	3 种资产构造的夏普比率	0.0322	0.0425	0.0277	0.0417	0.0412	0.0426
sharpratio4	4 种资产构造的夏普比率	0.0400	0.0389	0.0361	0.0399	0.0478	0.0358
plan	是否有理财规划,有为 1,否则为 0	0.6457	0.4784	0.5702	0.4952	0.7950	0.4039
plan_year	理财规划的年限	3.8472	5.0835	3.3029	4.8697	4.9228	5.3225
protect	是否知晓求助途径,是为 1,否则为 0	0.1137	0.3175	0.0777	0.2677	0.1849	0.3884
lnasset	家庭资产对数	14.0156	0.9242	13.8762	0.9161	14.2912	0.8774
lnincome	家庭月收入对数	9.1410	0.7571	9.0264	0.7411	9.3674	0.7373

变量名称	变量说明	全样本		未接受过金融教育家庭		接受过金融教育家庭	
		均值	标准误	均值	标准误	均值	标准误
married	户主婚姻状况,已婚为1,其他为0	0.8395	0.3671	0.8384	0.3682	0.8418	0.3651
age	户主年龄	34.2420	7.6310	34.4860	7.7930	33.7621	7.2791
gender	户主性别,男性为1,女性为0	0.7104	0.4536	0.7043	0.4565	0.7226	0.4479
high	户主学历为高中或中专,取值为1,否则为0	0.1079	0.3104	0.1254	0.3313	0.0734	0.2609
college	户主学历为大专或大学,取值为1,否则为0	0.7601	0.4271	0.7492	0.4336	0.7817	0.4133
graduate	户主学历为研究生及以上,取值为1,否则0	0.1169	0.3214	0.1066	0.3087	0.1373	0.3443
child_rate	小孩抚养率	0.1303	0.1573	0.1120	0.1532	0.1665	0.1591
aversion	风险系数,1—5表示,1表示愿意承担风险,5表示不愿意	3.0980	1.0638	3.1934	1.0730	2.9094	1.0200
health	家庭成员健康状况,1—4表示,1表示良好,4表示很差	1.3270	0.5129	1.3391	0.5257	1.3031	0.4861
shangbao	家庭是否有商业保险,有为1,否则0	0.5048	0.5001	0.4838	0.4999	0.5462	0.4981

9.5.3 金融教育与金融行为的双变量分析

在描述性统计的基础上,本部分将金融教育的投入程度(f_edu1)依次与资产组合分散化($count6$ 和 div_index6)、资产组合有效性($sharpratio4$

和 *sharpratio3*)、理财规划(*plan* 和 *plan_year*)和消费者自我保护(*protect*)作图,以初步观察金融教育与金融行为的相关性。横坐标为金融教育的投入程度,纵坐标为家庭金融行为指标。

图 9.1 显示了金融教育与家庭资产组合分散化(左图分散化指数,右图资产种类)的关系。可以看到,家庭在金融教育上投入的资金越多,该组家庭资产组合分散化指数值也越大,从最低组的 0.41 到上升到最高组的0.68;资产种类则是随着家庭在金融教育上投入资金的增多从最低组的2.65 上升到最高组的 4.72。

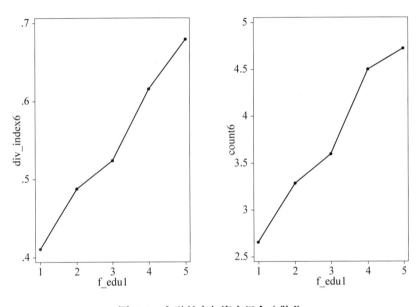

图9.1 金融教育与资产组合分散化

图 9.2 显示的是金融教育与家庭资产组合有效性之间的关系:左图是三种资产的夏普比率与金融教育之间的关系,右图是四种资产的夏普比率与金融教育之间的关系。可以看到,不管是三种资产的夏普比率还是四种资产的夏普比率,均随着家庭金融教育投入资金的增加而增加,分别从最低组的 0.018 和 0.026 增加到最高组的 0.067 和 0.067。

图 9.3 显示的是金融教育与理财规划之间的关系:左图报告的是金融教育与家庭制定理财规划可能性之间的关系,右图报告的是金融教育与家庭理财规划年限之间的关系。可以看到,随着家庭在金融教育上投入资金的增多,制定理财规划家庭的占比从 44.4% 上升到 90.7%,理财规划年限从 2.46 年上升到 6.44 年。

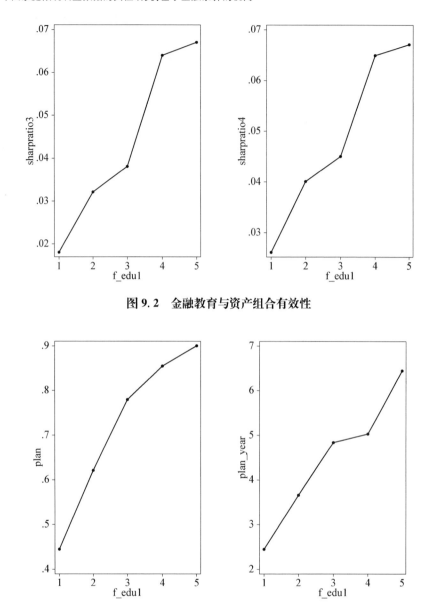

图 9.2　金融教育与资产组合有效性

图 9.3　金融教育与理财规划

　　图 9.4 显示的是金融教育与消费者自我保护之间的关系。可以看到，在金融教育上投入资金最少的一组中，约有 5.7％的家庭在获取金融产品或服务过程中权益受到损害时知晓求助途径；而在金融教育上投入资金最高的一组中，则有 44.2％的家庭知晓求助途径，约为最低组家庭的 8 倍。

　　双变量分析图从直观上考察了金融教育与家庭资产组合分散化、组合有效性、家庭理财规划以及投资者自我保护方面的关系。当然，严谨的因果

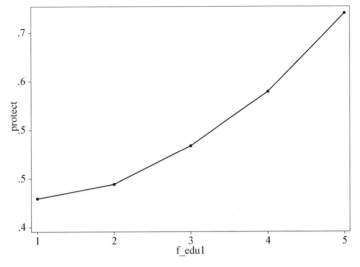

图9.4 金融教育与消费者自我保护

关系还需要从下面更加严格的实证分析中得到。

9.5.4 基于倾向得分匹配法的实证分析结果

9.5.4.1 匹配的有效性检验

使用倾向得分匹配法（PSM）的前提是，匹配之前实验组和对照组的倾向得分之间存在明显的差异，匹配之后该差异明显减少，甚至不再存在差异。本小节以核匹配法为例加以说明匹配效果。图9.5报告了实验组和对照组匹配前后倾向得分值的核密度函数。可以看到（如图9.5）：匹配

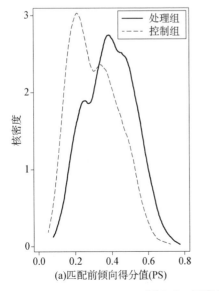

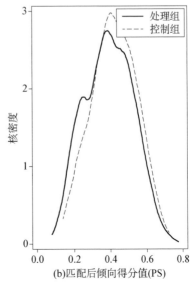

图9.5 匹配有效性检验

之前,实验组与对照组的倾向得分值是错峰分布,存在明显的差异;匹配之后,实验组与对照组的倾向得分值接近同峰分布,差异明显减少。进一步表明直接比较两组家庭金融教育的差异所得到的结果会存在较大的偏差。也就是说匹配之后两组家庭的特征更为接近,匹配效果较好,得到的结果更可信。

9.5.4.2 平均处理效应(ATT)的识别

在估计金融教育的平均效果时,本小节在金融教育的度量上使用了两种指标,分别是家庭在金融教育上投入约占家庭收入的占比(f_eduD1)、户主每周在金融知识学习方面所花的时间(f_eduD2)。在匹配方法上,同时采用核匹配法、半径匹配法和最近邻匹配法等三种方法。

表9.3 报告了以家庭在金融教育上投入约占家庭收入之比(f_eduD1)为度量的金融教育的平均效果。在核匹配法中,参与金融教育家庭持有资产种类比不参与金融教育家庭持有资产种类平均多约0.32 种,组合分散化指数则平均多约0.047,均在1%的水平上显著。这表明,参与金融教育显著提高了家庭资产组合的分散化程度。

表9.3 金融教育的平均效果(投入占月收入之比,f_eduD1)

变量	核匹配法		半径匹配法		最近邻匹配法	
	ATT	标准误	ATT	标误差	ATT	标误差
count6	0.3225***	0.0540	0.2575***	0.0558	0.2705***	0.0608
div_index6	0.0465***	0.0078	0.0401***	0.0081	0.0363***	0.0087
sharpratio3	0.0086***	0.0017	0.0075***	0.0017	0.0078***	0.0019
sharpratio4	0.0043**	0.0014	0.0032**	0.0015	0.0033**	0.0017
plan	0.1935***	0.0175	0.1828***	0.0183	0.1823***	0.0201
plan_year	1.3020***	0.2042	1.2483***	0.2107	1.2974***	0.2267
protect	0.0904***	0.0137	0.0838***	0.0140	0.0846***	0.0148

注:***、**和*分别表示在1%、5%和10%水平上显著。表9.4和表9.10与此相同。

当以三种资产或以四种资产构造夏普比率时,参加金融教育家庭资产组合的夏普比率分别比不参与金融教育家庭高出0.0086 和0.0043,且分别在1%和5%的水平上显著,表明金融教育对家庭资产组合有效性具有显著正向影响。在对理财规划的影响方面,从核匹配法的实证结果中可以看到,在接受金融教育家庭中拥有理财规划的家庭占比比不接受金融教育家庭高出

19.35%,且在1%水平显著;此外,接受金融教育家庭比不接受金融教育家庭的理财年限多1.30年,且在1%水平上显著。在对消费者保护的影响方面,核匹配法实证结果显示,当消费者在使用金融产品或服务过程中受到权益侵犯时,参加金融教育的家庭比不参加金融教育的家庭更加懂得如何寻求帮助,两者之间的差距大于0.09,且在1%水平上显著。半径匹配和最近邻匹配的回归结果,除了平均处理效应的绝对值存在差别外,方向和显著性水平与核匹配基本一致,这表明家庭在金融教育上投入的资金越多,金融行为改善越明显。

表9.4报告了使用户主每周是否投入时间学习金融知识(f_eduD2)来度量金融教育的实证结果。可以看到,无论基于核匹配法、半径匹配法还是最近邻匹配法,接受金融教育家庭的资产种类、资产组合分散化指数、资产组合的夏普比率、理财规划的可能性、理财规划年限以及消费者保护意识均比不参与金融教育家庭显著提高,且都在1%的水平上显著。

表9.4 金融教育的平均效果(投入时间 f_eduD2)

变量	核匹配法		半径匹配法		最近邻匹配法	
	ATT	标准误	ATT	标误差	ATT	标误差
$count6$	0.648 2***	0.050 7	0.617 5***	0.054 6	0.613 8***	0.058 3
div_index6	0.091 4***	0.008 0	0.090 7***	0.008 7	0.093 7***	0.009 4
$sharpratio3$	0.013 3***	0.001 7	0.012 8***	0.001 8	0.012 0***	0.002 0
$sharpratio4$	0.007 0***	0.001 6	0.006 6***	0.001 8	0.005 9***	0.001 9
$plan$	0.177 6***	0.020 0	0.169 3***	0.021 8	0.176 9***	0.023 3
$plan\_year$	0.750 1***	0.207 4	0.646 8***	0.225 4	0.671 3***	0.239 6
$protect$	0.081 3***	0.011 5	0.070 2***	0.012 2	0.066 5***	0.012 6

表9.3和表9.4的回归结果初步显示,无论以何种方式度量是否接受金融教育、以何种匹配方法进行回归,接受金融教育对居民家庭的金融行为均具有显著正向的影响。上述表格披露的是基于psmatch2命令的匹配结果,该命令的优点是能够提供丰富的匹配方法,但局限性在于所提供的标准误并没有考虑到倾向得分是估计的结果。为此,本小节进一步使用考虑"AI稳健标准误"的teffectspsmatch命令进行检验,表9.5报告了相应的结果。可以看到,除了"一对一"匹配中资产组合夏普比率个别效应不显著以外,其余的指标在参与金融教育的家庭中都比不参与金融教育家庭显著提高,且均在5%或1%的水平上显著。

表9.5 金融教育的平均效果(考虑稳健标准误)

变量	投入占月收入比		每周学习金融知识时间	
	一对一匹配	一对四匹配	一对一匹配	一对四匹配
count6	0.211*** [0.072]	0.207*** [0.059]	0.637*** [0.086]	0.614*** [0.071]
div_index6	0.027*** [0.010]	0.036*** [0.008]	0.097*** [0.013]	0.094*** [0.010]
sharpratio3	0.006*** [0.002]	0.008*** [0.004]	0.012*** [0.002]	0.012*** [0.002]
sharpratio4	0.002 [0.002]	0.003*** [0.001]	0.006*** [0.002]	0.006*** [0.002]
plan	0.197*** [0.024]	0.182*** [0.019]	0.173*** [0.025]	0.177*** [0.021]
plan_year	1.521*** [0.267]	1.297*** [0.237]	0.656** [0.311]	0.671*** [0.253]
protect	0.080*** [0.018]	0.085*** [0.015]	0.671** [0.254]	0.067*** [0.017]

注:***、**和*分别表示在1%、5%和10%水平上显著;括号内为"AI稳健标准误"。

9.5.5 稳健性检验

9.5.5.1 改变因果识别策略——基于工具变量法的实证分析

为了克服 PSM 方法由于难以矫正潜在不可观察因素所引起的样本选择偏差问题,本章进一步采用工具变量法(IV)进行实证检验。此处选用两个非虚拟变量度量金融教育。其中,*f_edu1* 为金融教育投入占家庭月收入的比,*f_edu2* 为每周在金融知识方面的学习所花的时间。工具变量的选择至关重要,一个好的工具变量要满足相关性和外生性。van Rooij 等(2011)选择"受调查者在校期间用在学习经济知识上的时间多少"作为金融素养的工具变量,并认为:首先,受调查者在校期间用在学习经济知识上的时间不会直接影响其后期金融行为,但与其后期的金融素养有关系;其次,受调查者后期的金融行为不会影响其前期接收经济类知识的学习行为。受上述文献启发,本章选取"户主或户主配偶在所接受过的国民教育中,是否学习过经济类的专业知识"作为金融教育的工具变量。主要回归结果见表9.6~表9.9。

表 9.6 金融教育对资产组合分散化的影响（工具变量法）

变量	count6						div_index6					
	OLS	2SLS	OLS	2SLS	OLS	2SLS	OLS	2SLS	OLS	2SLS	OLS	2SLS
f_edu1	0.2549*** [0.0275]	0.8726*** [0.2439]			0.0380*** [0.0044]	0.1023*** [0.0380]						
f_edu2			0.3637*** [0.0185]	0.6160*** [0.1573]			0.0475*** [0.0030]	0.0722*** [0.0256]				
其他变量	控制	控制	控制	控制	控制	控制	控制	控制				
Obs	3,121	3,121	3,121	3,121	3,121	3,121	3,121	3,121				
R²	0.2491		0.3138		0.1248		0.1712					
工具变量 t 值		6.84		6.98		6.84		6.98				
一阶段 F 值		46.83		48.74		46.83		48.74				
DWH 值		7.1411		2.6246		3.0825		0.9612				
P 值		0.0095		0.1052		0.0741		0.3269				

注：***，**和*分别表示在1%、5%和10%水平上显著，括号内表示的是标准误。f_edu1 与 f_edu2 的取值是依据选项从小到大依赋值1、2、3、4、5。表9.7—表9.9，表9.11—表9.14与此相同。

表 9.7 金融教育对资产组合有效性的影响(工具变量法)

变量	sharpratio3				sharpratio4			
	OLS	2SLS	OLS	2SLS	OLS	2SLS	OLS	2SLS
f_edu1	0.073 3*** [0.009 4]	0.204 2** [0.080 8]			0.045 6*** [0.008 4]	0.149 5** [0.073 9]		
f_edu2			0.085 4*** [0.006 5]	0.144 2*** [0.055 3]			0.051 9*** [0.005 8]	0.105 5** [0.051 3]
其他变量	控制	控制	控制	控制	控制	控制	控制	控制
Obs	3,121	3,121	3,121	3,121	3,121	3,121	3,121	3,121
R^2	0.095 8		0.127 0		0.139 1		0.152 5	
工具变量 t 值		6.84		6.98		6.84		6.98
一阶段 F 值		46.83		48.74		46.83		48.74
DWH 值		2.786 2		1.166 5		2.195 2		1.190 2
P 值		0.095 1		0.280 1		0.138 4		0.275 3

表9.8　金融教育对理财规划的影响(工具变量法)

变量	plan				plan_year			
	OLS	2SLS	OLS	2SLS	OLS	2SLS	OLS	2SLS
f_edu1	0.1268*** [0.0106]	0.8232*** [0.1375]			0.8490*** [0.1143]	5.0869*** [1.1058]		
f_edu2			0.0678*** [0.0075]	0.5812*** [0.0995]			0.3678*** [0.0808]	3.5913*** [0.8000]
其他变量	控制	控制	控制	控制	控制	控制	控制	控制
Obs	3,121	3,121	3,121	3,121	3,121	3,121	3,121	3,121
R^2	0.0879		0.0701		0.0547		0.0444	
工具变量 t 值		6.84		6.98		6.84		6.98
一阶段 F 值		46.83		48.74		46.83		48.74
DWH 值		61.6621		65.9256		19.5043		22.3912
P 值		0.0000		0.0000		0.0000		0.0000

表9.9　金融教育对消费者自我保护的影响(工具变量法)

变量	OLS	2SLS	OLS	2SLS
f_edu1	0.0520*** [0.0071]	0.1411** [0.0589]		
f_edu2			0.0371*** [0.0050]	0.0996** [0.0418]
其他变量	控制	控制	控制	控制
Obs	3,121	3,121	3,121	3,121
R^2	0.0634		0.0634	
工具变量 t 值		6.84		6.98
一阶段 F 值		46.83		48.74
DWH 值		2.2281		2.2030
P 值		0.1355		0.1377

　　结果显示,家庭接受金融教育,无论增加教育投入,还是增加学习时间,都在1%或5%的水平上显著地提升了资产组合的分散化,提高了资产组合的有效性,增加了制定理财规划的可能性及年限,强化了消费者的自我保护意识。这与PSM方法得到的结论是一致的,再次说明金融教育能够显著地优化和改善居民的金融行为。值得注意的是,采用2SLS法矫正后的回归系数均显著高于OLS法的回归系数,且绝大多数系数提升了将近一个数量级,这说明如果忽视内生性问题,可能会低估金融教育对居民家庭金融行为的影响。

9.5.5.2　替换调查样本——基于CHFS2015数据的实证分析[①]

　　在CHFS2015年问卷中,涉及金融教育的问项较少,本小节选用是否上过经济或金融类课程[②]作为度量。在金融行为指标方面,问卷中涉及的金融资产分类比较细,包括现金、定期存款、股票、债券、基金、外汇、金融理财、衍生品、活期存款等。因此,本部分最终利用9种金融资产构建资产组合分散化指标,即资产种类和资产组合分散化指数。需要说明的是,问卷中虽然包

---

① 中国家庭金融调查与研究中心已经对外发布了2011年、2013年、2015年、2017年和2019年共5轮次的调查数据,其中2015年的问卷中有一个可以直接度量消费者接受经济或金融类课程的问项。

② 具体问项为"您是否上过经济或金融类课程(含临时性培训)",选项为"1.是,2.否"。

含消费者保护方面的问项,但该问项仅限于陕西省农村受访户,且数据缺失非常严重,故本部分不再分析对消费者保护的影响。此外,CHFS2015年数据没有关于理财规划及理财规划年限的问项。故而,本部分最终考察金融教育对资产种类($count$)、资产组合分散化指数(div_index)、三种资产的夏普比率($sharpratio3$)及四种资产的夏普比率($sharpratio4$)的影响。因果识别方法选择PSM方法和两阶段最小二乘法(2SLS)。其中PSM方法估计的结果见表9.10。结果显示,接受过金融教育的家庭,家庭资产种类、资产组合分散化指数、三种资产组合的夏普比率、四种资产组合的夏普比率均显著提高。

表9.10 金融教育的平均效果(CHFS2015数据)

变量	核匹配法		半径匹配法		最近邻匹配法	
	ATT	标准误	ATT	标误差	ATT	标误差
$count$	0.3843***	0.0286	0.2427***	0.0294	0.2478***	0.0328
div_index	0.0490***	0.0054	0.0306***	0.0056	0.0306***	0.0063
$sharpratio3$	0.0095***	0.0011	0.0062***	0.0011	0.0069***	0.0012
$sharpratio4$	0.0082***	0.0009	0.0047***	0.0010	0.0051***	0.0011

表9.11汇报的是使用普通最小二乘法(OLS)和两阶段最小二乘法(2SLS)的估计结果。借鉴尹志超等(2015)的做法,此处选择同地区其他家庭上过经济类或金融类课程家庭的占比作为受调查者接受金融教育的工具变量。从表9.11可以看到,不管是普通最小二乘法(OLS)还是两阶段最小二乘法(2SLS)估计结果,均显示接受金融教育有助于提高家庭所持有资产的类别、资产组合分散化指数、三种风险资产的夏普比率和四种风险资产的夏普比率。

尽管CHFS2015年问卷的相关问项与清华大学中国金融研究中心2012年的相关问项并不完全一致,但两套数据的结果表明金融教育有效性的结果是稳健的。

表 9.11 金融教育效果的回归结果（CHFS2015 数据）

VARIAB	count		div_index		sharpratio3		sharpratio4	
	OLS	2SLS	OLS	2SLS	OLS	2SLS	OLS	2SLS
f_edu	0.028*** [0.000]	0.494*** [0.000]	0.030*** [0.000]	0.655*** [0.000]	0.008*** [0.000]	0.111*** [0.000]	0.007*** [0.000]	0.075*** [0.000]
ln asset	0.019*** [0.000]	0.014*** [0.000]	0.024*** [0.000]	0.017*** [0.000]	0.003*** [0.000]	0.002*** [0.000]	0.005*** [0.000]	0.005*** [0.000]
ln income	0.007*** [0.000]	0.005*** [0.000]	0.010*** [0.000]	0.008*** [0.000]	0.001*** [0.000]	0.001*** [0.000]	0.001*** [0.000]	0.001*** [0.000]
其他控制变量	控制	控制	控制	控制	控制	控制	控制	控制
Obs	23,286	23,286	22,115	22,115	23,286	23,286	23,286	23,286
R-squared	0.286		0.135		0.150		0.193	
工具变量 t 值		6.63		6.35		6.63		6.63
一阶段 F 值		43.966		40.285		43.966		43.966
DWH 值		79.913		28.584		38.086		38.086
P 值		0.000		0.000		0.000		0.000

注:***,**,*分别表示在 1%、5% 和 10% 水平上显著。

9.6　进一步分析

9.6.1　异质性分析

正如前文所述,社会互动是极具国情特色的本土化因素,对于规避居民金融知识缺失所带来的资产配置风险发挥了重要作用。社会互动通过情景互动和内生互动深刻影响了居民的投资决策,极大地推动了居民股票市场参与,通过个体遵循参考群体成员的投资选择形成了金融投资的社会规范(李涛,2006)以及提升居民商业保险参与(李丁等,2019),并削弱了金融排斥对家庭资产决策的负面影响(孙武军和林慧敏,2018)。那么,社会互动是否会对金融教育的干预效果带来异质性影响值得进一步研究,本小节通过分析金融教育①效果在社会互动程度不同家庭中的差异来进行研究。

表 9.12 的 A 列、B 列和 C 列分别报告了核匹配法、半径匹配法和最近邻匹配法的估计结果。以核匹配法为例,无论高社会互动家庭组还是低社会互动家庭组,接受金融教育家庭的资产种类、资产组合分散化指数、资产组合夏普比率、理财规划的可能性、理财规划年限和自我保护的意识均高于不接受金融教育的家庭,且金融教育对高社会互动家庭组金融行为的改善结果均高于低社会互动家庭组。具体来说,高社会互动家庭组中接受金融教育后在资产种类、资产组合分散化指数、3 种资产组合夏普比率、4 种资产组合夏普比率、理财规划的可能性、理财规划年限和自我保护的平均效应均显著提高,大多在 1% 的水平上显著;而且数值上均大于低社会互动家庭组中接受金融教育的效果。半径匹配法和最近邻匹配法的结果与核匹配法基本一致,这表明本章的实证结果是比较稳健的。上述实证结果表明,要使得金融教育的效果更为理想,在实施金融教育的过程中要注意互动环节的设计,这一发现与 Doi 等(2014)是一致的。

表 9.12　金融教育的平均效果(按社会互动分组)

变量	核匹配法(A)		半径匹配法(B)		最近邻匹配法(C)	
	高互动家庭	低互动家庭	高互动家庭	低互动家庭	高互动家庭	低互动家庭
count6	0.800 2*** [0.136 8]	0.583 7*** [0.053 3]	0.783 6*** [0.160 2]	0.557 4*** [0.056 1]	0.709 9*** [0.157 0]	0.532 6*** [0.059 2]

①　此处以在金融教育上投入时间作为家庭接受金融教育为例加以说明。

变量	核匹配法（A）		半径匹配法（B）		最近邻匹配法（C）	
	高互动家庭	低互动家庭	高互动家庭	低互动家庭	高互动家庭	低互动家庭
div_index6	0.1075*** [0.0202]	0.0826*** [0.0084]	0.1039*** [0.0236]	0.0825*** [0.0093]	0.1018*** [0.0235]	0.0787*** [0.0098]
sharpratio3	0.0203*** [0.0042]	0.0109*** [0.0018]	0.0226*** [0.0048]	0.0104*** [0.0020]	0.0211*** [0.0048]	0.0093*** [0.0021]
sharpratio4	0.0076** [0.0037]	0.0070*** [0.0018]	0.0101** [0.0043]	0.0062*** [0.0019]	0.0086** [0.0042]	0.0057*** [0.0020]
plan	0.1999*** [0.0480]	0.1701*** [0.0218]	0.1753*** [0.0560]	0.1624*** [0.0233]	0.1802*** [0.0554]	0.1583*** [0.0245]
plan_year	1.7761*** [0.5407]	0.5084** [0.2214]	1.6440*** [0.6200]	0.3457 [0.2351]	1.7521*** [0.6247]	0.2937 [0.2498]
protect	0.1095*** [0.0310]	0.0667*** [0.0120]	0.0817** [0.0354]	0.0677*** [0.0124]	0.0786** [0.0341]	0.0688*** [0.0129]

注:高互动家庭与低互动家庭以样本中所有家庭社会互动的均值作为分界点。

9.6.2 机制检验

金融教育的目的之一是为了提高居民的金融素养,而金融素养的提高有助于居民家庭作出合理的金融决策。那么金融教育是否会通过提高居民的金融素养而改善居民家庭的金融决策呢? 以接受金融教育的金钱投入为例列示,表 9.13 和表 9.14 报告了相关结果。其中表 9.13 显示的是金融教育会通过提高受调查者的主观金融素养从而改善受调查者家庭的金融行为;表 9.14 则显示的是金融教育会通过提高受调查者的客观金融素养从而改善受调查者家庭的金融行为。

总之,金融教育不仅会直接影响家庭的金融行为,还会通过影响居民的主观和客观金融素养从而间接影响家庭的金融行为。

9.7　小结

本章较为全面地回顾了国内外有关金融教育的相关文献,厘清了"金融教育有效性"的评估争议。在此基础上,使用清华大学中国金融研究中心

表 9.13 金融教育与家庭金融行为(机制检验:主观金融素养(st_self))

变量	(1) st_self	(2) count6	(3) div_index6	(4) sharpratio3	(5) sharpratio4	(6) plan	(7) plan_year	(8) protect
st_self		0.132*** [0.000]	0.018*** [0.000]	0.030*** [0.000]	0.023*** [0.000]	0.034*** [0.000]	0.391*** [0.000]	0.045*** [0.000]
f_edul	0.273*** [0.000]	0.219*** [0.000]	0.033*** [0.000]	0.065*** [0.000]	0.039*** [0.000]	0.117*** [0.000]	0.742*** [0.000]	0.040*** [0.000]
其他变量	控制	控制	控制	控制	控制	控制	控制	控制
Obs	3,121	3,121	3,121	3,121	3,121	3,121	3,121	3,121
R^2	0.245	0.270	0.142	0.107	0.147	0.099	0.068	0.108

表 9.14 金融教育与家庭金融行为(机制检验:客观金融素养(st_know))

变量	(1) st_know	(2) count6	(3) div_index6	(4) sharpratio3	(5) sharpratio4	(6) plan	(7) plan_year	(8) protect
st_know		0.086** [0.010]	0.012** [0.026]	0.017 [0.125]	0.016 [0.118]	0.050*** [0.000]	0.493*** [0.000]	0.006 [0.513]
f_edul	0.084*** [0.000]	0.248*** [0.000]	0.037*** [0.000]	0.072*** [0.000]	0.044*** [0.000]	0.123*** [0.000]	0.807*** [0.000]	0.053*** [0.000]
其他变量	控制	控制	控制	控制	控制	控制	控制	控制
Obs	3,121	3,121	3,121	3,121	3,121	3,121	3,121	3,121
R^2	0.112	0.251	0.126	0.096	0.140	0.092	0.059	0.063

注:主观和客观金融素养变量的构造见第 7 章相关部分。

2012年家庭微观调查数据，辅以CHFS2015年调查数据，实证检验了金融教育对居民金融行为的影响。首先，通过双变量分析初步给出了金融教育与家庭金融行为的相关关系。但考虑到接受(参与)金融教育可能是自我选择的结果，接着使用倾向得分匹配方法克服自我选择偏差，综合考虑了核匹配法、半径匹配法和最近邻匹配法等匹配方法和"AI稳健标准误"以及工具变量法对实证结果进行估计。最后，考虑到家庭社会互动的异质性，本章进一步考察了社会互动对金融教育效果的影响。研究结果显示：(1)接受过金融教育可以提高家庭资产组合的分散化程度以及资产组合的有效性；(2)接受过金融教育的家庭制定理财规划的可能性更高，制定理财规划的年限更长；(3)接受过金融教育的家庭更容易得知在使用金融产品或服务的过程中当其权益受到损害时如何寻求帮助；(4)金融教育对上述金融行为的改善效果在社会互动较高家庭中表现得更突出；(5)金融教育会通过提高消费者的主观和客观金融素养从而影响居民家庭的金融行为。

第 10 章　认知能力与金融素养

10.1　引言

自 2008 年金融危机发生以来,金融素养的重要性引起了学术界、实务界以及政府层面的广泛关注。大量文献的研究结果表明,金融素养是影响居民家庭作出合理金融决策的重要因素。非理性的金融决策不仅会在微观层面降低居民家庭的金融福祉,还可能在宏观层面对社会稳定和经济发展产生巨大的负面冲击。例如,2008 年全球性金融危机的导火索之一就是居民家庭的过度借贷。但颇为让人不解的是,上述现象恰恰发生在最为重视金融教育且全社会居民金融素养水平较高的美国。事实上,Lusardi和 Mitchell(2014)指出,全世界的金融文盲率高到令人担忧,相当多的人不理解与金融事件有关的简单概念,绝大多数国家(地区)居民的金融素养水平整体比较低。金融素养与居民的福利效用甚至幸福感都息息相关,金融素养较低的居民更容易受到不诚实的正规金融机构和非正规金融机构的欺骗和误导,使投资遭受损失;而金融素养较高的居民则相对具有更好的风险辨识能力,也更容易获取较高的投资组合收益。在美国,Lusardi 等(2017)测算发现,家庭财富不平等的 30%—40% 是由金融素养水平的差距引起的。这充分说明,金融素养的提升不仅关乎居民的切实利益,更加关乎社会的财富公平。正因如此,各国政府自危机以来高度重视全民金融素养的提升,并制定了有针对性的计划。科学地研究金融素养的影响因素是完善金融素养提升计划的前提。以 Hastings 等(2013)、Lusardi 等(2010)和 van Rooij 等(2012)为代表的已有文献更多地聚焦于人口特征和社会经济因素等近因(例如,性别、年龄、收入、学历、职业、婚姻状况、种族等等)。这些文献对于发现低金融素养目标群体具有重要的识别价值,但上述研究难以转化为行之有效的公共政策,因为这些因素往往是外生给定的,不是影响金融素养的深层次驱动因素,不受政策干预的影响。

上述研究也在一定程度上掩盖了影响金融素养更深层次的决定因素。近年来，Stromback 等（2017）和 Skagerlund 等（2018）发现诸如算术、自信、自我效能、自我控制和数学焦虑等因素是金融素养的重要预测因子，而这些因素大多指向一个重要的个体特征——认知能力。理论上讲，认知能力是决定金融素养的重要因素。一方面，认知能力较高的居民拥有更强的记忆能力、更加卓越的分析能力和数学能力，从而在学习方面的效率更高，甄别信息的能力也更强，这是居民不断强化其素养水平的内在动力，金融素养当然也包括在基本素养水平之内；另一方面，认知能力较高的居民能够接触到更多的外部信息，在搜集信息方面也表现出更强的技能，这有助于为居民提升素养水平营造良好的外部条件。Lusardi 等（2017）认为金融素养是一项人力资本，而获得额外的金融知识需要与时间和金钱有关的学习成本，认知能力正是人力资本提升的源动力。Melisa 等（2020）指出，认知能力是一个效率参数，它决定了额外金融素养生产函数中投入的生产效率。认知能力越高，金融素养的投入越有效，成本越低。正因如此，认知能力和金融素养之间的关系被预期为正向的。已有文献更多地探讨了认知能力与居民金融行为、经济结果的关系。例如，Hanushek 和 Woessmann（2008）研究发现，认知能力越高的人，工资水平越高，而且两者之间的分布非常相似。Grinblatt 等（2011）研究指出，认知能力高的居民，参与股票市场的可能性越大。周洋等（2018）的经验证据表明，认知能力越高的家庭，受到金融排斥的可能性越小。以中老年家庭为研究对象，崔颖和刘宏（2019）发现，认知能力通过风险感知渠道影响家庭风险资产的投资。李雅娴和张川川（2018）指出，认知能力对中老年家庭的消费具有显著地促进作用。

基于此，本章首先选取 2012 年中国家庭追踪调查数据（CFPS2012）探讨认知能力对居民家庭资产的理性选择行为的影响；然后选取 2018 年中国家庭追踪调查数据（CFPS2018）探讨了认知能力对居民金融素养的影响。最主要的是研究发现，在控制户主个人特征及家庭特征后，户主的认知能力显著正向影响其金融素养水平，在内生性处理后研究结论保持一致。本章可能的边际贡献在于：（1）首次以具有中国国民代表性的样本研究了认知能力对居民金融素养水平的影响，这有助于制定有效的金融素养提升计划；（2）考虑到可能存在的内生性，以居民早期的认知能力作为其当期认知能力的工具变量，较好地克服了内生性问题所引起的偏差。

10.2 数据来源与指标构建

10.2.1 数据来源

本章使用的数据来自北京大学中国社会科学调查中心执行的中国家庭追踪调查数据(CFPS)。截至目前,北京大学中国社会科学调查中心已向外公布了 2010 年、2012 年、2014 年、2016 年、2018 年和 2020 年共 6 轮次的调查数据,都详细记录了家庭成员的人口学特征,各年问卷也都调查了居民的认知能力,但不同年份有关认知能力相关的问项并不完全一致。其中 2010 年、2014 年与 2018 年调查问卷中认知模块的问项基本一致,2012 年、2016 年和 2020 年调查问卷中认知模块的问项基本一致。其中 2018 年的调查问卷中还包含金融素养的相关问项以及只有 2012 年的调查问卷详细记录了家庭股票、基金、国债等各类资产的价值。因此,本章主要选择 CFPS2012 年数据探索认知能力对居民家庭理性投资的影响,选择 CFPS 2018 的调查数据考察认知能力对居民金融素养的影响。为了解决可能存在的内生性的影响,选择了两阶段最小二乘法予以纠正。

10.2.2 指标构建

首先借鉴 Shin 等(2020)做法,使用资产种类指标(记为 *count7*)和基于赫芬达尔-赫斯曼指数(Herfindahl-Hirschman Index)为基础开发的多元化指数指标(记为 *div7*)。其中资产类别包括现金和存款、政府债券、股票、基金、金融衍生产品、其他金融资产、其他房产等 7 类。资产种类指标依据家庭 7 类资产中持有多少类为依据,持有多少类就赋值为多少。而多元化指数指标的计算公式具体为:

$$div7 = 1 - \sum_{i=1}^{7} \left(\frac{w_i}{w} \right)^2 \tag{10.1}$$

其中 w_i 表示第 i 种资产的价值,w 表示 7 种资产价值的总和。根据本章资产种类的数目,理论上多元化指数 *div7* 的范围是[0,0.857 1],值越大代表多元化程度越好,0 表示家庭只持有 1 类资产,0.857 1 表示 7 类资产的份额是平均配置。

其次,使用目前广为使用的复利计息、通货膨胀和风险认知等 3 个方面问题构造金融素养。因此，本章的金融素养实际上是指客观金融素养。首先，借鉴尹志超等(2014)的做法，用因子分析法构造金融素养指标，具体的做法是对每一个问题构造两个哑变量。第1个哑变量是当受调查者回答正确时，取值为1，否则为0；第2个哑变量是考察受调查者是否直接回答，如果受调查直接回答，不管答对还是答错，均取值为1，否则为0。因此，依据3个问题构造6个哑变量。然后对这6个哑变量通过因子分析法构造金融素养变量，本部分也将使用该方法得到的金融素养称为"金融素养（因子分析）"，用 fl 表示。其次，用受访者正确回答问题的数量来衡量其金融素养，受访者每答对一个问项得1分，答错为0分。理论上，受访者最大得分为3，最小得分为0。把用该方法得到的金融素养称为"金融素养（得分加总）"，用 $fl1$ 表示。

然后，是认知能力变量的构造。目前对认知能力的度量主要有两类：一类是 Toplak 等(2014)和宗计川等(2017)的做法，使用7个关于计算的题项（记为CRT7）考察受调查者的认知能力；另一类是从数学能力、字词能力和记忆能力等方面考察受调查者的认知能力，这一类在国内又分为两种情况，一种是使用数学能力和字词能力构造受调查者的认知能力（孟亦佳，2014；李雅娴和张川川，2018），另一种是使用数学能力、字词能力和记忆能力构造受调查者的认知能力（李涛等，2017）[①]。Toplak 等（2014）和宗计川等(2017)中7个关于计算的题目类型丰富、更全面；李雅娴和张川川(2018)则是使用5道数学减法题衡量受调查者的数学能力；而孟亦佳(2014)和李涛等(2017)均使用数列题考察受调查的数学能力，类型单一，但可以更好地避免受调查者猜测答案以及考察受调查者的逻辑能力。

借鉴孟亦佳(2014)、李雅娴和张川川(2018)的做法，本章选用字词能力和数学能力两个维度构造居民的认知能力指标。在CFPS2018"认知与身体能力测量"部分，访员首先在8个表（每个表的字词都是按从简单到难的顺序排列，且均包含34个字词）中任选一个表，让受调查者用普通话读出来，如果受访者连续3个字词不会读或读错或已经读到第34个字词，则字词测试结束。受调查者读对字词的个数为该受调查者的字词得分，理论上字词能力最高分为34分，最低分为0分。然后在4组数学试题（每组试题都是按从简单到难的顺序排列，且每组试题均包含24道题）中，随机选择一组测

[①] 构造认知能力是只包含数学能力和字词能力还是三种能力都包括，取决于问卷所包含的问项。而且李涛等(2017)发现对创业有稳健影响的是数学能力，字词能力则不稳健，而记忆能力则都不显著。

试受调查者的数学能力,当受调查者有连续 3 道题不会回答或回答错误或已经答完 24 道题,则数学能力测试结束。受调查者答对的数学题数量为其数学能力得分,理论上数学能力最高分为 24 分,最低分为 0 分。由于认知能力每个维度的长度不一样,为了便于比较,首先将字词能力和数学能力的得分进行标准化处理(分别记为 *word* 和 *math*),即均值都为 0,方差为 1,然后将标准化后的字词能力和数学能力相加,得到综合认知能力,记为 *cognitive*。在稳健性检验部分,本章同时使用字词测试和数学测试的原始得分度量受访者的字词能力和数学能力,分别记为 *word1* 和 *math1*,然后把两者相加得到另一个综合认知能力,记为 *cognitive1*。

在实证分析中还加入包括户主特征和家庭特征两方面的控制变量。户主特征变量包括:年龄(*age*),年龄的平方(*age2*);性别(*female*),当户主为女性时取值为 1,否则为 0;婚姻状态(*married*),若户主已婚取值为 1,否则为 0;受教育程度通过 3 个虚拟变量进行控制,初中及以下、高中或中专、大专及以上,分别记为 *jun*、*sen*、*col*;健康状况(*health*),用 1—5 表示,1 表示很差,5 表示很好;对政治信息的关注程度(*political*),用每周通过电视等媒介了解政治信息的天数衡量;风险态度(*aversion*),用 1—5 表示,1 表示风险厌恶程度最高,5 表示风险厌恶程度最低。家庭特征变量包括:家庭年收入(ln*inc_fam*)、家庭总资产(ln*asset*)、家庭非住房资产(ln*nasset*)、家庭住房资产(ln*h_asset*)、老年抚养比(*old_f*)和幼儿抚养比(*child_f*)。在具体的回归分析中,为了降低可能存在异方差的影响,家庭年收入、家庭总资产、家庭非住房资产和住房资产均加 1 取对数。

10.3　认知能力的有效性分析

10.3.1　研究设计

本章利用家庭"资产组合分散化指数"和"资产组合的种类"来衡量认知能力是否有效。资产组合分散化指数是连续变量,资产种类也是多值变量,故选择普通最小二乘法(OLS)进行实证检验。具体的模型设计如式(10.2)所示:

$$Y = cons + \alpha * cognitive + \beta * X + \varepsilon \qquad (10.2)$$

其中,*Y* 代表 2 个被解释变量——"家庭持有资产种类数"(*count7*)和"资产组合分散化指数"(*div7*);*cognitive* 表示"消费者的认知能力",*X* 代表控制变量,cons 是截距项,$\varepsilon \sim N(0,\sigma^2)$。

10.3.2 基准回归结果及分析

表 10.1 是认知能力对家庭资产组合分散化的回归结果。(1)和(4)是双变量的回归结果,从回归结果可以看到,综合认知能力对家庭资产类别、多元化指数均有显著的正向影响,且都在 1% 的水平上显著。(2)和(3)是加入家庭特征变量和户主特征变量后的回归结果。结果显示,综合认知能力的系数除了变小外,均依然在 1% 的水平上显著正向影响着家庭资产组合的分散化。一般来说,投资者在制定投资决策的时候,投资者必须综合各种有关经济状况和各种资产过去表现的信息,包括交易成本、资产波动性和资产收益率之间的协方差。而聪明的投资者可能会更加专注,能够接触到更好的信息网络,在收集信息方面表现出更强的技能,甚至可能更善于解释所获得的信息。这些投资者也可能拥有优越的学习能力,因为他们有更强的记忆能力和卓越的分析和数值能力,甚至有更高的金融素养,如 Delavand 等(2008)和 Lusardi 等(2017)均认为认知能力是获得额外金融知识成本的关键因素。认知能力存量越高,对金融素养的投入就越有效,成本也越低,而金融素养则被认为是影响投资者作出合理决策的重要因素(Lusardi 等 2017;吴锟等,2020)。聪明的投资者可能会遵循适应性策略,从过去的行为中总结经验和吸取教训,并在失败时改变投资策略。因此认知能力除了可能直接影响家庭资产组合的分散化之外,还可能通过提高户主的金融素养从而间接正向影响家庭资产组合的分散化。总的来说,聪明的人更容易获得更好的信息和对信息作出更好的解释,并将在随后制定更为理性的投资策略。

表 10.1　认知能力对资产组合分散化的影响

变量	count7			div7		
	(1)	(2)	(3)	(4)	(5)	(6)
cognitive	0.066*** [0.003]	0.022*** [0.003]	0.120*** [0.024]	0.013*** [0.001]	0.005*** [0.001]	0.024*** [0.006]
ln inc_fam		0.036*** [0.003]	0.021*** [0.005]		0.006*** [0.001]	0.003** [0.001]
ln nasset		0.078*** [0.004]	0.073*** [0.004]		0.022*** [0.001]	0.021*** [0.001]
ln h_asset		0.023*** [0.001]	0.021*** [0.001]		0.003*** [0.000]	0.003*** [0.000]

续表

变量	count7			div7		
	(1)	(2)	(3)	(4)	(5)	(6)
age		0.057** [0.028]	0.097*** [0.032]		0.012* [0.007]	0.021** [0.008]
age2		−0.003 [0.003]	−0.003 [0.003]		−0.001 [0.001]	−0.001 [0.001]
female		0.062*** [0.010]	0.101*** [0.014]		0.009*** [0.002]	0.017*** [0.003]
married		−0.019 [0.014]	−0.044*** [0.016]		−0.010*** [0.004]	−0.015*** [0.004]
sen		0.110*** [0.018]	−0.118** [0.058]		0.021*** [0.005]	−0.022 [0.014]
col		0.421*** [0.034]	0.171** [0.069]		0.066*** [0.007]	0.018 [0.016]
health		−0.006 [0.004]	−0.012*** [0.004]		−0.001 [0.001]	−0.003** [0.001]
child_f		−0.039 [0.027]	0.011 [0.031]		−0.002 [0.007]	0.008 [0.008]
old_f		0.031 [0.022]	−0.002 [0.025]		0.011** [0.006]	0.006 [0.006]
Constant	1.185*** [0.004]	−0.470*** [0.091]	−0.450*** [0.097]	0.036*** [0.001]	−0.316*** [0.023]	−0.312*** [0.024]
Obs	10,912	10,497	10,224	10,912	10,497	10,224
R^2	0.059	0.204	0.134	0.042	0.143	0.097
一阶段 F 值			269.353			269.353
工具变量 t 值			16.41			16.41
DWH Chi2/F 值			24.892			15.285
p-value			0.000			0.000

　　注:括号中为稳健标注误,***、**和*分别表示在1%、5%和10%的水平上显著。本章其他表格与此相同。表10.1和表10.2中的认知能力由2010年调查数据构造。

　　控制变量方面,家庭总收入、非房产资产和房产资产等均对家庭资产组合分散化有显著的正向影响,这可能是收入和财富越多的家庭,才更有实现家庭资产组合分散化的物质基础。在户主特征方面,户主是女性以及户主的学历均显著正向影响家庭资产组合的分散化。与男性相比,女性做事更为谨慎;而户主学历越高,越能明白分散化的好处。户主健康状况则对家庭资产组合的分散化产生负面影响。

尽管在表10.1的模型(1)、(2)、(4)和(5)的回归中,户主的认知能力使用的是前一期的调查数据衡量,在一定程度上可以减轻户主在制定金融决策的过程中提高自己的认知能力的影响,但本部分的数据并不能完全确定家庭2012年持有的各类资产就是2010年以后发生的。因此,并不能完全克服反向因果引起的内生性;另外,精确度量认知能力本身是非常困难的,而且还可能存在同时影响认知能力和资产组合多元化的遗漏变量等。总之,认知能力可能是内生变量。为了克服可能存在的内生性,本部分进一步使用工具变量法。工具变量法的最大挑战之一就是工具变量的选择。有效的工具变量首先需要满足相关性和外生性。认知能力是指通过知觉、判断、感念或者想象获取知识的过程。认知能力的提高除了与人的遗传有关外,还与人的后天培养有关,但不管是遗传还是后天的培养都与父母的能力息息相关。因此,本部分选择户主父母中最高的教育水平作为户主认知能力的工具变量。首先,户主的认知能力与父母中最高的教育水平相关;其次,户主的资产选择行为一般不会影响父母的受教育水平。用户主父母中最高的教育水平作为户主的认知能力的工具变量满足相关性和外生性。表10.1中的(3)和(6)报告的是使用父母中最高的教育水平作为认知能力工具变量的两阶段最小二乘法的估计结果。一阶段F值高达269.353,t值为16.41,表明父母中最高的教育水平不是户主认知能力的弱工具变量。(3)和(6)列的DWH检验显示认知能力存在内生性,在1%或5%的水平上显著。最主要的是,两阶段最小二乘法的估计结果进一步表明,认知能力对家庭资产组合的分散化有显著的促进作用。

10.3.3 稳健性检验

10.3.3.1 使用不同的子样本

考虑到现实中父母可能会对子女家庭的金融决策产生一定的作用或影响。如果是这样的话,用父母的最高教育水平作为户主认知能力工具变量克服可能存在内生性的影响就存疑。为了尽可能地克服父母产生的直接影响,进一步使用父母不在世的子样本验证认知能力对家庭资产组合多样性的影响。表10.2中的(1)—(4)报告了父母不在世子样本家庭户主认知能力对家庭资产组合多样性的影响,结果显示,认知能力的提高会显著提升家庭资产持有的种类和资产组合多样性指数。

表 10.2　认知能力对资产组合分散化的影响(不同子样本与回归方法)

变量	count7		div7		count7		div7	
	(1)	(2)	(3)	(4)	(5)	(6)	(7)	(8)
cognitive	0.124*** [0.025]	0.133*** [0.047]	0.023*** [0.006]	0.023** [0.011]	0.194*** [0.008]	0.075*** [0.012]	0.072*** [0.003]	0.026*** [0.004]
lnasset		0.047*** [0.007]		0.015*** [0.002]		0.253*** [0.013]		0.093*** [0.004]
其他变量		控制		控制		控制		控制
Obs	3,871	3,732	3,871	3,732	10,912	10,497	10,912	10,497
一阶段 F 值	115.861	49.978	115.861	49.978				
工具变量 t 值	10.76	7.07	10.76	7.07				
DWH Chi2/F 值	13.998	8.138	6.528	3.534				
p-value	0.000	0.004	0.011	0.060				

10.3.3.2 使用不同的模型

由于资产类别具有天然的排序性质，多元化指数则满足归并数据性质。因此，分别选择 Oprobit 模型和 Tobit 模型探讨认知能力对家庭资产组合分散化的影响。表 10.2 中的(5)—(8)报告了使用不同模型的回归结果。其中(5)和(6)是 Oprobit 模型的回归结果，(7)和(8)是 Tobit 模型的回归结果。结果显示户主的认知能力依旧会显著影响家庭的资产组合多样性，且均在 1‰水平上显著。

表 10.2 的结果进一步证实了户主的认知能力有助于提高家庭的资产组合分散化。

10.4 认知能力对居民金融素养的影响

上文发现认知能力的提高有助于居民家庭更加理性的投资，那么认知能力是为何会影响居民家庭的投资决策呢？尽管上文分析认为有可能是认知能力高的居民的金融素养更好，接下来进一步更严谨地讨论认知能力对居民金融素养的影响。

10.4.1 基准回归结果及分析

使用普通最小二乘法考察认知能力对居民金融素养水平的影响。表 10.3 的 OLS(1)、OLS(2)和 OLS(3)是主要的回归结果。人口统计学特征方面，家庭资产、户主学历、健康状态、对政治信息的关注程度与风险态度等变量均显著正向影响消费者的金融素养水平，这与 Lusardi 等(2017)的发现是基本一致的。一方面，家庭的资产越多，为了实现资产的保值增值，户主越有动力学习金融知识以提高自身的金融素养；另一方面，学习金融知识除了需要时间之外，还需要与金钱相关的成本。因此，越富裕的家庭才越可能或越愿意承担相关的成本。学历水平越高的户主，在学习和理解金融知识方面越容易，因此户主学历与其金融素养水平呈正相关关系。户主越健康，才能有更多的精力和更多的时间去学习额外的知识。关注政治信息的居民也会更加注重提高自身的金融素养。可能的原因在于，对政治信息较为敏感的居民更容易洞悉供给侧改革背景下金融市场"内涵式"发展的大趋势，并进行有针对性的学习。越偏好风险的居民，金融素养越好，这大概是因为参与风险投资的动机驱使居民主动进行金融素养提升。性别与居民的金融素养水平之间呈现负相关的关系，但回归系数并不显著。最为重要的是,综合认知能力显著地正向影响居民的金融素养水平。一个可能的原因是认知能力越高的人,其内在学习效率越高,也更可能通过更多的外部渠道学习金融知识,从而提高自身的金融素养水平。

由于本部分所界定的综合认知能力包括字词能力和数学能力两个维度,每个维度提供的信息可能是不一样的。因此,进一步考察这两个维度的能力对居民金融素养水平的影响。OLS(2)列和 OLS(3)列分别报告的是字词能力和数学能力对消费者金融素养水平的影响。可以看到,字词能力对金融素养的影响系数为正,但并不显著;而数学能力依然正向影响消费者的金融素养水平,并且在 1% 的水平上显著。

表 10.3　居民的认知能力对金融素养的影响

变量	fl					
	OLS(1)	OLS(2)	OLS(3)	2SLS(4)	2SLS(5)	2SLS(6)
$cognitive$	0.030** [0.012]			0.038** [0.018]		
$word$		0.023 [0.018]			0.037 [0.029]	
$math$			0.075*** [0.023]			0.146*** [0.056]
$\ln inc\_fam$	0.008 [0.016]	0.010 [0.016]	0.009 [0.016]	0.006 [0.016]	0.008 [0.016]	0.005 [0.016]
$\ln asset$	0.070*** [0.013]	0.072*** [0.013]	0.069*** [0.013]	0.069*** [0.013]	0.071*** [0.013]	0.065*** [0.013]
age	−0.003 [0.002]	−0.004** [0.002]	−0.002 [0.002]	−0.002 [0.002]	−0.004* [0.002]	0.000 [0.003]
$female$	−0.039 [0.030]	−0.041 [0.030]	−0.038 [0.030]	−0.038 [0.030]	−0.040 [0.030]	−0.034 [0.030]
$married$	−0.040 [0.041]	−0.039 [0.041]	−0.040 [0.041]	−0.041 [0.040]	−0.040 [0.040]	−0.042 [0.040]
sen	0.141*** [0.041]	0.168*** [0.039]	0.119*** [0.042]	0.127*** [0.047]	0.159*** [0.043]	0.060 [0.062]
col	0.401*** [0.051]	0.439*** [0.048]	0.365*** [0.054]	0.381*** [0.059]	0.428*** [0.052]	0.279*** [0.084]

变量	fl					
	OLS(1)	OLS(2)	OLS(3)	2SLS(4)	2SLS(5)	2SLS(6)
health	0.037*** [0.013]	0.037*** [0.013]	0.036*** [0.013]	0.036*** [0.013]	0.037*** [0.013]	0.035*** [0.013]
political	0.011** [0.005]	0.011** [0.005]	0.011** [0.005]	0.010* [0.005]	0.011** [0.005]	0.009* [0.005]
aversion	0.011*** [0.004]	0.011*** [0.004]	0.011*** [0.004]	0.010*** [0.004]	0.011*** [0.004]	0.011*** [0.004]
child_f	−0.148 [0.095]	−0.141 [0.095]	−0.169* [0.095]	−0.149 [0.096]	−0.137 [0.096]	−0.190* [0.098]
old_f	−0.063 [0.059]	−0.047 [0.059]	−0.080 [0.060]	−0.071 [0.059]	−0.051 [0.058]	−0.117* [0.064]
constant	−1.138*** [0.204]	−1.151*** [0.205]	−1.166*** [0.203]	−1.121*** [0.200]	−1.131*** [0.201]	−1.151*** [0.199]
obs	3 529	3 529	3 529	3 074	3 074	3 074
R-squared	0.103	0.101	0.104	0.103	0.101	0.101
一阶段 F 值				970.852	1 079.39	411.58
工具变量 t 值				31.160	32.850	20.290
DWH Chi2/F 值				0.483	0.388	1.927
p-value				0.487	0.533	0.165

注:考虑到风险偏好以及家庭资产和收入与金融素养之间也可能存在双向因果关系,也进一步使用2010年户主的风险偏好、家庭资产和收入替代2018年对应的数据,具体结果未报告。

需要注意的是,居民在提高金融素养水平的过程中可能同时提高了自身的认知能力。例如,为了掌握更加高深的金融知识,居民会加强数理学习,从而提升了数学能力。也就是说,认知能力和金融市场可能存在逆向因果关系。另外,可能会遗漏同时影响居民金融素养和认知能力的不易度量的变量。同时,要准确度量居民的金融素养和认知能力本身都是困难的,换句话说金融素养和认知能力测量本身也可能存在测量误差。这三方面的共同影响,导致普通最小二乘法的回归结果由于内生性存在一定的偏误。考虑到本部分使用的是截面数据,因此,本部分选择工具变量法来克服内生性问题。有效的工具变量需要满足相关性和外生性。Jappelli 和 Padula (2013)从理论和实证两方面均指出,个人早期的金融素养是其后期金融素养水平的一个理想的工具变量。于是,受其启发,本部分使用户主 2010 年的认知能力作为其 2018 年认知能力的工具变量。首先,户主当期的认知能力与其早期的认知能力相关,会受到早期认知能力的影响;其次,户主现在的金融素养水平不会影响其早期的认知能力。因此,户主早期的认知能力满足相关性和外生性的要求。表 10.3 中的 2SLS(4)、2SLS(5)和 2SLS(6)列是对应的两阶段最小二乘法(2SLS)的估计结果,对应的工具变量分别为户主早期的综合认知能力、早期的字词能力和早期的数学能力。一阶段回归的 F 值分别为 970.852、1 079.39 和 411.58,工具变量的 t 值分别为31.16、32.85 和 20.29。根据经验法则,表明户主早期的认知能力并不是弱工具变量。同时,DWH 对应的 P 值分别为 0.487、0.533 和 0.165,这表明本文的内生性并不严重。最关键的是,认知能力对金融素养的影响与普通最小二乘法(OLS)的估计结果在方向上和显著性水平上是一致的。这进一步表明,认知能力是影响居民金融素养水平的一个非常重要的因素,认知能力高的户主的金融素养水平更高。

10.4.2 稳健性检验

10.4.2.1 采用其他方式度量认知能力和金融素养

由于本部分使用的是截面数据,认知能力的标准化处理可能会抹杀原始变量的离散程度,同时金融素养的因子分析可能会忽略某些信息。接下来,本节从认知能力和金融素养水平的不同度量两个方面进一步进行基准回归,以验证实证结果的稳健性。表 10.4 报告的是使用普通最小二乘法(OLS)估计的相关结果。其中,第(1)、(2)和(3)列的认知能力是使用原始调查数据作为度量,而金融素养的度量保持与表 10.3 中一致。可以看到,认知能力对消费者金融素养的影响与表 10.3 中的结果相比较,除了系数大小外,方向和显著性基本一致。第(4)、(5)和(6)列的金融素养是使用加总得分作为度量,而认知能力的度量则与表 10.3 中一致。可以看到,综合认知能力与数学能力依然显著正向影响消费者的金融素养水平。此时字词能力系数也变得在 1% 的水平上显著。表 10.4 的结果进一步表明,本部分的结果是比较稳健的。

表 10.4 居民的认知能力对金融素养的影响(不同的度量)

变量	fl			变量	fl1		
	(1)	(2)	(3)		(4)	(5)	(6)
cognitive1	0.003** [0.002]			cognitive	0.131*** [0.012]		

变量	*fl*			变量	*fl1*		
	(1)	(2)	(3)		(4)	(5)	(6)
word1		0.003 [0.002]		*word*		0.168*** [0.019]	
math1			0.014*** [0.004]	*math*			0.242*** [0.024]
其他变量	控制	控制	控制		控制	控制	控制
obs	3 529	3 529	3 529	obs	3 074	3 529	3 074
R^2	0.102	0.101	0.104	R^2	0.194	0.184	0.189

10.4.2.2 按户主是否退休分组

户主退休前后,收入会发生较大的变化,生活方式也可能会随之改变。在退休之前,居民通过工作养家糊口,为退休后的生活积累储蓄;退休后,也需要尽可能地让自己持有的财富实现保值增值,维持一贯的生活水平。无论认知能力还是金融素养,都可能会随着年龄的变化而变化,那么基准回归结果可能会受到退休的影响。接下来,本节按照户主是否退休分组,考察户主认知能力对其金融素养水平的影响。

表10.5报告的是使用普通最小二乘法(OLS)估计的户主认知能力对其金融素养水平影响的回归结果。其中,(1)、(2)和(3)列报告的是户主非退休家庭子样本的回归结果,(4)、(5)和(6)列报告的是户主退休家庭子样本的回归结果。可以看到,在户主非退休家庭,户主的综合认知能力和数学能力对其金融素养水平的影响依然为正,均在5%的水平上显著,而字词能力对其金融素养水平的影响虽然为正,但不显著。在户主退休家庭,户主认知能力变量对其金融素养的影响与基准回归结果基本一致。表10.5的回归结果进一步显示,本章的回归结果是比较稳健的。

表10.5 居民的认知能力对其金融素养的影响(按户主是否退休分类)

变量	*fl*(户主非退休家庭)			*fl*(户主退休家庭)		
	(1)	(2)	(3)	(4)	(5)	(6)
cognitive	0.027** [0.013]			0.043** [0.020]		
word		0.022 [0.021]			0.045 [0.030]	

变量	fl（户主非退休家庭）			fl（户主退休家庭）		
	(1)	(2)	(3)	(4)	(5)	(6)
$math$			0.067** [0.026]			0.105*** [0.040]
其他变量	控制	控制	控制	控制	控制	控制
obs	2 567	2 567	2 567	962	962	962
R^2	0.129	0.128	0.129	0.076	0.074	0.078

10.4.3 认知能力的群体性差异分析

表 10.3—表 10.5 的回归结果综合显示,认知能力对居民的金融素养水平具有显著的正向影响。这也意味着,对于居民认知能力的异质性分析非常重要。由于居民认知能力是可以政策干预的变量,因此识别低认知能力的居民,进行有针对性的认知能力提升,或者直接进行金融素养提升,或具有更佳的政策效果。

表 10.6 进一步描述了综合认知能力在不同学历、性别、年龄组中的分布情况。从 A 部分教育程度分组可以看到,在低学历组(jun)中,低综合认知能力的居民占比达到 37.6%,高综合认知能力的居民只占比 4.2%;而在中等学历组(sen)和高学历组(col)中,低综合认知能力的居民占比分别只有 6.1% 和 1.2%,而高综合认知能力居民的占比则分别达到 45.4% 和 81.7%。而从综合认知能力的均值可知,综合认知能力的均值从低学历组的 -0.825 分别上升到中等学历组的 0.990 和高学历组的 2.063。这说明,平均而言居民的学历越高,综合认知能力越高,但综合认知能力与学历并非完全替代关系。从 B 部分性别分组的结果可以看到,男性与女性居民综合认知能力的均值分别为 0.098 和 -0.091。男性的综合认知能力略高于女性,产生这种差异的原因可能是由于女性群体中极低综合认知能力的居民占比比男性群体多 5.8 个百分点。从 C 部分的年龄分组可以看到,平均而言随着年龄的增大,消费者的综合认知能力呈现下降的趋势。在最低年龄组,高综合认知能力居民的占比较高;而在最高年龄组,低综合认知能力居民的占比较高。具体表现为,随着年龄的增长,综合认知能力最高居民的占比从年龄最低组的 57.1% 下降到年龄最高组的 8%,综合认知能力最低居民的占比

表10.6　按户主特征分类的综合认知能力

教育程度(A)	综合认知能力					
	1(低)	2	3	4(高)	平均值	观测值
jun	0.376	0.314	0.268	0.042	-0.825	2 335
sen	0.061	0.195	0.290	0.454	0.990	765
col	0.012	0.034	0.138	0.817	2.063	567
性别(B)						
male	0.224	0.273	0.252	0.252	0.098	1 773
female	0.282	0.221	0.253	0.244	-0.091	1 894
年龄(C)						
25—34	0.044	0.087	0.298	0.571	1.499	366
35—44	0.068	0.084	0.319	0.528	1.233	689
45—54	0.230	0.309	0.278	0.184	-0.035	1 037
55 及以上	0.406	0.318	0.196	0.08	-0.913	1 545

则从年龄最低组的 4.4% 上升到年龄最高组的 40.6%。该结果表明,随着年龄的增长,综合认知能力会逐渐降低;由于本文使用的是截面数据,这一原因也可能是群体差异。

表 10.6 的结果深刻表明,制定提高居民金融素养方案时要充分考虑不同学历组、不同性别组和不同年龄组认知能力的差异。

10.5　小结

已有研究表明,一些人口统计学特征可以解释居民金融素养水平的差异。然而,这些特征往往会掩盖一些深层次的因素。本章提供了全新的证据,探讨了影响居民金融素养水平的根本性因素。具体而言,本章使用普通最小二乘法(OLS)以及两阶段最小二乘法(2SLS)等实证方法首先分析了认知能力对居民家庭资产组合分散化的影响,然后考察认知能力与居民金融素养水平之间的关系。实证结果表明:(1)认知能力对居民家庭资产组合分散化有显著促进作用;(2)综合认知能力越高的居民,其金融素养水平也越高。就具体的认知能力而言,数学能力越强的人,其金融素养水平也越高。与此同时,家庭财富、户主学历、健康状态、对政治信息的关注程度以及风险态度均会显著正向影响居民金融素养水平。

第 11 章　金融素养与理财建议

11.1　引言

  21 世纪以来,中国的金融行业得到了前所未有的发展。由于金融行业本身具有分散性的特点,使得金融行业的大小难以被估计出来。因此,本章使用金融行业从业者的数据对家庭所能获得理财建议的难易程度进行一个大概的描述。图 11.1 报告了自 2003 年以来我国金融服务行业人员数量的变化趋势。finance 表示的是金融行业的从业人数,bank 表示的是银行系统的从业人数,security 表示的是证券行业的从业人数,insurance 表示的是保险行业的从业人数。从图 11.1 可以看出,从事金融行业的人数从 2003 年的 3 533 千人增长到 2021 年的 8 185 千人,增长了 132.67%,银行业的从业人数从 2003 年的 2 581 千人增长到 2021 年的 3 747 千人,增长了 45.18%,从事证券行业的人员从 2003 年的 65 千人增长到 2021 年的 369 千人,增长了 82.38%,从事保险行业的人员从 2003 年的 847 千人增长到了 2021 年的 3 943 千人,增长了 365.53%。

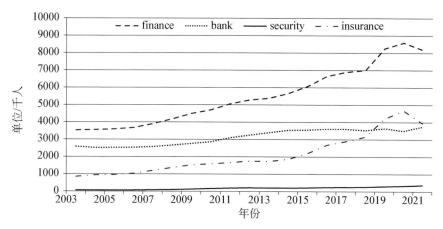

图 11.1　金融从业人员变化趋势

(注:数据来自相应年份的劳动统计年鉴)

从上图的统计数据可以看出,随着金融行业专业人士数量的不断增加,家庭获得的理财建议的可能性也随之增加。总体而言,金融行业的从业人员相较于普通消费者而言,他们获取信息与分析信息的能力更高,所作出的金融决策也更加专业,理论上消费者可能通过咨询专业人士来获取相关信息从而改善自己的金融决策。家庭能够比较容易地获得来自专业人士的理财建议,但这些理财建议是否能替代居民家庭的金融素养对家庭决策造成影响这一问题始终存在着争议。

而为何众多学者始终对寻求金融素养的替代方式这一问题给予相当大的关注呢?形成这种重视的原因一方面在于金融素养本身的重要性,自2008年金融危机的爆发起,社会就对全体公民的金融素养提出了更为严格的要求。出现这种情况的原因是,在美国对这场金融危机的爆发原因进行总结分析时,美国总统金融素养咨询委员会(PACFL)2008年就曾指出消费者缺乏必要的金融素养导致有偏的金融决策是一个根本原因。近年来,这方面的研究显示:(1)消费者对基本的金融常识与金融产品知之甚少,在低收入与低学历家庭中表现得更为明显(Lusardi 和 Mitchell, 2011a;Atkinson 和 Messey, 2012;吴卫星等,2018);(2)金融素养是影响居民家庭金融行为的一个重要因素,以往的实证研究结果显示,金融素养低的家庭其市场参与程度相对而言也更低,家庭投资结构也存在一定不合理之处,家庭投资组合分散化程度也较为不充分,其更容易出现过多负债和更偏向于通过非金融渠道进行借贷等行为(Klapper 等,2013;尹志超等,2014;曾志耕等,2015;吴卫星等,2018;郑路和徐旻霞,2021;蔡庆丰等,2022)。这些被Campbell(2006)定义为错误的金融行为不仅影响着相当多居民家庭的金融福利,也影响着社会不断进步的步伐。而另一方面,提高金融素养所需的普惠金融教育需要耗费大量的人力、物力以及财力,同时也需要大量的时间成本,这也就表明如果能找到一个相对合理的替代方式可以修正居民家庭的有偏金融决策,将使得居民金融福利得以提升,社会经济也得以更好的发展。

分析理财建议是否能替代金融素养以改善家庭的金融决策时,需要对二者之间存在的关系进行探究。理论上来讲,正如 Calcagno 和 Monticone(2015)所指出的金融素养水平比较高的投资者能更好地理解金融产品和相关概念,他们更容易进入金融市场,而金融素养低的投资者可以通过向专业人员咨询获取相关信息从而进入金融市场。Hung 和 Yoong(2010)研究显示低金融素养者在收集和处理信息方面有更高的障碍,更可能希望通过聘请顾问来节省更多的信息搜索成本,因此他们认为理财建议可以作为金融素养的替代。如果这个观点是正确的话,那么居民家庭金融素养低并不一定就意味着他们会作出糟糕的财务决策(Barthel 和 Lei, 2021),因为他们最起码可以从合格的机构获得专业的建议和指导。只要居民家庭在作出金融决策的时候能够听从理财顾问的建议,那么这些建议就可以作为他们亲自去学习的一种替代。这样也可以避免为了获取金融专业知识进而提高自身金融素养的努力。然而,两个问题可能破坏这样的观点。第一,当理财顾问同时还有一个金融产品销售者身份的时候,这样的专业建议可能是有偏的(Bolton 等, 2007;Inderst 和 Ottaviani, 2009;Stoughton 等, 2011;Inderst 和 Ottaviani, 2012b),而且这些有偏的建议可能并不会改善居民家庭的投资组合甚至是会使得家庭的金融决策变得更加糟糕(Bergstresser 等,2009;Mullainathan 等,2012;Shapira 和 Venezia, 2001)。Calcagno 和 Monticone(2015)研究发现理财顾问仅仅会向金融素养水平高的消费者提供他们的优势信息,而不会向金融素养水平低的消费者提供额外的信息,而且阅历丰富的投资者由于时间的机会成本更高,因此,他们可能有更高的咨询倾向。与这一观点一致,van Rooij 等(2011)发现,金融素养比较低的人更多地依赖非正式的理财建议来源,如朋友和家人,这一发现也在心理学文献中引起了共鸣。这个现象也类似于社会学中用来描述穷人变得越穷、富人变得越富的"马太效应"。来自一个关于墨西哥成年人的实验证据显示,比起那些更有经验的消费者来说,那些缺少见识的消费者从金融机构收到关于储蓄和信贷产品的信息更少(Gine 等,2013)。意识到理财顾问有卖理财产品动机的理性投资者,只有当他们的金融素养水平足够高的时候,他们才有可能会有专业建议的需求。否则他们宁愿依靠自己或亲戚朋友作出金融决策。第二,居民家庭可能没有对理财建议的需求。比方说,Bhattacharya 等(2012)观察到即使是公正和免费的专业建议都可能没有需求市场,因此他们认为公正的建议并不足以提高投资者的资产配置。他们的结论显示,对专业人员建议需求的问题可能在于需求方,而不是供给方。

同样,也有学者指出金融素养和金融咨询服务是相辅相成的(Stolpe 和 Walter, 2017;Kim 等,2021)。这是因为金融素养高的居民家庭更可能有对专业理财建议需求的观点可能与心理学研究的结论是一致的。那些对某一客观主题了解比较少的个人往往并不会意识到他们的无知,因此不会去寻找更好、更多的信息。也就是说,知识少的个人也更容易高估他们的能力,结果导致错误的决策(Kruger 和 Dunning, 1999)。因此,本章主要是使用中国家庭的微观调查数据验证理财建议不是金融素养的替代,金融素养高的居民家庭更可能通过咨询专业人员获取相关的理财信息。

11.2 数据来源和指标构建

11.2.1 数据来源

本章使用的数据来源于 2017 年中国家庭金融调查(China Household Finance Survey, CHFS)。该样本库详细调查了全国 29 个省(自治区、直辖市)355 个县(区、市)1428 个社区(村),共获得 40 011 户的信息。调查问卷涉及户主和家庭的基本信息、理财信息、资产与收入情况、退休保障、健康状况、金融素养、风险态度等具体情况,能够满足本章实证所需的变量构造。

11.2.2 指标构建

接下来,本章将利用中国家庭金融 2017 年调查问卷中的相关问题构建指标以检验家庭金融素养与理财建议需求之间的关系。在此之前先探讨理财建议对家庭资产组合有效性的影响,只有在理财建议对家庭资产组合有效性有正向促进作用的前提下探讨金融素养与理财建议需求之间的关系才有意义。因此,接下来主要是对构造核心解释变量、被解释变量以及控制变量进行详细说明。

11.2.2.1 核心解释变量

金融素养。目前度量金融素养的指标主要有两种,其实代表了金融素养的两个不同维度:客观金融素养指标和主观金融素养指标。

主观金融素养变量(st_self)。该指标依据受访者对"您平时对经济、金融方面的信息关注程度如何?"这一问题的回答来构建。其中,按照受访者回答"从不关注、很少关注、一般、很关注、非常关注"分别赋值为 1、2、3、4、5。此外,当受访者为 2015 年的追踪受访户时,使用 2015 年的对应数据补充。本章使用该问项作为"主观金融素养"的代理变量的原因在于当一个人认为自己的金融素养越高,越可能关注经济、金融方面的信息。

客观金融素养(st_know)。该指标则依据受访者回答问题"假设银行的年利率是 4%,如果把 100 元钱存 1 年定期,1 年后获得的本金和利息为?""假设银行的年利率是 5%,通货膨胀率每年是 3%,把 100 元钱存银行一年之后能够买到的东西将?"以及"您认为一般而言,股票和基金哪个风险更大?"三个问题的回答界定受访者的客观金融素养。三个问题中,答对一个问题记 1 分,答错则计 0 分,最终使用受访者答对问题得分数构建受访者客观金融素养这一指标。在稳健性检验部分，也对此三个问题使用因子分析法构造客观金融素养的大小。

11.2.2.2　被解释变量①

理财建议需求（*advice*）。Collins（2012）使用美国金融监管局（FINRA）在 2009 年调查的"国民金融能力调查"数据构造理财建议需求指标。该调查通过询问受调查者最近 5 年在作出下列相关金融决策时，是否咨询过金融专业人士：1. 负债决策；2. 储蓄或投资决策；3. 抵押贷款的选择；4. 任何种类保险的选择；5. 税收计划。这 5 种金融决策的类型都需要受调查者按"有"还是"没有"作答，如果受调查者选择"有"，则认为受调查者有理财建议需求，相应的 *advice* 记为 1，否则认为受调查者没有理财建议需求，*advice* 记为 0。然后依次分别考察影响这 5 种建议需求的因素。Calcagno 和 Monticone（2015）使用意大利最大银行（联合信贷集团）2006 年底有关客户的信息，即意大利联合信贷银行客户调查数据。这个代表性调查问卷中包含有：1. 投资决策完全由投资者自己决定，不咨询任何专业人员；2. 投资者告诉专业人员他们准备如何投资，并在咨询专业人员之后作决策；3. 投资者在考虑了专业人员建议之后作出投资决策；4. 投资者主要依赖专业人员建议进行投资；5. 投资者委托专业人员为其投资。当受调查者选择 1，投资者被认为是自主投资，如果受调查者选择 2 或 3，则受调查者被认为是依靠专业人员的建议投资，如果受调查者选择 4 或 5，则被定义为委托投资。与 Calcagno 和 Monticone（2015）类似，本章依据受访者对"您家选择股票的主要依据是？""您家选择基金的主要依据是？""您家选择金融理财产品的主要依据是？"以及"您家是否有理财顾问或投资顾问？"这四个问题的回答构建理财建议指标。若前三个问题任意一个问题回答的是"咨询专业人士或机构（理财顾问、投资顾问、金融机构）"或第四个问题的回答为"是"，则认为家庭有理财建议需求，此时赋值为 1，否则为 0。

在考察理财建议有效性的时候，还构造了如下四个指标："家庭持有资产种类数"（*count*）"资产组合分散化指数"（*div_index*）"4 类风险资产构造的夏普比率"（*sharp4*）和"3 类风险资产构造的夏普比率（*sharp3*）"。

家庭持有资产种类数 *count*。借鉴 Wu 等（2022）的做法，以家庭持有的金融资产种类数量衡量家庭资产分散化程度。中国家庭金融调查（CHFS）2017 年调查问卷中将金融资产分为 9 类：银行存款、股票、基金、互联网理财产品、金融理财产品、债券、金融衍生品、黄金（不包括首饰）、非人民币资

---

① 在考察理财建议有效性的时候，该指标则属于解释变量。

产(含境外固定资产)。$count$ 变量依据 9 类资产中家庭持有的具体种类数量赋值。

资产组合分散化指数 div_index。本章以赫芬达尔-赫斯曼指数为基础构建资产组合分散化指数 div_index，进而衡量家庭资产组合分散化程度。具体计算公式如式(11.1)所示：

$$div\_index = 1 - \sum_{i=1}^{N} \omega_i^2 \qquad (11.1)$$

其中，N 表示家庭持有的资产种类数，本章具体为 9；ω_i 表示各类资产在 9 类资产总额中的比重。理论上，当 N 趋于无穷大时，资产组合分散化指数 div_index 的取值范围为 $[0,1)$，该指数越大代表家庭资产的分散化程度越高，特别地，若该指数值为 0，则意味着该居民家庭只持有一种资产。

夏普比率。依据股票、基金、债券和非自住房等 4 类资产或股票、基金和债券等 3 类资产分别构造 4 类资产的夏普比率 $sharp4$ 和 3 类资产的夏普比率 $sharp3$。具体构造方法可见第 7 章因变量(夏普比率)的相关说明。

11.2.2.3　控制变量

参考已有研究(van Rooij 等，2011；吴卫星等，2018)的做法，本章设置个体、家庭、地区三个层面共 17 个控制变量。

个人层面的控制变量包括：户主的年龄(age)、年龄的平方($age2$)、性别($gender$，户主为男性则取值为 1，户主为女性则取值为 0)、婚姻状况($married$，未婚取值为 0，其他取值为 1)、健康状况($health$，取值为 1、2、3、4、5，值越大代表越健康)、风险偏好($risk$，若选择高风险高回报资产或略高风险略高回报资产则取值为 1，若选择平均风险平均回报资产则取值为 0，若选择其他则取值为 -1)、退休状态($retire$，若处于退休状态取值为 1，其他取值为 0)、学历水平($primary$ 初中及以下[①]，$high$ 高中/中专/职高，$college$ 大专/高职/大学本科，$graduate$ 硕士研究生/博士研究生)。

家庭层面的控制变量包括：家庭资产对数($\ln asset$)、家庭收入对数($\ln income$)、是否创业($self\_em$，若家庭从事工商业生产经营项目，包括个体户、租赁、运输、网点、经营企业等，则取值 1，否则取值为 0)。

地区层面的控制变量是指：东部地区($east$)[②]、中部地区(mid)和西部地区($west$)。

---

① 为避免严重的多重共线性，在回归时将学历水平"初中及以下"($primary$)设置为参考组。

② 为避免严重的多重共线性，在回归时将"东部地区"($east$)设置为参考组。

11.3　理财建议的有效性分析

11.3.1　研究设计

本章利用家庭"资产组合分散化"和"资产组合有效性"来衡量理财建议是否有效。资产组合分散化指数、资产组合有效性指标均是连续变量,资产种类也是多值变量,故选择普通最小二乘法(OLS)进行实证检验。具体的模型设计如式(11.2)所示:

$$Y = cons + \alpha * advice + \beta * X + \varepsilon \tag{11.2}$$

其中,Y 代表 4 个被解释变量——"家庭持有资产种类数"($count$)"资产组合分散化指数"(div_index)"4 类风险资产构造的夏普比率"($sharp4$)"3 类风险资产构造的夏普比率"($sharp3$);$advice$ 表示"理财建议需求",X 代表控制变量,$cons$ 是截距项,$\varepsilon \sim N(0, \sigma^2)$。

11.3.2　基准回归结果及分析

11.3.2.1　描述性统计

表 11.1 汇报了家庭资产分散化指标和家庭资产有效性指标的描述性统计结果。由数据可知:家庭平均持有两类金融资产;9 种金融资产计算所得的分散化指数均值约为 0.266 9;由股票、基金、债券、非自住房产 4 种风险资产构造的夏普比率平均值为 0.021 3;由股票、基金、债券 3 种风险资产构造的夏普比率平均值为 0.011 7。

表 11.1　被解释变量的描述性统计

变量名称	指标含义	均值	标准差	最小值	最大值	观测值
$count$	金融资产种类	2.287 4	1.054 7	0	7	24 412
div_index	9 种资产的分散化指数	0.266 9	0.216 5	0	0.793 4	23 757
$sharp4$	4 类资产构造的夏普比率	0.021 3	0.033 7	0	0.174 3	24 412
$sharp3$	3 类资产构造的夏普比率	0.011 7	0.033 1	0	0.174 3	24 412

11.3.2.2　基准回归结果及分析

基于前文的变量构造与研究设计,该部分利用中国家庭金融调查

(CHFS)2017 年数据进行实证检验,回归结果见表 11.2 和表 11.3。表 11.2 检验了理财建议需求对家庭资产组合分散化程度的影响,其中前三列被解释变量为"家庭持有资产种类数"(*count*),后三列被解释变量为"资产组合分散化指数"(*div_index*)。表 11.3 检验了理财建议需求对家庭资产组合有效性的影响,其中前三列被解释变量为"4 类风险资产构造的夏普比率"(*sharp4*),后三列被解释变量为"3 类风险资产构造的夏普比率"(*sharp3*)。

表 11.2　理财建议需求与家庭资产组合分散化

变量	*count*			*div_index*		
	(1)	(2)	(3)	(4)	(5)	(6)
	OLS	OLS	2SLS	OLS	OLS	2SLS
advice		1.130*** [0.000]	2.755*** [0.000]		0.148*** [0.000]	0.331*** [0.000]
age	0.004 [0.108]	0.004 [0.117]	−0.001 [0.642]	0.001 [0.240]	0.001** [0.048]	0.001 [0.384]
age2	−0.000** [0.018]	−0.000** [0.031]	−0.000 [0.807]	−0.000** [0.015]	−0.000*** [0.003]	−0.000* [0.058]
其他变量	控制	控制	控制	控制	控制	控制
Obs	24,412	21,815	21,815	23,757	21,289	21,289
R^2	0.263	0.271	0.166	0.095	0.090	0.057
工具变量 t 值			13.67			13.67
一阶段 F 值			186.96			186.96
DWH Chi2/F 值			64.44			15.42
P 值			0.00			0.00

注:***、**、*分别表示在 1%、5%、10%水平上显著,括号内为 P 值。以下相同。

　　表 11.2 的第(2)列和第(5)列的估计结果显示,"理财建议需求"(*advice*)对"家庭持有资产种类数"(*count*)和"资产组合分散化指数"(*div_index*)的影响系数在 1%水平上显著为正,说明不管是用资产种类还是资产分散化指数度量,理财建议均能显著提升家庭资产组合的分散化程度。同时,分别对比表 11.2 第(1)列和第(4)列未纳入"理财建议需求"变量的回归结果,其他控制变量的系数变化没有明显差异,表明"理财建议需求"与其他控制变量之间并未出现严重的多重共线性问题。

表 11.3　理财建议需求与家庭资产组合有效性

变量	sharp4			sharp3		
	(1)	(2)	(3)	(4)	(5)	(6)
	OLS	OLS	2SLS	OLS	OLS	2SLS
advice		0.032*** [0.000]	0.050*** [0.000]		0.047*** [0.000]	0.109*** [0.000]
age	0.001*** [0.000]	0.001*** [0.000]	0.001*** [0.000]	0.001*** [0.000]	0.001*** [0.000]	0.000*** [0.000]
age2	−0.000*** [0.000]	−0.000*** [0.000]	−0.000*** [0.000]	−0.000*** [0.000]	−0.000*** [0.000]	−0.000*** [0.000]
其他变量	控制	控制	控制	控制	控制	控制
Obs	24,412	21,815	21,815	24,412	21,815	21,815
R^2	0.153	0.200	0.188	0.125	0.202	0.054
工具变量 t 值			13.67			13.67
一阶段 F 值			186.96			186.96
DWH Chi2/F 值			6.83			83.25
P 值			0.01			0.00

表 11.3 的第(2)列和第(5)列估计结果显示,"理财建议需求"(advice)对"4 类风险资产构建的夏普比率"(sharp4)和"3 类风险资产构建的夏普比率"(sharp3)的影响系数在 1% 水平上显著为正,说明不管是用四种风险资产还是三种风险资产构建的夏普比率来度量,均显示理财建议能够显著提升家庭资产组合的有效性。同时,分别对比表 11.3 第(1)列和第(4)列未纳入"理财建议需求"变量的回归结果,其他控制变量系数并没有产生明显差异,表明"理财建议需求"与其他控制变量之间并未出现严重的多重共线性问题。

此外,考虑到以上结果可能存在内生性问题,导致估计结果有偏,又进一步构建工具变量,采用两阶段最小二乘法(2SLS)重新进行回归,以期缓解潜在的内生性干扰。本部分选择的工具变量是"相同省/市、同一社区除自己之外的其他群体理财建议需求的平均情况"。从相关性角度分析,相同社区的经济发展状况、金融服务水平、居住条件和文化氛围具有一定的同质性,因此认为相同社区内家庭的理财建议需求具有相似性,该工具变量满足相关性需求。从外生性角度分析,排除自己家庭的其他家庭整体的理财建议需求不太可能对自己家庭的资产配置多样性和资产组合有效性产生直接的干扰，因此认为该工具变量满足外生性需求。表11.2和表11.3的第(3)列和第(6)列分别给出了两阶段最小二乘法(2SLS)的估计结果。

表11.2的第(3)列和第(6)列显示：在考虑了潜在内生性问题后，"家庭理财建议需求"(*advice*)对"家庭持有资产种类数"(*count*)和"资产组合分散化指数"(*div_index*)的影响系数仍在1%水平上显著为正。表11.3的第(3)列和第(6)列显示：在考虑了内生性问题后，"家庭理财建议需求"(*advice*)对"4类风险资产构造的夏普比率"(*sharp4*)和"3类风险资产构造的夏普比率"(*sharp3*)的影响系数仍在1%水平上显著为正。

以上2SLS回归结果与OLS回归所得结果一致。再次证明：理财建议可以显著提升家庭资产组合的分散化程度和资产组合的有效性，且该结果受潜在内生性的干扰较小。

11.3.3 稳健性检验

基准回归结果表明，理财建议能够显著提升家庭资产组合的分散化程度和资产组合的有效性。为了进一步检验以上结论的稳健性，该部分通过变换核心解释变量的度量范围(理财建议需求)和采用不同的实证方法(倾向得分匹配法)等方式进行稳健性检验。

11.3.3.1 变换核心解释变量度量范围

考虑到有理财顾问与是否咨询理财顾问后作决策可能会有一定的差别。该部分基于"家庭选择股票、基金、金融理财产品的主要依据"问题重新构建"理财建议需求"*advice2*指标：若家庭选择"咨询专业人士或机构(理财顾问、投资顾问、金融机构)"则认为家庭获得了理财建议，*advice2*赋值为1，若选择其他方式则认为家庭没有获得理财建议，*advice2*赋值为0。以*advice2*替换基准回归中的*advice*重新进行回归，结果见表11.4。

表11.4的第(1)列和第(2)列被解释变量为"家庭持有资产种类数"(*count*)，第(3)列和第(4)列被解释变量为"资产组合分散化指数"(*div_index*)，第(5)列和第(6)列被解释变量为"4类风险资产构造的夏普比率"(*sharp4*)，第(7)列和第(8)列被解释变量为"3类风险资产构造的夏普比率"(*sharp3*)。表11.4的第(2)列、第(4)列、第(6)列和第(8)列的结果显示：*advice2*对4个被解释变量的影响系数均在1%水平上显著为正。且对比表11.4的第(1)列、第(3)列、第(5)列和第(7)列结果，大多数控制变量的系数和显著性没有发生明显改变。

表 11.4　理财建议需求与家庭资产组合分散化、有效性(变换自变量)

变量	count		div_index		sharp4		sharp3	
	(1)	(2)	(3)	(4)	(5)	(6)	(7)	(8)
advice2		0.303*** [0.000]		0.051*** [0.000]		0.010*** [0.000]		0.015*** [0.000]
age	0.004 [0.108]	0.001 [0.866]	0.001 [0.240]	−0.000 [0.967]	0.001*** [0.000]	0.000 [0.394]	0.001*** [0.000]	0.000 [0.766]
age2	−0.000** [0.018]	−0.000 [0.645]	−0.000** [0.015]	−0.000 [0.803]	−0.000*** [0.000]	−0.000 [0.373]	−0.000*** [0.000]	−0.000 [0.800]
其他变量	控制	控制	控制	控制	控制	控制	控制	控制
Obs	24,412	4,468	23,757	4,451	24,412	4,468	24,412	4,468
R²	0.263	0.077	0.095	0.023	0.153	0.024	0.125	0.029

基于以上结果可以认为:即使变换了核心解释变量的度量指标,理财建议依然能够显著提升家庭资产组合的分散化程度和资产组合的有效性。

11.3.3.2 使用不同的实证方法(倾向得分匹配法)

考虑到家庭的理财建议需求选择可能并不随机,该部分进一步利用倾向得分匹配法(PSM)来检验所得结论是否稳健。在匹配方法上,本部分选择核匹配、半径匹配以及最近邻匹配等方法。表11.5和表11.6分别给出了相应的实证结果。

表11.5 理财建议的平均效果

变量	核匹配法		半径匹配法		最近邻匹配法	
	ATT	标准误	ATT	标误差	ATT	标误差
count	1.3208***	0.0345	1.076***	0.0358	1.0678***	0.0398
div_index	0.1680***	0.0064	0.1421***	0.0067	0.1434***	0.0076
sharp4	0.0365***	0.0015	0.0291***	0.0015	0.0286***	0.0016
sharp3	0.0508***	0.0018	0.0450***	0.0019	0.0449***	0.0020

表11.6 理财建议的平均效果(考虑稳健标准误)

变量	一对一匹配	一对四匹配
count	1.0637*** [0.0481]	1.068*** [0.0390]
div_index	0.1484*** [0.0096]	0.1434*** [0.0076]
sharp4	0.02780*** [0.0018]	0.0286*** [0.0016]
sharp3	0.0444*** [0.0022]	0.0449*** [0.0020]

由表11.5可知,当采用核匹配方法时,获得理财建议的家庭比未获得理财建议的家庭持有资产平均多1.3208种,资产组合分散化指数平均高0.168,以4种风险资产构造的夏普比率平均高0.0365,以3种风险资产构造的夏普比率平均高0.0508,且均在1%水平上显著。这表明,获得理财建议显著提升了家庭资产组合的分散化程度和有效性。同样,半径匹

配法所得结果和最近邻匹配法所得结果与前文保持一致：获得理财建议
的家庭持有的资产种类更多、资产组合分散化指数更大、两个夏普比率值
也更大。

表 11.5 披露的是基于 psmatch2 命令的匹配结果，该命令的优点是能
够提供丰富的匹配方法，但局限性在于所提供的标准误并没有考虑到倾向
得分是估计的结果。为此，本部分进一步使用考虑"AI 稳健标准误"的
teffectspsmatch 命令进行检验，表 11.6 报告了相应的结果。可以看到：相
比没有获得理财建议的家庭，获得了理财建议家庭的资产种类数、资产分散
化指数、风险资产夏普比率值均更大，而且都在 1% 的水平上显著。

综上，表 11.5 和表 11.6 汇报的倾向得分匹配法（PSM）的回归结果均
显示：理财建议将显著提升家庭资产组合的分散化程度和资产组合的有效
性。可以认为本部分基准回归所得结论具有较好的稳健性。

11.4 金融素养对理财建议需求的影响

本章的前半部分从多个角度探讨了理财建议对家庭资产组合的影响，
研究发现通过咨询理财顾问可以显著改善家庭的资产选择。那么到底谁会
去咨询理财顾问呢？接下来探讨理财建议与金融素养之间的关系。

11.4.1 研究设计

接下来，我们将通过回归分析探究金融素养与理财建议需求之间的关
系，由于考察的被解释变量是 0—1 变量，故在该部分选择 Probit 模型做实
证分析。具体的模型设置如式（11.3）所示：

$$Prob(advice_i = 1 \mid X) = Prob(\alpha \times st_i + \beta \times X_i + \varepsilon_i) \quad (11.3)$$

其中，st 是居民家庭的金融素养水平，包含主观金融素养变量（st_self）
及客观金融素养（st_know），X 为影响居民家庭理财建议需求的其他控制
变量。在 X 中，包括户主层面、家庭层面以及地区层面的控制变量。ε 是服
从均值为 0、方差为 σ^2 的正态分布的随机误差项。

11.4.2 基准回归结果及分析

表 11.7 报告了居民家庭金融素养对家庭理财建议需求影响的回归结
果。其中第（1）列探究了居民家庭主观金融素养与家庭理财建议可能存在

的关系,回归结果表明,居民家庭主观金融素养会对家庭理财建议带来正向的影响,这表明主观金融素养越高的家庭,越可能选择通过理财顾问获取相关的信息。

同时,在此模型中可以看出,家庭资产对家庭理财建议需求的影响是正向的,家庭资产越多的家庭对理财建议的需求相对而言就越大。而户主是男性的家庭对理财建议需求会减少,这可能是男性更自信,更少相信理财顾问,这与Collins(2012)的结论是一致的。未婚家庭更可能对理财建议有需求,可能是因为随着婚姻关系的形成,其家庭主要财务负责人可能发生转移,当其户主为男性时对理财建议的需求则会有所降低。户主的受教育水平对家庭理财建议需求的影响是显著为正的,户主受教育水平越高,对理财建议的需求也就越高。家庭成员健康状况对家庭理财建议需求的影响并不显著,这意味着家庭成员健康状况本身与家庭是否选择获取理财建议之间的相关性并不大。家庭成员的工作情况也会对居民家庭的理财建议造成影响,一般而言当家庭有退休成员时,家庭会更愿意去接受理财顾问的建议,这可能是出于家庭对其收入有所下降但空余时间更多。因此,他们会选择听取理财顾问的建议以凭借对现有的资金的管理获得与退休之前类似的生活水平。而家庭创业情况对家庭理财建议的影响是不显著的,这可能是因为家庭是否存在创业行为与家庭是否存在理财建议之间并没有必然的联系。

比较有意思的是,理财建议需求与家庭收入之间是"驼"形的关系,理财建议需求与户主年龄之间是"U"形的关系。理财建议需求与家庭收入之间是"驼"形关系的原因在于:一方面居民家庭要收入达到一定水平才可能参与金融市场,也就是说参与金融市场可能存在资金门槛;另一方面是咨询专业人员是有机会成本的,当收入比较低的时候,通过咨询专业人员获得收益小于机会成本,当收入超过某个阈值的时候,通过咨询专业人员获得收益才可能会大于机会成本(Chauhan 和 Dey, 2020)。而理财建议需求与户主年龄之间是"U"形关系的原因在于:由于消费者刚开始随着年龄的增长其金融自信逐渐提高,对理财顾问的信任程度在降低,因此在这一阶段,当他们作金融决策的时候,会减少对专业建议的需求,主要依靠自己或亲戚、朋友的判断;中年以后,消费者对于自身判断能力变得不再自信,使得居民家庭对理财顾问的信任程度又开始随着年龄的增长而上升。因此,在这一阶段又会增加对专业建议的需求。以往的学者研究也证实了这种"U"形关系的存在,Bergstresser 等(2009)应用人口统计学作为金融素养的代理变量的研究就曾指出年轻人更容易接受理财建议,而 Bhattacharya 等(2012)表明,德国一家大型零售银行的顾问与更富有和更年长的投资者相匹配。胡荣和李静雅(2006)和董俊华等(2013)进一步研究发现:消费者对外界的信任程度会随着年龄的增长而降低,直到中年后,又开始随着年龄的增长而上升。Collins(2012)使用美国金融监管局(FINRA)在 2009 年调查的国民金融能力调查数据(the National Financial Capability),研究发现年龄在 35—54 岁的居民对理财顾问的信任程度最低。

表 11.7　金融素养与家庭理财建议需求

变量	(1)	(2)	(3)	(4)	(5)	(6)
	Probit	IV-probit	Probit	IV-probit	Probit	IV-probit
	advice	*advice*	*advice*	*advice*	*advice*	*advice*
st_self	0.009*** [0.000]	0.049*** [0.000]			0.007*** [0.001]	0.029* [0.069]
st_know			0.011*** [0.000]	0.075*** [0.000]	0.010*** [0.000]	0.056** [0.018]
age	−0.002** [0.021]	−0.002** [0.011]	−0.002* [0.054]	−0.001 [0.407]	−0.002** [0.046]	−0.001* [0.054]
age2	0.002** [0.033]	0.002** [0.043]	0.001* [0.063]	0.001 [0.389]	0.001* [0.062]	0.001* [0.083]
gender	−0.014*** [0.000]	−0.014*** [0.000]	−0.014*** [0.000]	−0.017*** [0.000]	−0.014*** [0.000]	−0.017*** [0.000]
married	−0.026*** [0.009]	−0.027*** [0.008]	−0.023** [0.021]	−0.012 [0.285]	−0.024** [0.019]	−0.016 [0.150]
high	0.016*** [0.000]	0.009* [0.073]	0.015*** [0.001]	−0.002 [0.792]	0.014*** [0.002]	−0.002 [0.769]
college	0.027*** [0.000]	0.013* [0.060]	0.025*** [0.000]	−0.008 [0.495]	0.023*** [0.000]	−0.009 [0.458]
graduate	0.031*** [0.004]	0.005 [0.699]	0.029*** [0.006]	−0.012 [0.492]	0.025** [0.016]	−0.018 [0.306]
risk	0.009*** [0.000]	0.002 [0.658]	0.006** [0.014]	−0.019** [0.027]	0.005** [0.035]	−0.017** [0.048]
ln*asset*	0.020*** [0.000]	0.017*** [0.000]	0.020*** [0.000]	0.015*** [0.000]	0.019*** [0.000]	0.014*** [0.000]

变量	(1)	(2)	(3)	(4)	(5)	(6)
	Probit	IV-probit	Probit	IV-probit	Probit	IV-probit
	advice	*advice*	*advice*	*advice*	*advice*	*advice*
ln *income*	0.013* [0.063]	0.010 [0.142]	0.012* [0.089]	0.009 [0.240]	0.012* [0.085]	0.008* [0.057]
ln *income2*	−0.001*** [0.001]	−0.001*** [0.007]	−0.001*** [0.001]	−0.001** [0.027]	−0.001*** [0.001]	−0.001** [0.035]
health	0.002 [0.332]	0.002 [0.375]	0.002 [0.390]	0.001 [0.775]	0.002 [0.371]	0.001 [0.667]
retire	0.013** [0.011]	0.007 [0.206]	0.013** [0.014]	0.003 [0.589]	0.012** [0.019]	0.002 [0.730]
self_em	−0.003 [0.578]	−0.001 [0.757]	−0.004 [0.427]	−0.008 [0.122]	−0.003 [0.500]	−0.005 [0.284]
mid	0.008 [0.128]	0.008* [0.096]	0.007 [0.174]	0.003 [0.555]	0.007 [0.156]	0.005 [0.358]
west	0.006 [0.232]	0.006 [0.228]	0.005 [0.345]	−0.001 [0.906]	0.005 [0.304]	0.001 [0.807]
north_east	−0.005 [0.459]	−0.005 [0.430]	−0.007 [0.299]	−0.011 [0.102]	−0.006 [0.328]	−0.010 [0.156]
Obs	14,474		14,463		14,463	14,463
工具变量1 t值		18.55				
工具变量2 t值				9.73		
Wald 检验 chi^2 值		9.82		12.81		16.88
Wald 检验 P 值		0.0017		0.0003		0.0002

注:***、**、*分别表示在1%、5%、10%的水平上显著,括号内为对应的P值。以下相同。

同时,表11.7中的第(3)列探究了客观金融素养与金融理财建议需求之间的关系,回归结果表明,客观金融素养对金融理财建议需求的影响是显著为正的,这意味着客观上具有一定金融素养的家庭向金融机构寻求建议的可能性较高。除了系数大小有一定的变化外,控制变量中对理财建议需求的影响与第(1)列的结果基本保持一致。

第(5)列则同时考虑了客观金融素养与主观金融素养对理财建议需求的影响,从回归结果可以看出,无论是主观金融素养还是客观金融素养对家庭理财建议需求的影响都是显著为正的。这可能是因为无论是家庭认为自己具有较高的金融素养或家庭本身真实掌握的金融知识与金融素养,均会使得这部分家庭更清楚地意识到理财顾问在大多数情况下会掌握更多的信息,可以通过与理财顾问的交流从而确认或纠正自己所掌握信息的偏差。

至此,由第(1)列、第(3)列以及第(5)列的回归结果可知,居民家庭金融素养水平对家庭理财建议需求有一定的影响,但这种影响是随着居民金融素养水平的提高,家庭对理财建议的需求随之提高。这就意味着,在金融素养较低的家庭中,家庭向金融理财顾问寻求建议的可能性也相对较低,也就是说理财建议在金融素养较低的家庭中无法起到替代作用。

当然,在金融素养水平与对理财建议需求之间的回归模型中可能由于忽略了某些变量而存在一定问题。一方面有可能是因为家庭在寻求理财建议的过程中,可能学习到一些金融知识从而提高了自身的金融素养水平,那么就可能存在一定的反向因果关系;同时,无论是客观金融素养的度量还是主观金融素养的度量方式始终没有一个定论,其度量方式可能存在着一定的偏差;此外,回归模型的设置过程中,很难避免会遗漏一些变量。总而言之,模型很可能存在内生性问题。

为解决内生性问题,本部分选择使用工具变量法对模型进行修正。在工具变量的选取方面,参考已有文献做法并结合本部分实证所用数据库的具体情况,本文选取"同省同城同社区其他人客观金融素养/主观金融素养的均值"作为工具变量。表 11.7 中第(2)列、第(4)列和第(6)列为 IV-Probit 模型下的估计结果。结果显示,不管是单独考察主观和客观金融素养,还是同时考察主观和客观金融素养,主观和客观金融素养依然显著提升居民咨询理财顾问获取理财建议的可能。至此,再次证明:主观金融素养与客观金融素养对金融理财建议需求均有显著正向的影响。

11.4.3 稳健性检验

为了进一步检验所得结论的稳健性,该部分采用"变换被解释变量代理指标""变换解释变量代理指标"以及使用不同的实证方法("倾向得分匹配法")等三种方式进行验证。

11.4.3.1　变换理财建议的度量

该部分尝试依据在 advice 的基础上增加"您是否需要理财顾问或投资顾问?"这一问题构建理财建议需求,如果 advice 取值为1或该问项受调查者回答"是",理财建议需求(advice3)赋值为1,否则赋值为0。并以此代替基准回归中的"理财建议需求"(advice)作为家庭理财建议需求的代理指标,重新进行回归。

表11.8给出了以理财建议需求(advice3)作为被解释变量代理指标后的回归结果。其中前三列分别为 Probit 模型的回归结果,从下表中可以看出回归结果与基准回归中基本一致。即随着家庭主观金融素养以及客观金融素养的提高,其获取理财建议的可能性也随之提高,这意味着在金融素养相对较低的家庭中理财建议无法替代家庭金融素养帮助家庭作出合适的金融决策。而第(4)列为修正了内生性后的结果,其回归结果同样与基准回归模型中一致。

表11.8　金融素养与家庭理财建议需求(变换因变量度量)

变量	(1)	(2)	(3)	(4)
	advice3	advice3	advice3	advice3
st_self	0.012*** [0.000]		0.008*** [0.002]	0.001* [0.060]
st_know		0.019*** [0.000]	0.018*** [0.000]	0.112*** [0.001]
ln income	0.022*** [0.003]	0.021*** [0.004]	0.021*** [0.004]	0.016** [0.042]
ln income2	−0.002*** [0.000]	−0.002*** [0.000]	−0.002*** [0.000]	−0.001*** [0.005]
其他变量	控制	控制	控制	控制
Obs	14,474	14,463	14,463	14,463

11.4.3.2　变换核心解释变量度量方式

基准回归中,核心解释变量"户主的客观金融素养"(st_know)采用得分累积加总的方式构建,该部分则改用因子分析法,重新构建户主的客观金融素养(st_know_f),回归结果见表11.9。

表11.9的第(1)列、第(2)列及第(3)列为 Probit 模型的回归结果,其回归结果显示,居民家庭的客观金融素养仍旧对家庭理财建议需求有显著的正向影响。表11.9的第(4)列则为 IV-Probit 模型下的回归结果,其结果表

明当核心解释变量替换成因子分析法构建的客观金融素养指标后:居民家庭的主观金融素养和客观金融素养依旧均显著提高了家庭理财建议需求。该结论与基准回归所得结论基本上是一致的。

表 11.9　金融素养与家庭理财建议需求(因子分析法)

变量	(1) advice	(2) advice	(3) advice	(4) advice
st_self	0.009*** [0.000]		0.018*** [0.000]	0.040** [0.029]
st_know_f		0.011*** [0.000]	0.010*** [0.000]	0.054** [0.022]
age	−0.002** [0.023]	−0.002* [0.054]	−0.002** [0.046]	−0.001 [0.218]
age2	0.002** [0.043]	0.001* [0.063]	0.001* [0.073]	0.001 [0.336]
ln income	0.014** [0.048]	0.012* [0.089]	0.013* [0.068]	0.010 [0.178]
ln income2	−0.001*** [0.000]	−0.001*** [0.001]	−0.001*** [0.001]	−0.001** [0.018]
其他变量	控制	控制	控制	控制
Obs	14,474	14,463	14,463	14,463

11.4.3.3　使用不同的实证方法(倾向得分匹配法)

考虑到家庭的主观和客观金融素养可能受到遗传因素或生命早期教育干预的影响,其水平分布可能并不随机。因此,该部分进一步通过倾向得分匹配法(PSM)来检验所得结论的稳健性。为了表明实证结果的稳健性,在匹配方法上采用核匹配法、半径匹配法以及最近邻匹配法。

表 11.10 中 Panel A、Panel B 和 Panel C 部分分别给出了核匹配法、半径匹配法和最近邻匹配法的估计结果。以 Panel A 的核匹配法为例加以说明。从主观金融素养分组可以看到,匹配前主观金融素养高组和主观金融素养低组有理财建议需求家庭的占比分别为 6.51% 和 2.82%,平均处理效应为 3.69%,在 1% 的水平上显著;匹配之后,主观金融素养高组和主观金融素养低组有理财建议需求家庭的占比分别为 6.51% 和 3.69%,平均处理效应为 2.82%,在 1% 的水平上显著。回归结果表明,匹配之前的差距是有偏的,匹配之后的差距有了明显减少,但依然在 1% 水平上显著,进一步表明了主观金融素养是影响家庭有理财需求的一个重要因素。按客观金融素

养高低分组匹配前后的差距分别为 2.52% 和 1.61%,按主观和客观均高于各自均值分组匹配前后的差距分别为 3.88% 和 2.61%。匹配后的差距均小于匹配前的差距,但均依然在 1% 水平上显著。

表 11.10　金融素养对理财建议需求的平均效果

理财建议需求	金融素养	样本	实验组	对照组	ATT	标准误	t-值
Panel A 核匹配法							
advice	主观高	匹配前	0.065 1	0.028 2	0.036 9***	0.003 5	10.59
		匹配后	0.065 1	0.036 9	0.028 2***	0.003 6	7.78
	客观高	匹配前	0.059 4	0.034 2	0.025 2***	0.003 5	7.22
		匹配后	0.059 4	0.043 3	0.016 1***	0.003 6	4.47
	主客观均高	匹配前	0.073 9	0.035 1	0.038 8***	0.003 8	10.14
		匹配后	0.073 9	0.047 8	0.026 1***	0.004 5	5.81
Panel B 半径匹配法							
advice	主观高	匹配前	0.065 1	0.028 2	0.036 9***	0.003 5	10.59
		匹配后	0.063 7	0.041 7	0.021 9***	0.003 5	5.79
	客观高	匹配前	0.059 4	0.034 2	0.025 2***	0.003 5	7.22
		匹配后	0.058 4	0.047 2	0.011 2***	0.003 7	3.01
	主客观均高	匹配前	0.073 9	0.035 1	0.038 8***	0.003 8	10.14
		匹配后	0.073 5	0.049 1	0.024 4***	0.004 6	5.27
Panel C 最近邻匹配法(一对四)							
advice	主观高	匹配前	0.065 1	0.028 2	0.036 9***	0.003 5	10.59
		匹配后	0.065 1	0.040 2	0.024 9***	0.004 0	6.26
	客观高	匹配前	0.059 4	0.034 2	0.025 2***	0.003 5	7.22
		匹配后	0.059 4	0.050 2	0.009 2**	0.003 9	2.34
	主客观均高	匹配前	0.073 9	0.035 1	0.038 8***	0.003 8	10.14
		匹配后	0.073 9	0.053 1	0.020 7***	0.004 9	4.19

注:***、** 和 * 分别表示在1%、5%和10%水平上显著;主观高是指主观金融素养高于全样本主观金融素养均值,客观高指客观金融素养高于全样本客观金融素养均值,主客观均高指主观金融素养和客观金融素养分别高于全样本主观金融素养的均值和客观金融素养均值(半径匹配中实验组匹配前后数值发生变化是由于实验组中有家庭没有匹配成功)。

除了效应的大小外,半径匹配法和最近邻匹配法的结果与核匹配法的结果基本一致,且都在 1% 的水平上显著。故由表 11.10 汇报的 PSM 回归结果可知:主观和客观金融素养对家庭理财建议需求的影响是稳健的。

同时,考虑到倾向得分匹配的命令包括 psmatch2 和 teffects psmatch。其中,命令 psmatch2 提供了丰富的匹配方法,但该命令的局限是所提供的标准误并没有考虑到倾向得分是估计的;teffects psmatch 命令则是考虑了"AI 稳健标准误",缺点是提供的匹配方法的多样性不如 psmatch2。为了进一步增强本部分研究结论的可信性,本部分采用 teffects psmatch 命令对主要回归进行了稳健性检验。表 11.11 的回归结果显示,主要研究结论与psmatch2 的结果并不存在显著差异。

表 11.11 金融素养对理财建议需求的平均效果(考虑稳健标准误)

	主观高	客观高	主客观均高
一对一匹配	0.020 5*** (0.005 7)	0.009 9* (0.005 2)	0.021 5*** (0.006 1)
一对四匹配	0.024 9*** (0.004 7)	0.009 3** (0.004 5)	0.020 7*** (0.005 2)

注:***、**和*分别表示在 1%、5%和 10%水平上显著,括号内为稳健标准误。主观高、客观高和主客观均高的含义与上表相同。

表 11.8—表 11.11 的结论进一步表明了本部分的结果是比较稳健的,即主观和客观金融素养是影响理财建议需求的重要因素。

11.5 小结

理论上,金融素养水平低的居民家庭在作出金融决策的时候,可以通过向理财顾问等专业人员寻求专业的理财建议,获取有价值的信息,进而作出合理的决策。为验证这一结论在现实中是否成立,本章利用西南财经大学中国家庭金融调查与研究中心 2017 年中国家庭金融调查(China Household Finance Survey, CHFS)数据进行了实证研究,首先探索理财建议对家庭资产组合有效性的影响,然后探讨了家庭的主观金融素养和客观金融素养对家庭理财建议需求的影响。在考察理财建议对家庭资产组合有效性影响时主要使用普通最小二乘法(OLS)和两阶段最小二乘法(2SLS);在考察金融素养对理财建议需求影响时,考虑到考察的因变量为 0—1 变量,选择使用 Probit 模型进行回归,同时考虑到金融素养这一变量可能是内生性变量,构建工具变量使用 IV-Probit 模型进行纠正。进一步通过变换因变量、变换自变量、变换回归方法等，以验证所得结果的稳健性。

基准回归结果显示：(1)理财建议会显著提升家庭部门资产组合的分散化和资产组合单位风险的收益；(2)仅考虑主观金融素养这一维度时，家庭的主观金融素养可以显著提升家庭的理财建议需求；(3)仅考虑客观金融素养这一维度时，家庭的客观金融素养同样可以显著提升家庭对于理财建议的需求；(4)当同时考虑主观、客观金融素养两个维度时，主观金融素养与客观金融素养均会促进家庭对理财建议的需求。同时，研究发现户主年龄、户主性别、户主受教育程度、户主风险偏好、户主健康状况、家庭资产、家庭收入、家庭成员工作状况等都会影响居民家庭对专业理财建议的需求。资产越多的家庭，对理财建议的需求越强烈；受教育程度越高的家庭越可能咨询专业人员获取理财建议。收入与理财建议需求之间是"驼"形的关系；年龄与理财建议需求之间是"U"形的关系。家庭成员退休后，对家庭理财建议的需求有所增加。

上述基准回归的结果证实了：理财建议在现阶段有助于家庭部门更为理性和有效地配置家庭资产的构成，而且金融素养水平会增进居民家庭通过咨询专业人士获取金融信息，这意味着理财建议并不能对金融素养水平起到替代作用的观点。从需求方来说这可能是金融素养水平低的居民家庭意识不到专业理财建议的价值，或是意识到了理财建议的价值但是不能认识到自身的金融决策存在的问题而依据理财建议作出改变。从供给方来说，可能是诸如理财顾问等专业人员只会对金融素养水平高的居民家庭提供有价值的信息，这导致他们只会被金融素养水平高的家庭拜访，而对真正需要获得他们帮助的、金融素养水平低的家庭却不愿加以帮助。

此外，本章使用变换因变量衡量方法、自变量衡量方法及回归方法进行的稳健性检验得出的结果也与基准回归结果是一致的，随着家庭主观金融素养或客观金融素养的提高，家庭对理财建议的需求也有所提高。

由于金融素养和理财建议需求是时下的热点政策话题。因此本部分的研究，与学术界、业界和政策制定者有着很强的相关性，是对目前关于金融素养水平对理财建议需求来说是共生的，理财建议对金融素养水平并不能起到替代作用观点的补充。如果居民家庭之间金融素养水平的差距可以由可靠、合格来源的外部建议补充的话，那么对那些金融素养水平比较低的居民家庭的关注就可能不会像现实那样让人担心。然而，本部分的研究表明，由于代理冲突的存在，合格来源的建议不足以抵消金融素养水平低导致的影响。这也意味着，为了确保居民家庭作出合理的金融决策，需要有进一步的政策措施。本部分的研究结果对即使是存在合格的理财顾问的情况下，目前的普惠金融教育的政策也是很有必要的提供了一个合理的依据,尤其对那些获取金融知识,进而提升自身素养水平成本高的那部分居民家庭提供普惠金融教育。与此同时,政府可以采取减少中介和客户之间的利益冲突和补贴提供独立建议的理财顾问的干预措施。

第六篇

政策建议篇

第12章 结论、政策建议和研究展望

12.1 结论

使用北京大学中国社会科学调查中心"中国家庭追踪调查"2010年、2012年、2014年和2018年数据,清华大学中国金融研究中心"中国城市居民家庭消费金融调研"2010年、2011年和2012年数据以及西南财经大学中国家庭金融调查与研究中心"中国家庭金融调查"2015年、2017年和2019年数据,或用来做基准回归,或用来做稳健性检验,从不同角度探讨了居民家庭主观和客观金融素养水平对其福利和金融行为的影响,并较为详细地探讨了金融素养的提升和替代方案。结果表明居民家庭的金融素养水平与家庭的福利及金融行为存在着紧密的联系。本书得到如下的基本结论:

(1)金融素养指标的构造及金融素养分布。使用清华大学中国金融研究中心"中国消费金融现状及投资者教育调查"2010年和2011年数据,发现中国居民家庭对如股票等投资者产品和房贷等贷款产品比较了解或非常了解的家庭占比不多,绝大多数居民家庭对投资产品和贷款产品不了解,居民家庭的主观金融素养水平比较低。使用西南财经大学中国家庭金融调查与研究中心"中国家庭金融调查"2019年数据,发现中国居民家庭对利息的计算、通货膨胀的理解和投资风险的识别均不够理想。单个问项答对率均低于60%,其中投资风险识别的答对率最低,只有18.46%;三个问项都答对的家庭占比仅为10.02%,都答错的家庭占比则高达37.62%。这说明我国居民家庭金融知识匮乏,客观金融素养水平的现状不容乐观。按照人口统计学分类考察中国居民家庭的主观和客观金融素养水平的分布发现:居民家庭的主观和客观金融素养水平与户主的受教育程度正相关,男性的主观和客观金融素养水平高于女性的金融素养水平;主观和客观金融素养水平关于年龄呈递减(当然也可能是群体效应),家庭财富越多家庭的主观和客观金融素养水平明显高于家庭财富少的家庭。

(2)主观和客观金融素养的福利效应。基于北京大学中国家庭追踪调查 2014 年数据，辅以 CHFS2017 数据，发现提升主观和客观金融素养能够显著扩大居民总支出和消费总支出，以及推动消费结构转型升级。作用机制检验结果表明，"互联网使用"是主观和客观金融素养推动居民消费结构优化的一个可能机制。

（3）主观和客观金融素养与家庭负债。首先使用北京大学中国社会科学调查中心发布的"中国家庭追踪调查"（CFPS）2014 数据，辅以 CHFS2017 数据考察了主观和客观金融素养水平对中国家庭负债意愿、负债渠道偏好以及过度负债的影响。研究发现：客观金融素养会显著促进家庭在需要大笔资金的时候通过信贷市场提升自身福祉的可能，而且是更多偏好通过正规信贷渠道满足自身的需求，同时还会降低发生过度负债的可能性；主观金融素养则在促进家庭偏好通过正规渠道借贷的同时会降低家庭过度负债的可能；主观和客观金融素养除了会直接影响家庭负债意愿、负债渠道偏好和过度负债之外，不仅会通过影响家庭储蓄从而间接影响居民家庭的负债意愿、负债渠道偏好和过度负债，还会通过提高居民对自身财务状况的关注影响家庭的负债意愿和过度负债发生的概率。

然后考察了主观和客观金融素养对典型的信贷工具——信用卡使用的影响。研究发现：主观和客观金融素养对家庭信用卡使用的可能和刷卡消费支出均有显著促进作用。

（4）主观和客观金融素养与家庭资产组合有效性。基于清华大学中国金融研究中心"中国消费金融现状及投资者教育调查"2012 年数据，辅以 CHFS2017 数据，使用夏普比率衡量居民家庭投资组合的有效性，采用普通最小二乘法（OLS）、两阶段最小二乘法（2SLS）、IV-heckit 和倾向得分匹配法（PSM）等方法考察了居民家庭主观和客观金融素养水平对家庭风险资产配置有效性的影响。研究发现：主观和客观金融素养水平对居民家庭风险资产组合有效性具有显著的正向影响，也就是说，主观和客观金融素养水平高的家庭风险资产组合的夏普比率明显高于主观和客观金融素养水平低的家庭的风险资产组合的夏普比率。主观和客观金融素养除了会直接影响家庭资产组合有效性之外，还会通过提高居民投资能力从而影响家庭资产组合的有效性。

（5）主观和客观金融素养对家庭商业保险参与的影响。基于北京大学中国社会科学调查中心"中国家庭追踪调查"（CFPS）2014 数据，辅以 CHFS2019 数据考察了主观和客观金融素养水平对家庭商业保险参与和商业保险支出的影响。研究发现，主观和客观金融素养水平低下阻碍了居民家庭参与商业保险。提高居民家庭的主观和客观金融素养水平可能有助于居民家庭利用商业保险市场分散自身所面临的长寿风险、重大疾病风险和意外事故风险以及经济系统波动风险等风险。提高户主的主观和客观金融素养,可以有效提高户主对外界的信任程度、扩大家庭的社会网络广泛度,进而有效促进家庭对商业保险的参与概率和参与程度。

(6)金融教育对家庭金融行为的影响。基于清华大学中国金融研究中心"中国消费金融现状及投资者教育调查"2012 年数据,辅以 CHFS2015 数据,探讨了金融教育对资产组合分散化、组合有效性、理财规划以及消费者自我保护的影响。研究发现:相对于未接受过金融教育的家庭,接受过金融教育的家庭资产组合的分散化程度更佳、夏普比率更高;更有可能制定理财规划,且制定规划的年限更长;当权益受损时,更懂得寻求帮助。进一步地,随着社会互动水平的提高,金融教育的优化效果变得更大。主观和客观金融素养的提高是接受金融教育后改善居民金融行为的两个可能渠道,即接受金融教育会通过提高主观和客观金融素养从而影响居民的金融行为。

(7)认知能力与金融素养。基于北京大学中国社会科学调查中心"中国家庭追踪调查"(CFPS)2010 年、2012 年和 2018 年数据,分别考察了认知能力对家庭理性投资行为的影响以及认知能力对居民金融素养的影响。研究发现:认知能力的提高有助于居民家庭作出更为理性的选择,而且认知能力越高的居民,其金融素养水平也越高;认知能力在居民之间存在群体性差异,即学历越高的人认知能力越高,女性的认知能力低于男性,高年龄组人群的认知能力低于低年龄组人群(当然,也可能是群体效应)。

(8)金融素养与理财建议。在探讨了理财建议是否有效的基础上较为详细地考察了主观和客观金融素养与理财建议需求的关系。研究发现:在投资时主要依据专业人士或有理财顾问的家庭的资产组合分散化更充分、单位风险的回报也更高;主观和客观金融素养水平高的居民家庭更可能通过咨询专业人士获取金融信息或有理财建议需求,这支持了理财建议并不能对金融素养水平起到替代作用的观点。户主年龄、户主性别、户主受教育程度、财富、收入等都会影响居民家庭对专业理财建议的需求。财富越多的家庭,对理财建议的需求越强烈;收入与理财建议需求之间是倒"U"形的关系;年龄与理财建议需求之间是"U"形的关系。

12.2　政策建议

由于主观和客观金融素养,不仅会对家庭消费总量和消费结构升级有显著促进作用，而且对家庭在风险资产的配置、商业保险参与等都有显著影响，也会促进家庭更加合理通过信贷市场满足自身需求。然而，我国居民的主观和客观金融素养水平不容乐观，还存在群体性差异。因此，依据本书的实证发现，提出如下建议：

（1）提高对金融教育的重视程度，通过立法、成立专职机构等手段，加快普惠金融的推进速度。当前，提高居民金融素养、优化居民金融行为已经成为"全球性"的普遍问题，世界各国（地区）政府都致力于加大金融教育的立法和服务。中国人民银行虽然成立了消费者保护局，并开展了一系列卓有成效的工作，但与发达国家相比，金融教育普及力度仍存在不足。应从提高居民部门金融福祉乃至社会福利的高度来审视金融教育的战略意义。本质上，金融教育是一项民生工程，关乎社会公平、公正，也是践行党的初心使命，贯彻"以人民为中心"发展思想的具体行动。本书的经验证据显示，相对有限的金融教育投入能够对居民金融行为产生明显的改善。那么，在金融市场深化、投资环境变革的未来，加强金融教育或将在很长一段时间内都成为"收益大于成本"的利民工程。借鉴发达国家的经验并吸取发达国家的教训，应考虑针对金融教育和消费者保护制定专门的法律，使普惠金融教育有法可依、规范发展，可考虑成立负责消费者金融教育的唯一专职机构。

（2）分类实施多样化的金融教育方案，强化金融教育的总体干预效果。过去，中国金融市场的维稳主要依靠政府兜底，这也造成了一定的市场扭曲和道德风险。党的十九大以来，构建现代金融体系成为金融市场化改革的重要方向。发展多层次资本市场，增强市场在资源配置中的作用是市场化改革的核心内容。数量庞大的散户投资者是中国金融市场的重要参与者，散户投资者能否建立理性的投资理念关乎多层次资本市场建设的质量，关乎共同富裕大局，也是"守住不发生系统性金融风险"的微观保障。当然，想要在短时间内扭转全社会金融素养不足的局面并不现实，结合我国的实际国情，可以考虑"分层、分类"的干预思路。本书的经验证据表明，随着社会互动水平的提高，通过金融教育优化居民金融行为的效果更佳。这意味着在转型过程中，可针对高社会互动群体实施更加多样化的干预方案；或者在接受金融教育的过程中，鼓励受教育者同步增加社会互动，以提升金融教育的效果。个体投资是一个复杂的社会现象，社会结构（规范）的影响不容忽视，社会互动本身具有"引导、示范"的属性，虽然与金融知识学习不同，但也能在潜移默化间改变群体的投资行为。对于高社会互动群体，强化"短期"政策干预，引导并形成与金融市场化改革相匹配的社会规范非常重要，这有助于良性社会投资环境的构建。可见，充分发挥社会互动与金融教育的协同效应是全民金融素养提升的"先行"方向。此外,对于高风险人群,例如涉世未深、过度自信的青年人群体和相对弱势、知识储备不足的老年人群体,应当在实施针对性金融教育的同时持续强化政府监管,提升金融产品设计的透明度,避免爆发群体性恶性金融事件。

(3) 积极探索前沿的金融教育有效性评估框架,寻求最优的政策工具组合。尽管在我国实施金融教育的迫切性不言而喻,但监管当局不宜盲目行动、徒增财政负担。发达国家的经验及教训表明,金融教育的投入成本高昂,但似乎"收效甚微",全面、科学地评估金融教育的有效性势在必行。需要进一步明确实施金融教育的目的,在关乎社会公平的全民金融素养提升、关乎社会福祉的投资行为改善和关乎社会稳定的防范系统性金融风险之间寻求最优的动态平衡。唯有建立"目标—方案(替代方案)—成本效益评价"的政策评估体系,才能将金融教育效率评估工作精细化,明确金融教育的可行性边界,寻找金融教育的最优供给方式和供给水平。从这个意义上讲,可逐步开展有针对性的金融教育试点,为金融教育有效性的科学评估提供实验场景,针对不同群体探索差异化干预方案,渐进式地实施全民金融教育计划。值得注意的是,金融教育并不是"一劳永逸"的,正如 Lusardi 在一系列研究中指出,相对有效的金融教育项目是那些持续跟进、使金融知识得以保留的项目。在金融市场快速发展的当今,金融知识的更新换代非常迅速,因此金融教育也应当放眼于整个生命周期视野。另外,金融教育不应当仅仅局限于提升居民的客观金融素养,同时也要格外关注提高居民的主观金融素养。客观金融素养主要度量了居民真实的金融知识水平,是一种认知层面的反映;而主观金融素养除了金融知识外,还进一步度量居民的主观决策行为,反映了居民在金融决策过程中的心理驱动因素。过多地关注客观金融素养的提高而忽视主观金融素养,很有可能导致居民对复杂的金融产品望而却步,甚至是选择其他低劣的替代品。当然一味地强调主观金融素养也可能存在缺陷,如果居民在面对一个特别复杂的金融产品而感觉自己特别有能力的时候,会忽视对产品信息的收集及研究,他们可能会不假思索地购买。

(4) 金融素养是一项特殊的人力资本,居民自发性学习金融知识的意愿取决于获取金融知识的成本和收益之间的关系,这也意味着并不是所有人都具有内生性地提高金融素养的动力。而认知能力则不同,它属于较为基础的人力资本特征,从 9 年义务教育开始,居民在其生命周期过程中就在不断地积累这项人力资本。看似基础的认知能力训练实际上将深度影响居民的诸多素养特征,内生性地改变居民的社会行为逻辑。应当有针对性地对居民家庭的认知能力进行政策干预。Ayaz等(2012)指出,认知能力会受到内外部环境因素的影响,如社会经济条件、父母的行为、卫生条件、出生时的体重、家庭氛围和受教育情况等等。这说明,不同居民家庭的认知能力天然就具有禀赋差异。除了提供更加公平的义务教育机会以外,还可以广泛通过媒体引导、继续教育、扫盲计划等等,对认知能力相对较差的公民群体进行"再教育"。从这个意义上讲,教育公平与普惠金融具有一脉相承的政策基础,都是社会公平的重要组成部分。相对而言,早期的认知能力提升更为重要,它的投入成本相对较低,能够使居民在整个生命周期中受益。已有文献显示,制定产前营养搭配的指导方案、提高公共卫生条件、营造积极向上的家庭氛围都有助于青少年提高认知能力,为此政府部门有必要主导并引导居民家庭有计划地做好上述工作。就老年人而言,要重视其认知能力衰退问题,以世界卫生组织的相关措施为指引,预防和延缓这部分群体的认知衰退,并加强对老年人金融产品购买的引导和监管,降低老年人频频在金融市场受到欺骗的风险。

(5)加强对金融从业人员,特别是兼有从事理财顾问角色又有销售金融产品人员的职业道德的培养,制定相应的职业规范,加大奖罚机制,避免金融从业人员在提供投资理财信息时与客户的利益发生冲突。这样就可以促使金融素养水平低的家庭更多利用专业人士提供的投资理财信息。另一方面政府可以加大对公益性质的理财机构提供相应的补贴。由于公益性质理财机构人员没有销售金融产品的利益冲突,也就更可能向咨询家庭提供尽可能有价值的信息。

(6)加快以互联网为代表的科技基础设施建设,提高信息的传递效率,降低知识的获取成本,这本身也符合创新型经济发展模式的内涵。本书研究结论表明,居民可以通过信息渠道学习金融知识、提升金融素养。然而,在经济欠发达地区,互联网的普及程度和使用深度还有所欠缺,切断了部分认知能力较高居民"低成本"了解外部世界的机会,这显然不利于包括金融素养在内的人力资本提升。当然,从社会公平的角度来看,科技基础设施的普及也会给所有人提供获取知识的良好渠道,有助于从根本上提高"全民素质"。特别需要说明的是,长期以来中国金融市场的建设滞后于实体经济,金融产品供给不足,"刚兑信仰"还普遍根植在居民的社会意识当中,金融创新很多时候还处在"一管就死,一放就乱"的循环当中,这也是过去一段时间"城投债""P2P"频频爆雷的制度原因,监管部门始终对于金融产品创新持有审慎态度。党的十八大以来,以习近平同志为核心的党中央高度重视金融市场发展,党的十九届五中全会更是围绕建立现代财税金融制度做出了全面部署。从长期来看,"大而不倒"和"刚兑信仰"终将被彻底打破,市场化、与国际接轨的金融制度终将建立,这对于全社会金融素养水平提出了更高的要求。在金融市场化建设进程中,需要进一步提高对金融素养提升计划的重视。多措并举,从根本上提升全社会的金融市场参与深度,真正提高居民家庭的金融福祉。

(7) 完善资本市场的结构,丰富理财产品的种类,尽可能地降低低财富、低收入的居民家庭进入资本市场的门槛,使得全民都有机会分享经济社会发展的成果。

12.3　本书的不足和研究展望

本书试图全面、细致、深入地分析中国居民家庭主观和客观金融素养水平对其福利和金融行为的影响特征和影响机制,但由于时间、精力、能力和数据的限制,本书的研究难免有分析不深入、不全面和不准确的问题。未来准备从以下几个方面努力:

(1) 进一步研究居民家庭主观和客观金融素养水平对家庭负债成本和负债结构的影响。居民家庭通过合理负债平滑一生消费的时候,除了要计算贷款规模外,还要知道借款的成本和负债结构,因为借款成本和负债结构也是影响负债家庭生活水平的一个重要因素。

(2) 由于本书使用的数据是截面数据,而且只知道居民家庭所持有资产的种类,并不知道具体持有哪种资产。因此本书在构造居民家庭风险资产组合夏普比率的时候采取的是一种平均收益率,而且是从历史收益率或未来收益率的角度衡量目前组合的有效性,如果将来有相应的面板数据,可以在这方面加以进一步的完善。

(3) 本书实证结果显示金融素养与理财建议需求是共生的。由于数据限制,没法区分金融素养低的家庭不咨询理财顾问是意识不到理财顾问提供信息的价值还是对理财顾问没有需求或是害怕咨询理财顾问。在未来数据可得的情况下,此问题值得进一步探讨。

(4) 对于金融教育有效性分析部分,仅仅提供了一个初步的经验证据,分析深度还有所不足。例如,由于调查问卷的限制,对金融教育的界定略显主观,且不够精细。又如,本书关注的干预行为是相对常规的家庭投资行为,尚未触及"P2P 爆雷""股灾""信用市场违约"等近期更具社会影响力的风险事件,在一定程度上忽视了金融教育防范系统性金融风险的功能分析。

在居民金融素养普遍偏低、金融市场化程度偏低的时代,金融教育供给不足并不会构成"主要矛盾"。但随着现代金融体系的构建,居民的投资自主性越来越强,社会对投资理财市场的认识亟待转变。例如,信用市场刚性兑付的打破使得居民要真正地对其投资行为负责,政府不再"兜底";互联网金融市场的快速发展使得理财产品的供给日益丰富,但也加大了"问题平台"出现的风险,居民需要具备足够的能力来识别风险;商业银行投资理财产品"破净"或成为常态,居民盲目购买理财产品或将如同股票市场投资一样遭受巨额损失。上述变化无疑对居民金融教育效果评估提出了更高的要求。更为重要的是,由于无法精确地度量金融教育的成本,未能开展"投入—产出"式的效果评估;由于未能考虑金融教育的"替代方案",无法开展"成本—收益"式的效果比较。然而,上述缺陷也为"金融教育有效性"评估的后续研究指明了方向。未来,在调研数据支持的前提下,可以进一步分类、分层,重点关注金融教育干预不同群体金融行为的异质性效果,并与潜在的替代方案(理财建议、金融教训、定向监管)进行"成本—收益"对比。

(5)从学理上讲,相对于理性学派,主观金融素养更接近于行为金融学派的研究话题,即重在探讨金融信心这种"心理"因素对居民金融行为的驱动机制。主观金融素养能够对中国居民资产配置的优化以及负债决策产生正向影响。当然,这并不意味着主观金融素养不会驱动居民的非理性行为。在后续的研究中,我们将持续关注这一话题。

参考文献

［1］蔡庆丰，肖比诺，陈武元. 从投资"现在"到投资"未来"：金融素养对家庭教育投资的影响[J]. 教育发展研究，2022,42(20):33-46.

［2］曹成龙，王辉. 计划生育政策放松对我国家庭储蓄率的影响——基于"单独二孩政策"的研究[J]. 经济学报，2022,9(02):286-316.

［3］曹国华，王楠，任成林. 认知能力、金融知识与家庭商业保险需求[J]. 金融论坛，2020,25(12):48-58.

［4］柴时军. 社会资本与家庭投资组合有效性[J]. 中国经济问题，2017(4):27-39.

［5］陈彦斌，邱圣哲. 高房价如何影响居民储蓄率和财产不平等[J]. 经济研究，2011(10):25-38.

［6］陈云松. 农民工收入与村庄网络——基于多重模型识别策略的因果效应分析[J]. 社会，2012,32(6):68-92.

［7］陈志武. 让证券市场孕育中产阶级[J]. 新财富，2003(8):18-20.

［8］程立超. 储蓄型商业保险需求的影响因素，中国保险学会学术年会入选文集，2011-05-19.

［9］迟香婷. 家庭债务与消费波动：一个基于理论模型的探讨[J]. 中央财经大学学报，2020(8):73-85.

［10］崔颖，刘宏. 认知能力与中老年家庭金融资产配置[J]. 南开经济研究，2019(1):82-99.

［11］董俊华，席秉璐，吴卫星. 信任与家庭股票资产配置[J]. 江西社会科学，2013(7):60-65.

［12］杜丹清. 互联网助推消费升级的动力机制研究[J]. 经济学家，2017(3):48-54.

［13］段忠东，吴文慧. 房价预期与城市家庭消费——基于 CHFS 数据的实证研究[J]. 上海金融，2023(08):3-17.

［14］樊纲治，王宏扬. 家庭人口结构与家庭商业人身保险需求[J]. 金融研究，2015(7):170-189.

［15］范叙春. 收入增长、消费结构升级与产品有效供给[J]. 经济与管理研究，2016(5):16-24.

［16］傅联英，骆品亮. 信用卡循环负债如何影响居民消费[J]. 金融评论，2018,10(06):34-57+122.

［17］甘犁等. 中国家庭金融调查报告[M]. 成都：西南财经大学出版社，2012.

［18］高云虹，刘津铭. 住房类型、长期居留意愿与农民工家庭消费[J]. 财经科学，2022(08):135-148.

[19] 高明,刘玉珍.跨国家庭金融比较:理论与政策意涵[J].经济研究,2013(2):134 - 149.

[20] 韩立岩,杜春越.收入差距、借贷水平与居民消费的地区及城乡差异[J].经济研究, 2012(S1):15 - 27.

[21] 何凡,曾鑫,黄炜.社保缴费对劳动力就业、工资和家庭储蓄的影响[J].世界经济, 2023,46(07):219 - 240.

[22] 何丽芬,吴卫星,徐芊.中国家庭负债状况、结构及影响因素分析[J].华中师范大学 学报,2012(1):59 - 68.

[23] 何兴强,史卫,周开国.背景风险与居民风险金融资产投资[J].经济研究,2009 (12):119 - 130.

[24] 贺昌政,孔力,朱兵,肖进.信用卡取现影响因素研究[J].管理评论,2014(10):38 - 45.

[25] 胡春燕,岳中刚.中国银行卡消费与经济增长的经验分析[J].经济经纬,2007(05): 141 - 144.

[26] 胡荣,李静雅.城市居民信任的构成及影响因素[J].社会,2006,26(6):45 - 61.

[27] 江静琳,王正位,廖理.农村成长经历和股票市场参与[J].经济研究,2018,53(8): 84 - 99.

[28] 雷晓燕,周月刚.中国家庭的资产组合选择:健康状况与风险偏好[J].金融研究, 2010(1):31 - 45.

[29] 李丁,丁俊菘,马双.社会互动对家庭商业保险参与的影响——来自中国家庭金融 调查(CHFS)数据的实证分析[J].金融研究,2019(07):96 - 114.

[30] 李广子,王健.消费信贷如何影响消费行为?——来自信用卡信用额度调整的证 据[J].国际金融研究,2017(10):55 - 64.

[31] 李江一."房奴效应"导致居民消费低迷了吗[J].经济学(季刊),2017(1): 405 - 430.

[32] 李涛.社会互动与投资选择[J].经济研究,2006(8):45 - 57.

[33] 李涛.参与惯性和投资选择[J].经济研究,2007(8):95 - 109.

[34] 李涛,陈斌开.家庭固定资产、财富效应与居民消费:来自中国城镇家庭的经验证 据[J].经济研究,2014(3):62 - 75.

[35] 李涛,方明,伏霖等.客观相对收入与主观经济地位:基于集体主义视角的经验证 据[J].经济研究,2019,54(12):118 - 133.

[36] 李涛,朱俊兵,伏霖.聪明的人更愿意创业吗?——来自中国的经验发现[J].经济 研究,2017(3):91 - 105.

[37] 李晓,吴雨,李洁.数字金融发展与家庭商业保险参与[J].统计研究,2021,38(5): 29 - 41.

[38] 李晓飞,臧旭恒,姚健.我国养老保险制度并轨对家庭储蓄率及消费的影响—— 2015 年机关事业单位养老保险改革的经验证据[J].南开经济研究,2021 (06):106 - 126.

[39] 李心丹,肖斌卿,俞红海,宋建华.家庭金融研究综述[J].管理科学学报,2011,14 (4):74 - 85.

[40] 李雅娴,张川川.认知能力与消费:理解老年人口高储蓄率的一个新视角[J].经济 学动态,2018(2):65 - 75.

［41］廖理,初众,张伟强.中国居民金融素养差异性的测度实证[J].数量经济技术经济研究,2019(1):96－112.

［42］廖理,张金宝.城市家庭的经济条件、理财意识和投资借贷行为——来自全国24个城市的消费金融调查[J].经济研究,2011(S1):17－29.

［43］刘宏,侯本宇方,陈斌开.城镇化进程中财产性收入冲击对家庭消费的影响——来自房屋拆迁的准自然实验[J].财贸经济,2021,42(09):112－128.

［44］刘鹏飞."少子化"对家庭储蓄率的影响机制研究[J].中央财经大学学报,2022(03):81－92＋104.

［45］刘学宁.收入水平对保险需求影响的实证研究[J].保险研究,2012(11):54－61.

［46］路晓蒙,李阳,甘犁,王香.中国家庭金融投资组合的风险——过于保守还是过于冒进[J].管理世界,2017(12):92－108.

［47］栾存存.我国保险业增长分析[J].经济研究,2004(1):25－32.

［48］罗靳雯,彭湃.教育水平、认知能力和金融投资收益——来自CHFS的证据[J].教育与经济,2016(6):77～85.

［49］马征程,杨朝军,蔡明超.住房资产对风险型金融资产投资的影响——基于我国家庭的实证研究[J].上海金融,2019(1):1－8.

［50］孟德锋,田亮,严伟祥.金融素养与信用消费行为:以信用卡为例[J].金融论坛,2019(11):67－80.

［51］孟宏玮,闫新华.金融素养、家庭杠杆率与家庭消费[J].金融发展研究,2019(12):30－39.

［52］孟亦佳.认知能力与家庭资产选择[J].经济研究,2014,49(1):132－142.

［53］潘敏,刘知琪.居民家庭"加杠杆"能促进消费吗? 来自中国家庭微观调查的经验证据[J].金融研究,2018(4):71－87.

［54］秦芳,王文春,何金财.金融知识对商业保险参与的影响——来自中国家庭金融调查(CHFS)数据的实证分析[J].金融研究,2016(10):143－158.

［55］秦海林,高軼玮.社会资本、消费行为选择与消费升级:基于CFPS(2016)的实证检验[J].消费经济,2019(6):70－82.

［56］任天驰,杨汭华.农业保险如何影响农户家庭储蓄率——基于五省两期调查数据[J].农业技术经济,2023(05):49－63.

［57］沈红波,黄卉,廖理.中国信用卡市场持卡人透支行为研究[J].统计研究,2013,30(10):61－67.

［58］史代敏,宋艳.居民金融资产选择的实证研究[J].统计研究,2005(10):43－49.

［59］石明明,江舟,周小焱.消费升级还是消费降级[J].中国工业经济,2019(7):42－60.

［60］宋明月,臧旭恒.异质性消费者、家庭债务与消费支出[J].经济学动态,2020(6):74－90.

［61］宋全云,吴雨,尹志超.金融知识视角下的家庭信贷行为研究[J].金融研究,2017(6):95－110.

［62］宋全云,肖静娜,尹志超.金融知识视角下中国居民消费问题研究[J].经济评论,2019(1):133－147.

［63］粟芳.收入分配的公平性与保险市场发展的关联分析[J].财经研究,2004(1):70－79.

[64] 孙同全,潘忠. 普惠金融建设中的金融教育[J]. 中国金融,2014(10):62-63.

[65] 孙武军,林惠敏. 金融排斥、社会互动和家庭资产配置[J]. 中央财经大学学报,2018(3):21～38.

[66] 田子方,李涛,伏霖. 家庭关系与居民消费[J]. 经济研究,2022,57(06):173-190.

[67] 王聪,姚磊,柴时军. 年龄结构对家庭资产配置的影响及其区域差异[J]. 国际金融研究,2017(2):76-86.

[68] 王立平,夏敏. 支付方式数字化程度对家庭消费的影响——基于 CHFS 数据分析[J]. 华东经济管理,2022,36(07):87-97.

[69] 王韧,夏昱,徐珏瑶,许豪,徐徐. 子女结构与家庭商业保险:来自中国家庭金融调查的证据[J]. 中国软科学,2022(7):183-192.

[70] 王沈南,吴锟,吴卫星. 主观金融素养对居民投保人身保险的影响研究[J]. 科学决策,2021(12):1-18.

[71] 王树. 老龄化、二次人口红利与家庭储蓄率[J]. 当代经济科学,2020,42(06):88-95.

[72] 王向楠,王晓全. 我国居民人寿保险需求的调查分析[J]. 金融理论与实践,2013(1):82-86.

[73] 王晓全,孙祁祥. 背景风险对保险需求的影响[J]. 保险研究,2011(3):108-114.

[74] 王彦伟. 家庭资产选择、地区经济特征与居民消费水平[J]. 北京工商大学学报(社会科学版),2020(3):113-126.

[75] 王岳龙,蔡玉龙,唐宇晨. 房价升值预期、财富幻觉与家庭消费——基于《国六条》的证据[J]. 数量经济技术经济研究,2023,40(9):116-137.

[76] 魏丽萍,陈德棉,谢胜强. 互联网金融投资决策:金融素养、风险容忍和风险感知的共同影响[J]. 管理评论,2018(9):61-71.

[77] 温忠麟,叶宝娟. 中介效应分析:方法和模型发展[J]. 心理科学进展,2014,22(5):731-745.

[78] 吴锟. 金融素养对中国居民家庭金融行为的影响研究[D]. 北京:对外经济贸易大学,2016.

[79] 吴锟,王琎,赵越超. 居民家庭的过度负债:度量与特征——来自中国家庭微观调查数据的分析[J]. 北京工商大学学报(社会科学版),2020,35(4):103-114.

[80] 吴锟,王沈南. 认知能力对居民金融素养的影响研究[J]. 财经问题研究,2022(3):63-71.

[81] 吴锟,王沈南,李鸿波. 金融素养如何影响居民消费?[J]. 财贸研究,2022(2):68-79.

[82] 吴锟,吴卫星. 理财建议可以作为金融素养的替代吗?[J]. 金融研究,2017(8):161-176.

[83] 吴锟,吴卫星. 金融素养对居民信用卡使用的影响[J]. 北京工商大学学报(社会科学版),2018(4):84-95.

[84] 吴锟,吴卫星,邵旭方. 期望收益率不确定与最优组合选择[J]. 金融理论与实践,2015(6):1-5.

[85] 吴锟,吴卫星,王沈南. 信用卡使用提升了居民家庭消费支出吗?[J]. 经济学动态,2020(7):28-46.

[86] 吴锟,吴卫星,王沈南. 金融教育是有效的吗?[J]. 金融研究,2022(11):117-135.

[87] 吴卫星,齐天翔. 流动性、生命周期与投资组合相异性[J]. 经济研究,2007(2):97-110.

［88］吴卫星,丘艳春,张琳琬.中国居民家庭投资组合有效性:基于夏普率的研究[J].
世界经济,2015,38(1):154-172.

［89］吴卫星,荣苹果,徐芊.健康与家庭资产选择[J].经济研究,2011(s1):43-54.

［90］吴卫星,沈涛,任小璨.自我效能与股票市场投资者参与[J].财经理论与实践,
2014,35(187):45-51.

［91］吴卫星,吴锟,沈涛.自我效能会影响居民家庭资产组合的多样性吗[J].财经科
学,2016(2):14-23.

［92］吴卫星,吴锟,王琎.金融素养与家庭负债——基于中国居民家庭微观调查数据
的实证分析[J].经济研究,2018(1):97-109.

［93］吴卫星,吴锟,张旭阳.金融素养与家庭资产组合有效性[J].国际金融研究,2018
(5):66-75.

［94］吴卫星,徐芊,白晓辉.中国居民家庭负债决策的群体差异比较研究[J].财经研
究,2013,39(3):19-29.

［95］吴卫星,易尽然,郑建明.中国居民家庭投资结构:基于生命周期、财富和住房的
实证分析[J].经济研究,2010(S1):72-82.

［96］吴卫星,张旭阳,吴锟.金融素养与家庭储蓄率:基于理财规划与借贷约束的解释
[J].金融研究,2021(8):119-137.

［97］吴雨,李晓,李洁,周利.数字金融发展与家庭金融资产组合有效性[J].管理世界,
2021,37(7):92-104.

［98］向晖,郭珍珍.金融素养对网贷消费行为的影响:感知风险中介作用的实证研究
[J].消费经济 2019(2):62-70.

［99］徐佳,谭娅.中国家庭金融资产配置及动态调整[J].金融研究,2016(12):
95-110.

［100］徐忠.经济高质量发展阶段的中国货币调控方式转型[J].金融研究,2018(4):1-
19.

［101］徐忠,张雪春,丁志杰,等.公共财政与中国国民收入的高储蓄倾向[J].中国社会
科学,2010(6):93-107,222.

［102］杨碧云,郭壮哲,易行健.数字经济促进居民家庭消费升级的微观效应——基
于 CHFS 的经验证据研究[J].经济评论,2023(03):31-47.

［103］杨碧云,吴熙,易行健.互联网使用与家庭商业保险购买——来自 CFPS 数据的证
据[J].保险研究,2019(12):30-47.

［104］杨晓军,冉旭兰.中国老年人口比重对家庭储蓄率的影响——兼论储蓄动机的调
节效应[J].人口与经济,2023(06):87-104.

［105］姚曼曼,张泽宇.房价上涨如何影响流动人口家庭储蓄率[J].劳动经济研究,
2022,10(03):93-112.

［106］易行健,张波,杨汝岱,杨碧云.家庭社会网络与农户储蓄行为:基于中国农村的
实证研究[J].管理世界,2012(5):43-51.

［107］姚玲珍,张雅淋.家庭债务、金融素养与消费:基于 CHFS 数据的实证研究[J].统
计与信息论坛,2020(9):119-128.

［108］尹志超,仇化,潘学峰.住房财富对中国城镇家庭消费的影响[J].金融研究,2021
(2):114-132.

［109］尹志超,蒋佳伶.住房财富降低了家庭储蓄率吗?［J].社会科学辑刊,2023(04):

122 - 133.

[110] 尹志超,宋全云,吴雨. 金融知识、投资经验与家庭资产选择[J]. 经济研究,2014(4):62 - 75.

[111] 尹志超,宋全云,吴雨,彭嫦燕. 金融知识、创业决策和创业动机[J]. 管理世界,2015,256(1):87 - 98.

[112] 尹志超,田文涛,王晓全. 移动支付对家庭商业保险参与的影响——基于中国家庭金融调查数据的实证分析[J]. 财经问题研究,2022(11):57 - 66.

[113] 尹志超,吴子硕,蒋佳伶. 移动支付对中国家庭储蓄率的影响[J]. 金融研究,2022(09):57 - 74.

[114] 尹志超,吴子硕,严雨. 数字经济能激发农村家庭消费活力吗?[J]. 经济管理,2023,45(12):5 - 25.

[115] 尹志超,严雨. 保险对中国家庭储蓄率的影响[J]. 经济科学,2020(05):99 - 110.

[116] 尹志超,严雨,蒋佳伶. 收入波动、社会网络与家庭商业保险需求[J]. 财经问题研究,2021,453(8):52 - 61.

[117] 尤佳颖,张东. 房产价值与住房负债对家庭消费的影响[J]. 统计与决策,2022,38(14):153 - 157.

[118] 臧文如. 新生代农民工信用卡消费使用行为研究[J]. 农业技术经济,2015(02):95 - 108.

[119] 臧旭恒,冯健康,宋明月. 消费信贷对家庭经济脆弱性的影响——基于信用卡使用视角的研究[J]. 浙江工商大学学报,2023(03):91 - 103.

[120] 臧旭恒,李燕桥. 消费信贷、流动性约束与中国城镇居民消费行为:基于 2004~2009 年省际面板数据的经验分析[J]. 经济学动态,2012(2):61 - 66.

[121] 曾志耕,何青,吴雨,尹志超. 金融知识与家庭投资组合多样性[J]. 经济学家,2015(6):86 - 94.

[122] 张诚,刘瑜,尹志超. 儒家文化对家庭储蓄率的影响[J]. 北京工商大学学报(社会科学版),2022,37(04):58 - 71.

[123] 张诚,唐成. 遗产动机对中国老年家庭储蓄率的影响[J]. 人口与经济,2021(02):57 - 70.

[124] 张诚,翁希演,胡少东. 方言多样性对家庭商业保险参与的影响[J]. 经济学报,2023,10(2):1 - 34.

[125] 张浩,李文彬. 个人早期经历与家庭商业保险参与[J]. 经济科学,2022(1):126 - 140.

[126] 张浩,李文彬,周利,来特. 多子女与家庭商业保险:利他抑或投资?[J]. 中央财经大学学报,2023(1):26 - 38.

[127] 张勇菊. 普惠制金融环境下传统金融知识教育与拇指规则培训有效性研究[J]. 上海金融,2016(2):68 - 75.

[128] 赵昕东,李翔,王宏利. 生育二孩是否影响流动人口家庭储蓄——基于 2016 年全国流动人口动态监测调查数据[J]. 宏观经济研究,2020(05):102 - 110.

[129] 郑路,徐旻霞. 传统家庭观念抑制了城镇居民商业养老保险参与吗?——基于金融信任与金融素养视角的实证分析[J]. 金融研究,2021(06):133 - 151.

[130] 钟春平,陈静,孙焕民. 寿险需求及其影响因素研究:中国寿险需求为何低?[J]. 经济研究,2012(S1):148 - 160.

[131] 中国人民银行金融消费权益保护局. 消费者金融素养调查报告[N]. 金融时报, 2014(8):27.

[132] 周弘. 风险态度、消费者金融教育与家庭金融市场参与[J]. 经济科学, 2015(1): 79 - 88.

[133] 周弘. 金融教育需求、闲暇时间配置与消费者金融教育选择[J]. 上海财经大学学报, 2016(4):40 - 51.

[134] 周华东, 李艺, 高玲玲. 子女性别与家庭储蓄——基于中国家庭金融调查数据 (CHFS)的分析[J]. 西北人口, 2021,42(05):1 - 15.

[135] 周利. 高房价、资产负债表效应与城镇居民消费[J]. 经济科学, 2018(6):69 - 80.

[136] 周铭山, 孙磊, 刘玉珍. 社会互动、相对财富关注及股市参与[J]. 金融研究, 2011 (2):172 - 184.

[137] 周洋, 王维昊, 刘雪瑾. 认知能力和中国家庭的金融排斥[J]. 经济科学, 2018(1): 96 - 112.

[138] 朱鹤, 王沈南, 何帆. 基于明斯基理论的中国居民部门杠杆率重估与债务风险探讨[J]. 经济学家, 2021(12):62 - 71.

[139] 卓志. 我国人寿保险需求的实证分析[J]. 保险研究, 2001(5):10 - 12.

[140] 宗计川, 付嘉, 包特. 交易者认知能力与金融资产价格泡沫:一个实验研究[J]. 世界经济, 2017(6):167 - 192.

[141] Abadie, A., Drukker, D., Herr, J. L., and Imbens, G. W. Implementing Matching Estimators for Average Treatment Effects in Stata. The Stata Journal, 2004,4(3):290 - 311.

[142] Abreu, M., and Victor, M. Financial Literacy and Portfolio Diversification. Quantitative Finance, 2010,10(5):515 - 528.

[143] Agarwal, S., and Mazumder, B. Cognitive Abilities and Household Financial Decision Making. American Economic Journal, 2013,5(1):193 - 207.

[144] Agnew, S., and Harrison, N. Financial Literacy and Student Attitudes to Debt: A Cross National Study Examining the Influence of Gender on Personal Finance Concepts. Journal of Retailing Consumer Services, 2015,25(7):122 - 129.

[145] Agnew, J. R. Hazel, B., and Susan, T. Financial Literacy and Retirement Planning in Australia. Numeracy, 2013,6(2):1 - 25.

[146] Ajzen, I. The Theory of Planned Behaviour. Organizational Behavior and Human Decision Processes, 1991,50(2),179 - 211.

[147] Allgood, S., and Walstad, W. Financial Literacy and Credit Card Behaviors: A Cross-sectional Analysis by Age. Numeracy, 2013,6(2):1 - 26.

[148] Allgood, S., and William, B. W. The Effects of Perceived and Actual Financial Literacy on Financial Behaviors. Economic Inquiry, 2016,54(1):675 - 697.

[149] Anderson, A., Baker, F., and Robinson, D. T. Precaution Savings, Retirement Planning and Misperceptions of Financial Literacy. Journal of Financial Economics, 2017,126(2):383 - 398.

[150] Anderson, D., and Nevin, J. Determinants of Young Marrieds' Life Insurance Purchasing Behavior: An Empirical Investigation. Journal of Risk and Insurance, 1975(42):375 - 387.

[151] Angerer, X. H. and Lam, P. S. Income Risk and Portfolio Choice: An Empirical Study. Journal of Finance, 2009, 64(2):1037 - 1055.

[152] Arrondel, L., Majdi, D. and Frédérique S. Stockholding in France: the Role of Financial Literacy and Information. Applied Economics Letters, 2015, 22(16): 1315 - 1319.

[153] Arrondel, L., and Masson, A. Stockholding in France. In Stockholding in Europe (eds), edited by Guiso, L., Haliassos M., and Jappelli, T. Palgrave Macmillan, London, 2003.

[154] Arrondel, L., and Savignac, F. Housing and Portfolio Choice in France. In Housing Markets in Europe (eds), edited by de Bandt, O., Knetsch, T., Penalosa, J., and Zollino, F. Springer, Berlin, 2010.

[155] Atkinson, A., and Messy, F. A. Measuring Financial Literacy: Results of the OECD/International Network on Financial Education (INFE) Pilot Study [R]. OECD Working Papers on Finance, Insurance and Private Pensions, 2012, 15:1 - 73.

[156] Awh, R. Y., and Waters, D. A Discriminant Analysis of Economic, Demographic, and Attitudinal Characteristics of Bank Charge-Card Holders: A Case Study. The Journal of Finance, 1974, 29(3):973 - 980.

[157] Ayaz, E., Shenkin, S. D., Craig, L., Starr, J. M., Deary, I. J., Whalley, L. J., and Soiza, R. L. Early-life Determinants of Cognitive Ability in Childhood and Old Age. The Lancet, 2012, 380(11):S23.

[158] Babbel, D. F. Inflation, Indexation, and Life Insurance Sales in Brazil. Journal of Risk and Insurance, 1981(48):111 - 135.

[159] Babiarz, P., and Robb, C. A. Financial Literacy and Emergency Saving. Journal of Family and Economic Issues, 2014, 35(1):40 - 50.

[160] Baek, E., and Hong, G. S. Effects of Family Life-Cycle Stages on Consumer Debts. Journal of Family and Economic, 2004(25):359 - 385.

[161] Baker, D. W. The Meaning and the Measure of Health Literacy. Journal of General Internal Medicine, 2006, 21(8):878 - 883.

[162] Bakken, R. Money Management Understandings of Tenth Gradestudents. National Business Education Quarterly, 1967, 36(6).

[163] Balloch, A., Nicolae, A., and Philip, D. Stock Market Literacy, Trust, and Participation. Review of Finance, 2015, 19(5):1925 - 1963.

[164] Bandura, A. Social Foundations of Thought and Action: A Social Cognitive Theory. Englewood Cliffs, NJ: Prentice Hall, 1986.

[165] Bankrate. Americans on the Brink of Financial Illiteracy. http://www.bankrate. com/brm/news/financial-literacy/grade-home.asp.2003.

[166] Banks, J. Cognitive Function, Numeracy and Retirement Saving Trajectories. The Economic Journal, 2010, 120(548):381 - 410.

[167] Banks, J., and Oldfield, Z. Pensions: Cognitive Function, Numerical Ability and Retirement Saving. Fiscal Studies, 2007, 28(2):143 - 170.

[168] Bannier, C. and Neubert M. Gender Differences in Financial Risk Taking: The

Role of Financial Literacy and Risk Tolerance. Economics Letters, 2016, 145(C): 130 – 135.

[169] Bannier, C. E., and Schwarz, M. Gender- and Education-related Effects of Financial Literacy and Confidence on Financial Wealth. Journal of Economic Psychology, 2018, 67(8):66 – 86.

[170] Barberis, N., and Huang, M. Stocks as Lotteries: The Implications of Probability Weighting for Security Prices. American Economic Review, 2008, 98 (5):2066 – 2100.

[171] Barthel, A. C., and Lei, S. Investment in Financial Literacy and Financial Advice-seeking: Substitutes or Complements? The Quarterly Review of Economics and Finance, 2021, 81:385 – 396.

[172] Bayer, P. J., Bernheim, B. D., and Scholz, J. K. The Effects of Financial Education in the Workplace: Evidence from a Survey of Employers. Economic Inquiry, 2009, 47(4), 605 – 624.

[173] Begley, T. M., and Boyd, D. P. A Comparison of Entrepreneurs and Managers of Small Business Firms. Journal of Management, 1987, 13(1):99 – 108.

[174] Behrman, J. R., Mitchell, O. S., Soo, C. K., and Bravo, D. How Financial Literacy Affects Household Wealth Accumulation. American Economic Review, 2012, 102(3):300 – 304.

[175] Bellofatto, A., Catherine, D. H., and Rudy, D. W. Subjective Financial Literacy and Retail Investors' Behavior. Journal of Banking and Finance, 2018, 92(5): 168 – 181.

[176] Benitez, S. Labor Supply Flexibility and Portfolio Choice: An Empirical Analysis. Working Paper No. 056. Michigan Retirement Research Center, 2003.

[177] Ben-Porath, Y. The Production of Human Capital over the Life Cycle. Journal of Political Economy, 1967, 75(4):352 – 365.

[178] Bergstresser, D., Chalmers, J. M. R. andTufano P. Assessing the Costs and Benefits of Brokers in the Mutual Fund Industry. Review of Financial Studies, 2009, 22(10):4129 – 4156.

[179] Berkowitz, M. K., and Qiu J. A Further Look at Household Portfolio Choice and Health Status. Journal of Banking & Finance, 2006, 30(4):1201 – 1217.

[180] Bernanke, B. A Message from Chairman Bernanke. Speech delivered at Federal Reserve Bank of Dallas, July, 2006.

[181] Bernanke, B. Fostering Financial Literacy. Speech at the National Bankers Association Foundation Financial Literacy Summit Reception, Washington, DC, Aprial, 2010.

[182] Bernanke, B., and Gertler, M. Agency Costs, Net Worth, and Business Fluctuations. American Economic Review, 1989, 79(1):14 – 31.

[183] Bernheim, B., Garrett, D., and Maki., D. Education and Saving: The Long-Term Effects of High School Financial Curriculum Mandates. Journal of Public Economics, 2001(80):435 – 465.

[184] Bernheim, B. D., Carman, K. G., Gokhale, J., and Kotlikoff, L. Are Life

Insurance Holdings Related to Financial Vulnerabilities? Economic Inquiry, 2003 (41):531 – 554.

[185] Betti, G., Dourmashkin N., Rossi M. Consumer Over-indebtedness in the EU: Measurement and Characteristics. Journal of Economic Studies, 2007, 34 (1): 136 – 56.

[186] Bhamra, H.S., and Uppal, R. Does Household Finance Matter? Small Financial Errors with Large Social Costs. American Economic Review, 2019, 109 (3), 1116 – 1154.

[187] Bhattacharya, U., Hackethal, A., Kaesler, S., Loos, B., and Meyer S. Is Unbiased Financial Advice to Retail Investors Sufficient? Answers from a Large Field Study. Review of Financial Studies, 2012, 25(4):975 – 1032.

[188] Bodie, Z., Merton, R.C., and Samuelson, W.F. Labor Supply Flexibility and Portfolio Choice in a Life Cycle Model. Journal of Economic Dynamics and Control, 1992, 16(3):427 – 449.

[189] Bolton, P., Freixas, X., and Shapiro, J. Conflicts of Interest, Information Provision, and Competition in the Financial Service Industry. Journal of Financial Economics, 2007, 85(2):297 – 330.

[190] Borden, L.M., Lee, S.A., Serido, J., and Collins, D. Changing College Students' Financial Knowledge, Attitudes, and Behavior through Seminar Participation. Journal of Family and Economic Issues, 2008, 29(1):23 – 40.

[191] Bowen, C.F. Financial Knowledge of Teens and Their Parents. Financial Counseling and Planning, 2002, 13(2):93 – 102.

[192] Braunstein, S., and Welch., C. Financial Literacy: An Overview of Practice, Research, and Policy. Federal Reserve Bulletin, 2002(11):445 – 457.

[193] Brown, M., and Graf, R. Financial Literacy and Retirement Planning in Switzerland. Numeracy, 2013, 6(2):1 – 21.

[194] Brown, J.R., Kapteyn, A., and Mitchell, O.S. Framing and Claiming: How Information-Framing Affects Expected Social Security Claiming Behavior. Journal of Risk and Insurance, 2016, 83(1), 139 – 162.

[195] Browne, M.J., and Kim, K. An International Analysis of Life Insurance Demand. Journal of Risk and Insurance, 1993(60):616 – 634.

[196] Bruhn, M., Leão, L.S., Legovini, A., Marchetti, R., and Zia, B. The Impact of High School Financial Education: Evidence from a Large-scale Evaluation in Brazil. American Economic Journal: Applied Economics, 2016, 8(4), 256 – 295.

[197] Bucher-Koenen, T., and Lusardi, A. Financial Literacy and Retirement Planning in Germany. Journal of Pension Economics and Finance, 2011, 10(4):565 – 584.

[198] Bucher-Koenen, T., Lusardi, A., Alessie, R.J.M., van-Rooij M.C.J. How Financially Literare Are Women? An Overview and New Insights. Journal of Consumer Affairs, 2017, 51(2):255 – 283.

[199] Bucher-Koenen, T., and Koenen, J. Do Smarter Consumers Get Better Advice? An Analytical Framework and Evidence from German Private Pensions. CDSE Discussion Paper No. 105, University of Mannheim, 2010.

[200] Calcagno, R., and Monticone, C. Financial Literacy and the Demand for Financial Advice. Journal of Banking & Finance, 2015(50):363 – 380.

[201] Callingham, R., and Watson, J. Measuring Statistical Literacy. Journal of Applied Measurement, 2005,6(1):19 – 47.

[202] Calvet, L. E., Campbell, J. Y., and Sodini, P. Down or Out: Assessing the Welfare Costs of Household Investment Mistakes. Journal of Political Economy, 2007,115(5):707 – 747.

[203] Calvet, L. E., Campbell, J. Y., and Sodini, P. Fight or Flight? Portfolio Rebalancing by Individual Investors. Quarterly Journal of Economics, 2009a, 124 (1):301 – 348.

[204] Calvet, L. E., Campbell, J. Y. and Sodini, P. Measuring the Financial Sophistication of Households. American Economic Review, 2009b, 99 (2): 393 – 398.

[205] Campbell, J. Y. Household Finance. Journal of Finance, 2006, 61(4):1553 – 1604.

[206] Campbell, J. Y., and Cocco, J. F. Household Risk Management and Optimal Mortgage Choice. Quarterly Journal of Economics, 2003(18):1449 – 1494.

[207] Campbell, J. Y., Ramadorai, T., and Ranish, B. Do the Rich Get Richer in the Stock Market? Evidence from India. American Economic Review: Insights, 2019,1(2):225 – 240.

[208] Campbell, R. A. The Demand for Life Insurance: An Application of the Economics of Uncertainty. Journal of Finance, 1980,35(5):1155 – 1172.

[209] Canner, G. B., and Cyrnak, A. W. Recent Development in Credit Card Holding and Use Patterns among US Families. Journal of Retail Banking, 1985,7(3):63 – 74.

[210] Cardak, B. A., and Wilkins, R. The Determinants of Household Risky Asset Holdings: Australian Evidence on Background Risk and other Factors. Journal of Banking & Finance, 2009(33):850 – 860.

[211] Carlson, J. P., Vincent, L. H., Hardesty, D. M., and Bearden, W. O. Objective and Subjective Knowledge Relationships: A Quantitative Analysis of Consumer Research Findings. Journal of Consumer Research, 2009,35(5):864 – 76.

[212] Cecchetti, S. G., Mohanty, M. S., and Zampolli, F. The Real Effects of Debt. BIS Working Paper, No.352,2011.

[213] Cecchetti, S., and Kharroubi, E. Reassessing the Impact of Finance on Growth. BIS Working Papers No.381,2012.

[214] Chan, S., and Stevens, A. H. What You Don't Know Can't Help You: Pension Knowledge and Retirement Decision-making. Review of Economics & Statistics, 2008,90(2):253 – 266.

[215] Chauhan, Y., and Dey, D. K. Does Financial Literacy Affect the Value of Financial Advice? A Contingent Valuation Approach. Journal of Behavioral and Experimental Finance, 2020(25):100268.

[216] Chien, Y. W., and Sharon, D. The Effects of Credit Attitude and Socioeconomic Facts on Credit Card and Installment Debt. The Journal of Consumer Affairs, 2001,35(1):162 - 179.

[217] Chowdhry, N., and Dholakia, U. M. Know Thyself Financially: How Financial Self-awareness Can Benefit Consumers and Financial Advisors. Financial Planning Review, 2020,3(1):1 - 14.

[218] Christelis, D., Jappelli, T., and Padula, M. Cognitive Abilities and Portfolio Choice. European Economic Review, 2010,54(1),18 - 38.

[219] Christiansen, C., Juanna, S. J., and Jesper, R. Are Economists More Likely to Hold Stocks? Review of Finance, 2008,12(3):465 - 96.

[220] Clark, R., Lusardi, A., and Mitchell O. S. Employee Financial Literacy and Retirement Plan Behavior: A Case Study. Economic Inquiry, 2017,55(1):248 - 259.

[221] Clayton, M., Jose, L. Z., and Wilson, J. O. S. Does Debt Affect Health? Cross Country Evidence on the Debt-health Nexus. Social Science & Medicine, 2015 (130):51 - 58.

[222] Cocco, J. Portfolio Choice in the Presence of Housing. The Review of Financial Studies, 2005,18(2):535 - 567.

[223] Cocco, J., Francisco, G., and Maenhout, P. Consumption and Portfolio Choice over the Life-cycle. Review of Financial Studies, 2005,18(2):491 - 533.

[224] Cohen, L. Loyalty Based Portfolio Choice. Review of Financial Studies, 2009 (22):1213 - 1245.

[225] Coile, C., and Milligan, K. How Household Portfolios Evolve after Retirement: The Effect of Aging and Health Shocks. Review of Income and Wealth, 2009,55(2):226 - 248.

[226] Cole, S., Sampson, T., and Zia, B. Money or Knowledge? What Drives the Demand for Financial Services in Developing Countries? Harvard Business School Working Paper, No. 09 - 117.

[227] Collins, J. M. Finance Advice: A Substitute for Financial Literacy? Financial Services Review, 2012,21(4):307 - 322.

[228] Courchane, M., and Zorn, P., Consumer Literacy and Credit Worthiness. Presented at Federal Reserve System Conference, Promises and Pitfalls: As Consumer Options Multiply, Who Is Being Served and at What Cost? April 7, 2005 in Washington, DC.

[229] Cox, D., and Jappelli, T. The Effect of Borrowing Constraints on Consumer Liabilities. Journal of Money, Credit and Banking, 1993(25):197 - 203.

[230] Crook, J. The Demand for Household Debt in the USA: Evidence from the 1995 Survey of Consumer Finance. Applied Financial Economics, 2001(11):83 - 91.

[231] Cupak, A., Fessler, P., Hsu, J. W., and Paradowski P. R. Investor Confidence and High Financial Literacy Jointly Shape Investments in Risky Assets. Economic Modelling, 2022(116):106033.

[232] Dabla-Norris, E., and Srivisal, N. Revisiting the Link between Finance and

Macroeconomic Volatility. IMF Working Paper No. 13 – 29, 2013.

[233] Danes, S. M. Parental Perceptions of Children's Financial Socialization. Financial Counseling and Planning, 1994, 5(1), 27 – 146.

[234] Danes, S. M., and Haberman, H. R. Teen Financial Knowledge, Self-efficacy, and Behavior: A Gendered View. Journal of Financial Counseling and Planning, 2007, 18(2):48 – 60.

[235] Danes, S. M., and Hira, T. K. Money Management Knowledge of College Students. The Journal of Student Financial Aid, 1987, 17(1):4 – 16.

[236] De Bresser, J., and Knoef, M. Can the Dutch Meet Their Own Retirement Expenditure Goals? Labour Economics, 2015(34):100 – 117.

[237] Deevy, M., Lucich, S., and Beals, M. Scams, Schemes and Swindles: A Review of Consumer Financial Fraud Research. Working Paper, 2012.

[238] Delavande, A., Rohwedder, S., and Willis, R. J. Retirement Planning and the Role of Financial Literacy and Cognition. Michigan Retirement Research Center Working Paper, 2008.

[239] Deuflhard, F., Georgarakos, D., and Inderst, R. Financial Literacy and Savings Account Returns. Journal of the European Economic Association, 2019, 17(1): 131 – 164.

[240] Dew, J., and Xiao, J. J. The Financial Management Behavior Scale: Development and Validation. Journal of Financial Counseling and Planning, 2011, 22 (1):43 – 59.

[241] Dinkova, M., Kalwij, A., and Alessie, R. Know More, Spend More? The Impact of Financial Literacy on Household Consumption. De Economist, 2021 (169):469 – 498.

[242] Disney, R., and Gathergood, J. Financial Literacy and Consumer Credit Portfolios. Journal of Banking & Finance, 2013, 37(7), 2246 – 2254.

[243] Dolvin, S. D., and Templeton., W. K. Financial Education and Asset Allocation. Financial Services Review, 2006(15):133 – 149.

[244] Drentea, P., and Lavrakas, P. Over the Limit: the Association among Health, Race and Debt. Social Science & Medicine, 2000, 50(4):517 – 529.

[245] Duca, J. V., and Rosenthal, S. S. Borrowing Constraints, Household, Debt and Racial Discrimination in the Loan Market. Journal of Financial Intermediation, 1993(3):77 – 103.

[246] Dynan, K., Johnson, K., and Pence, K. Recent Changes to a Measure of US Household Debt Service. Federal Reserve Bulletin, 2003, 89(10):417 – 426.

[247] Edwards, R. D. Health Risk and Portfolio Choice. Journal of Business and Economic Statistics, 2008(26):472 – 485.

[248] Eggertsson, G. B., and Krugman, P. Debt, Deleveraging, and the Liquidity Trap: A Fisher-Minsky-Koo Approach. The Quarterly Journal of Economics, 2012, 127(3):1469 – 1513.

[249] Fan, E., and Zhao, R. Health Status and Portfolio Choice: Causality or Heterogeneity? Journal of Banking & Finance, 2009(33):1079 – 1088.

[250] Farrell, L., Fry, T. R., and Risse, L. The Significance of Financial Self-efficacy in Explaining Women's Personal Financial Behavior. Journal of Economic Psychology, 2016,54(6):85 – 99.

[251] Ferri, G., and Simon, P. Constrained Consumer Lending: Methods Using the Survey of Consumer Finances. Working Paper, 2000.

[252] Finke, M. S., Howe, J. S., and Huston, S. J. Old Age and the Decline in Financial Literacy. Management Science, 2017,63(1):213 – 230.

[253] Fisher, I. The Debt-deflation Theory of Great Depressions. Econometrica, 1993, 1(4):337 – 357.

[254] Flavin, M., and Yamashita, T. Owner-occupied Housing and the Composition of the Household Portfolio. The American Economic Review, 2002,92(1):345 – 362.

[255] Fornero, E., and Chiara, M. Financial Literacy and Pension Plan Participation in Italy. Journal of Pension Economics and Finance, 2011,10(4):547 – 64.

[256] Fonseca, R., Mullen, K. J., Zamarro, G., and Zissimopoulos, J. What Explains the Gender Gap in Financial Literacy? The Role of Household Decision Making. Journal of Consumer Affairs, 2012,46(1):90 – 106.

[257] French, K. R. The Cost of Active Investing. Journal of Finance, 2008,63(4): 1537 – 1573.

[258] Friedman, G. A Theory of the Consumption Function. Princeton University Press, 1957.

[259] Frederick, S. Cognitive Reflection and Decision Making. Journal of Economic Perspectives, 2005,19(4):25 – 42.

[260] Fünfgeld, B., and Wang, M. Attitudes and Behaviour in Everyday Finance: Evidence from Switzerland. International Journal of Bank Marketing, 2009, 27 (2):108 – 128.

[261] Gale, W. G., and Levine, R. Financial Literacy: What Works? How Could It Be More Effective? Financial Security at Boston College Working Paper, FSP (2011 – 1),2011.

[262] Gamble, K. J., Boyle, P. A., Yu, L., Bennett, D. A. Aging and Financial Decision Making. Management Science, 2015,61(11):2603 – 2610.

[263] Gandolfi, A. S., and Miners, L. Gender-Based Differences in Life Insurance Ownership. Journal of Risk and Insurance, 1996(94):683 – 693.

[264] Gathergood, J. Self-control, Financial Literacy and Consumer Overindebtedness. Journal of Economic Psychology, 2012(33):590 – 602.

[265] Georgarakos, D., and Inderst, R. Financial Advice and Stock Market Participation. Working Paper No. 1296, European Central Bank, 2011.

[266] Gerardi, K., Goette, L., and Meier, S. Numerical Ability Predicts Mortgage Default. Proceedings of the National Academy of Sciences, 2013, 110 (28): 11267 – 11271.

[267] Gine, X., de Cuellar, C. M., and Mazer, R. K. Evaluating the Effectiveness of Loan Disclosure Reforms on Consumer Understanding and Financial Decision

Making: Evidence from Mexico. Technical Report, Russia/WB/OECD Financial Literacy and Education Trust Fund, 2013.

[268] Gomes, F., and Michaelides, A. Optimal Life-cycle Asset Allocation: Understanding the Empirical Evidence. Journal of Finance, 2005(60):869 – 904.

[269] Gollier, C. The Economics of Risk and Time. Cambridge, MIT Press, 2001.

[270] Grafova, I. B. Your Money or Mour Life: Managing Health, Managing Money. Journal of Family and Economic Issues, 2007, 28(2):285 – 303.

[271] Grinblatt, M., Keloharju, M., and Linnainmaa, J. IQ and Stock Market Participation. Journal of Finance, 2011, 66(6):2121 – 2164.

[272] Grohmann, A., Kouwenberg, R., and Menkhoff, L. Childhood Roots of Financial Literacy. Journal of Economic Psychology, 2015, 51(12):114 – 133.

[273] Grossman, M. Concept of Health Capital and Demand for Health. Journal of Political Economy, 1972, 80(2):223 – 225.

[274] Grossman, S. J., and Laroque, G. Asset Pricing and Optimal Portfolio Choice in the Presence of Illiquid Durable Consumption Goods. Econometrica, 1990(58): 25 – 51.

[275] Guiso, L., and Jappelli, T. Background Uncertainty and the Demand for Insurance against Insurable Risks. The Geneva Risk and Insurance Theory, 1998 (23):7 – 27.

[276] Guiso, L., and Jappelli, T. Financial Literacy and Portfolio Diversification. Working Paper, 2009.

[277] Guiso. L., and Paiella, M. Risk Aversion, Wealth and Background Risk. Journal of the European Economic Association, 2008, 6(6):1109 – 1150.

[278] Guiso, L., and Sodini, P. Household Finance: An Emerging Field. Handbook of the Economics and Finance, 2012(21):1398 – 1532.

[279] Hackethal, A., Haliassos, M., and Jappelli, T. Financial Advisors: A Case of Babysitters? Journal of Banking & Finance, 2012, 36(2):509 – 524.

[280] Hackethal, A., Inderst, R., and Meyer, S. Trading on Advice. Discussion Paper No. DP8091, CEPR, 2010.

[281] Haliassos, M., and Bertaut, C. C. Why Do So Few Hold Stocks? The Economic Journal, 1995(105):1110 – 1129.

[282] Hammond, J., Housto, D. B., and Melander, E. R. Determinants of Household Life Insurance Premium Expenditures: An Empirical Investment. Journal of Risk and Insurance, 1967, 34(3):397 – 408.

[283] Hans-Martin, V. G. How Does Household Portfolio Diversification Vary with Financial Literacy and Financial Advice? Journal of Finance, 2015, 70(2):489 – 507.

[284] Hadar, L., Sood, S., and Fox, C. R. Subjective Knowledge in Consumer Financial Decision. Journal of Marketing Research, 2015, 50(3):303 – 316.

[285] Haslem, J. A. Why Do Mutual Fund Investors Employ Financial Advisors. The Journal of Investing, 2008, 17(4):91 – 94.

[286] Hanushek, E., Woessmann, L. The Role of Cognitive Skills in Economic

Development. Journal of Economic Literature, 2008,46(3):607 – 668.

[287] Hastings, J. S. , Madrian, B. C. , and Skimmyhorn, W. L. Financial Literacy, Financial Education, and Economic Outcomes. Annual Review of Economics, 2013,5(1):347 – 373.

[288] Hastings, J. S. , and Mitchell, O. S. How Financial Literacy and Impatience Shape Retirement Wealth and Investment Behaviors. Journal of Pension Economics and Finance, 2020,19(1):1 – 20.

[289] Hastings, J. S. , and Tejeda, A. L. Financial Literacy Information and Demand Elasticity: Survey and Experimental Evidence from Mexico. NBER Working Paper. 14538,1 – 34(2008).

[290] Heaton, J. , and Lucas, D. Portfolio Choice in the Presence of Background Risk. Economic Journal, 2000,110(460):1 – 26.

[291] Henager, R. , and Cude, B. J. Financial Literacy of High School Graduates: Long- and Short-term Financial Behavior by Age Group. Journal of Family and Economic Issues, 2019(40):564 – 575.

[292] Hilgert, M. , Hogarth, J. , and Beverly, S. Household Financial Management: the Connection between Knowledge and Behavior. Federal Reserve Bulletin, 2003,309 – 322.

[293] Hirschman, E. C. Differences in Consumer Purchase Behavior by Credit Card Payment System. Journal of Consumer Research, 1979,6(1):58 – 66.

[294] Hoechle, D. , Ruenzi, S. , Schaub, N. , and Schmid, M. The Impact of Financial Advice on Trade Performance and Behavioral Biases. Review of Finance, 2017,21(2):871 – 910.

[295] Hong, H. , Jeffrey, D. K. , and Jeremy S. Social Interaction and Stock-market Participation. Journal of Finance, 2004(59):137 – 163.

[296] Hsiao, Y. J. , Chen, J. T. , and Liao, C. F. The Relationship between Financial Literacy and Retirement Planning. Journal of Management, 2016,33(4):311 – 335.

[297] Huberman, G. Familiarity Breeds Investment. Review of Financial Studies, 2001 (14):659 – 680.

[298] Hull, D. , Bosley, J. , and Udell, G. Renewing the Hunt for the Heffalump: Identifying Potential Entrepreneurs by Personality Characteristics. Journal of Small Business Management, 1980(18):11 – 18.

[299] Hung, A. A. , Parker, A. M. , and Yoong, J. K. Defining and Measuring Financial Literacy. RAND Working Paper Series, 2009, No.708.

[300] Hung, A. A. , and Yoong, J. K. Asking for Help: Survey and Experimental Evidence on Financial Advice and Behavior Change. Working Paper WR – 714 – 1, RAND, 2010.

[301] Huston, A. J. Measuring Financial Literacy. The Journal of Consumer Affairs, 2010,44(2):296 – 316.

[302] Huston, S. J. , Finke, M. S. , and Smith, H. A Financial Sophistication Proxy for the Survey of Consumer Finances. Applied Economics Letters, 2012,19(13):

1275 – 1278.

[303] Inderst, R. , and Ottaviani, M. Misselling through Agents. American Economic Review, 2009,99(3):883 – 908.

[304] Inderst, R. , and Ottaviani, M. Financial Advice. Journal of Economic Literature, 2012a, 50(2):494 – 512.

[305] Inderst, R. , and Ottaviani, M. How (not) to Pay for Advice: A Framework for Consumer Financial Protection. Journal of Financial Economics, 2012b, 105(2): 393 – 411.

[306] Jacoby, M. B. Does Indebtedness Influence Health? A Preliminary Inquiry. Journal of Law, Medicine &. Ethics, 2002,30(4):560 – 571.

[307] Jappelli, T. , and Padula, M. Investment in Financial Literacy and Saving Decisions. Journal of Banking &. Finance, 2013,37(8):2779 – 2792.

[308] Jump$tart Coalition. National Standards in k – 12 Personal Finance Education. http://www. jumpstart. org/guide. html, 2007.

[309] Kahneman, D. , and Krueger, A. B. Developments in the Measurement of Subjective Well-Being. Journal of Economic Perspectives, 2006,20(1):3 – 24.

[310] Kahneman, D. , and Tversky, A. Prospect Theory: An Analysis of Decision under Risk. Econometrica, 1979(47):263 – 291.

[311] Kempson, E. , Collard, S. , and Moore, N. Measuring Financial Capability: An Exploratory Study. In Consumer Financial Capability: Empowering European Consumers (eds), edited by European Credit Research Institute. Brussels: European Credit Research Institute, 2006.

[312] Kim, H. , and DeVaney, S. A. The Determinants of Outstanding Balances among Credit Card Revolvers. Financial Counseling and Planning, 2001,12(1): 67 – 77.

[313] Kim, H. H. , Maurer, R. , and Mitchell, O. S. How Financial Literacy Shapes the Demand for Financial Advice at Older Ages. The Journal of the Economics of Ageing, 2021(20):100329.

[314] Kim, K. T. , and Yuh, Y. Financial Knowledge and Household Saving: Evidence from the Survey of Consumer Finances. Family and Consumer Sciences Research Journal, 2018,47(1):5 – 24.

[315] Klapper, L. , and Lusardi, A. Financial Literacy and Financial Resilience: Evidence from around the World. Financial Management, 2020,49(3):589 – 614.

[316] Klapper, L. , Lusardi, A. , and Georgios, A. P. Financial Literacy and Its Consequences: Evidence from Russia during the Financial Crisis. Journal of Banking &. Finance, 2013(37):3904 – 3923.

[317] Klapper, L. , Lusardi, A. , and van-Oudheusden, P. Financial Literacy around the Word: Insights from the Standard &. Poor's Rating Services Global Financial Literacy Survey. 2015.

[318] Kramer, M. M. Financial Advice and Individual Investor Portfolio Performance. Financial Management, 2012,41(2):395 – 428.

[319] Kramer, M. M. Financial Literacy, Confidence and Financial Advice Seeking.

Journal Economic Behavior & Organization, 2016(131):198-217.

[320] Kramer, K. O., Kokkizil, M., and Uysal, G. Financial Literacy in Developing Countries. Social Indicators Research, 2019,143(1):325-353.

[321] Kruger, J., and Dunning, D. Unskilled and Unaware of It: How Difficulties in Recognizing One's Own Incompetence Lead to Inflated Self-assessments. Journal of Personality Social Psychology, 1999,77(6):1121-1134.

[322] Lachance, M. E. Financial Literacy and Neighborhood Effects. Journal of Consumer Affairs, 2014,48(2):251-273.

[323] Laibson, D., Repetto, A., Tobacman, J., Hall, R. E., Gale, W. G., and Akerlof, G. A. Self-control and Saving for Retirement. Brookings Papers on Economic Activity, 1998(1):91-196.

[324] Laverty, D. How Workplace Financial Education Can Benefit Your Employees. Strategic HR Review, 2016,15(6):242-246.

[325] Lee, S. J., Kwon, S. I., and Chung S. Y. Determinants of Household Demand for Insurance: The Case of Korea. Geneva Papers on Risk and Insurance Issues and Practice, 2010(4):82-91.

[326] Lee, Y. G., Lown, J. M., and Sharpe, D. L. Predictors of Holding Consumer and Mortgage Debt among Older Americans. Journal of Family and Economic Issues, 2007(28):305-320.

[327] Leonard, M. Risk Preferences and Expected Utility: Evidence from Labor Supply Data. Economic Inquiry, 2011,50(1):264-276.

[328] Leslie, E., Palich, D., and Ray, B. Using Cognitive Theory to Explain Entrepreneurial Risk-Taking: Challenging Conventional Wisdom. Journal of Business Venturing, 1995,10(6):425-438.

[329] Liao, L., Xiao, J. J., Zhang, W., and Zhou, C. Y. Financial Literacy and Risky Asset Holdings: Evidence from China. Accounting & Finance, 2017,57(5):1383-1415.

[330] Limbu, Y. B. Credit Card Knowledge, Social Motivation, and Credit Card Misuse among College Students: Examining the Information-Motivation-Behavioral Skills Model. International Journal of Bank Marketing, 2017,35(5):842-856.

[331] Lindqvist, E., and Vestman, R. The Labor Market Returns to Cognitive and Noncognitive Ability: Evidence from the Swedish Enlistment. American Economic Journal: Applied Economics, 2011,3(1):101-128.

[332] Livingstone, S. M., and Lunt, P. K. Predicting Personal Debt and Debt Repayment: Psychological, Social, and Economic Determinants. Journal of Economic Psychology, 1992(13):111-134.

[333] Love, D. A., and Smith, P. A. Does Health Affect Portfolio Choice? Health Economics, 2010,19(12):1441-1701.

[334] Lusardi, A. Household Saving Behavior: The Role of Financial Literacy, Information, and Financial Education Programs. National Bureau of Economic Research, 2008, No.13824.

[335] Lusardi, A. Risk Literacy. Italian Economic Journal, 2015,1(1):5-23.

[336] Lusardi, A., Michaud, P.C., and Mitchell, O.S. Optimal Financial Knowledge and Wealth Inequality. Journal of Political Economy, 2017, 125(2):431 – 477.

[337] Lusardi, A., Michaud P., and Mitchell O.S. Assessing the Impact of Financial Education Programs: A Quantitative Model. Economics of Education Review, 2020, 78(10):101899.

[338] Lusardi, A., and Mitchell, O.S. Baby Boomer Retirement Security: The Role of Planning, Financial Literacy, and Housing Wealth. Journal of Monetary Economics, 2007a(54):205 – 224.

[339] Lusardi, A., and Mitchell, O.S. Financial Literacy and Retirement Preparedness: Evidence and Implications for Financial Education. Business Economics, 2007b(42):35 – 44.

[340] Lusardi, A., and Mitchell, O.S. Planning and Financial Literacy: How Do Women Fare? American Economic Review, 2008, 98(2):413 – 417.

[341] Lusardi, A., and Mitchell, O.S. How Ordinary Consumers Make Complex Economic Decisions: Financial Literacy and Retirement Readiness. National Bureau of Economic Research Working Paper 15350, 2009.

[342] Lusardi, A., and Mitchell, O.S. Financial Literacy and Planning: Implications for Retirement Wellbeing. In Financial Literacy: Implications for Retirement Security and the Financial Marketplace (eds), edited by Lusardi, A., and Mitchell, O.S. Oxford: Oxford University Press, 2011a.

[343] Lusardi, A., and Mitchell, O.S. Financial Literacy and Retirement Planning in the United States. Journal of Pension Economics and Finance, 2011b, 10(4): 509 – 525.

[344] Lusardi, A., and Mitchell, O.S. Financial Literacy around the World: An Overview. Journal of Pension Economics & Finance, 2011c, 10(4):497 – 508.

[345] Lusardi, A., and Mitchell, O.S. The Economic Importance of Financial Literacy: Theory and Evidence. Journal of Economic Literature, 2014, 52(1):5 – 44.

[346] Lusard, A., and Mitchell, O.S. How Ordinary Consumers Make Complex Economic Decisions: Financial Literacy and Retirement Readiness. Quarterly Journal of Finance, 2017, 7(3):1 – 31.

[347] Lusardi, A., Mitchell, O.S., and Curto, V. Financial Literacy among the Young. Journal of Consumer Affairs, 2010, 44(2):358 – 380.

[348] Lusardi, A., and Scheresberg, C.B. Financial Literacy and High-cost Borrowing in the United Statas. NBER, 2013.

[349] Lusardi, A., and Tufano, P. Debt Literacy, Financial Experiences, and Over-indebtedness. Journal of Pension Economics and Finance, 2015, 14(4):332 – 368.

[350] Lyons, A. A Profile of Financially At-Risk College Students. The Journal of Consumer Affairs, 2004, 38(1):56 – 80.

[351] Mandell, L. Our Vulnerable Youth: The Financial Literacy of American 12th Graders. Washington, DC: The Jump$tart Coalition for Personal Financial Literacy, 1997.

[352] Mandell L. Financial Education in High School. In Overcoming the Saving Slump: How to Increase the Effectiveness of Financial Education and Savings Programs, edited by Annamaria Lusardi (257 - 279). Chicago: The University of Chicago Press, 2009.

[353] Mandell, L., and Klein, L. The Impact of Financial Literacy Education on Subsequent Financial Behavior. Journal of Financial Counseling and Planning, 2009, 20(1):15 - 24.

[354] Markowitz, H. Portfolio Selection. The Journal of Finance, 1952, 7(1):77 - 91.

[355] McArdle, J., Smith, J., and Willis, R. Cognitive and Economic Outcomes in the Health and Retirement Survey. NBER Working Paper, No. 15266, 2009.

[356] McCormick, M. H. The Effectiveness of Youth Financial Education: A Review of the Literature. Journal of Financial Counseling and Planning, 2009, 20(1):70 - 83.

[357] McDonald, M. P., and Tolbert, C. J. Perceptions vs. Actual Exposure to Electoral Competition and Effects on Political Participation. Public Opinion Quarterly, 2012, 76(3):538 - 554.

[358] Meier, S., and Sprenger, C. D. Discounting Financial Literacy: Time Preferences and Participation in Financial Education Programs. Journal of Economic Behavior & Organization, 2013(95):159 - 174.

[359] Melisa, M. M., Pilar, B. A. F., and Diego, A. R. T. The Role of Cognitive Abilities on Financial Literacy: New Experimental Evidence. Journal of Behavioral and Experimental Economics, 2020, 84(2):1 - 21.

[360] Mian, A., Rao, K., and Sufi, A. Household Balance Sheets, Consumption, and the Economic Slump. Quarterly Journal of Economics, 2013, 128(4): 1687 - 1726.

[361] Minsky, H. P. Stabilizing and Instable Economy. Yale University Press, New Haven, 1986.

[362] Mishkin, F. The Importance of Economic Education and Financial Literacy. Speech before the Federal Reserve Board at the Third National Summit on Economic and Financial Literacy, Washington, D.C., 2008.

[363] Mitra, D., and Ghosh, A. Determinants of Life Insurance Demand in India in the Post Economic Reform Era (1991 - 2008). International Journal of Business Management, Economics and Information Technology, 2010, 2(1):19 - 36.

[364] Modigliani, F. Life Cycle, Individual Thrift, and the Wealth of Nations. American Economic Review, 1986, 76(3):297 - 313.

[365] Modigliani, F., and Brumberg, R. Utility Analysis and the Consumption Function: An Interpretation of Cross-Section Data. In Post-Keynesian Economics (eds), edited by Kurihara, K. K. New Brunswick, Rutgers University Press, 1954.

[366] Moore, D. Survey of Financial Literacy in Washington State: Knowledge, Behavior, Attitudes and Experiences. Technical Report 03-39, Social and Economic Sciences Research Center, Washington State University, 2003.

[367] Moschis, G. P. Consumer Socialization: A Life-cycle Perspective. Lexington, MA: Lexington Books, 1987.

[368] Mottola, G. R. In Our Best Interest: Women, Financial Literacy, and Credit Card Behavior. Numeracy, 2013,6(2):1-15.

[369] Mullainathan, S., Noth, M., and Schoar, A. The Market for Financial Advice: An Audit Study. NBER Working Paper, No. 17929,2012.

[370] Nieuwerburgh, S. V., and Veldkamp, L. Information Acquistion and Under-diversification. Stern School of Business, New York University, Mimeo, 2007.

[371] Noctor, M., Stoney, S., and Stradling, R. Financial Literacy: A Discussion of Concepts and Competences of Financial Literacy and Opportunities for its Introduction into Young People's Learning [R]. Report Prepared for the National Westminster Bank, National Foundation for Education Research, London, 1992.

[372] Novarese, M., and Giovinazzo, V. D. Financial Education. In Encyclopedia of Law and Economics (eds), edited by Marciano, A., and Ramello, G. Springer, New York, 2018.

[373] Nurdan, S., Fatih, T., and Ozlem, S. The Effects of Financial Literacy on the Borrowing Behavior of Turkish Financial Consumers. International Journal of Consumer Studies, 2012(36):573-579.

[374] Oechssler, J., Roider, A., and Schmitz, P. W. Cognitive Abilities and Behavioral Biases. Journal of Economic Behavior & Organization, 2009,72(1): 147-152.

[375] Organization for Economic Cooperation and Development. Improving Financial Literacy: Analysis of Issues and Policies. Paris, OECD, 2005.

[376] OECD INFE. Measuring Financial Literacy: Core Questionnaire in Measuring Financial Literacy: Questionnaire and Guidance Notes for Conducting an Internationally Comparable Survey of Financial Literacy. Organization for Economic Co-Operation and Development (Paris), 2011.

[377] Outreville, J. F. Life Insurance Markets in Developing Countries. Journal of Risk and Insurance, 1996,63(2):263-278.

[378] Palia, D., Qi, Y. X., and Wu, Y. R. Heterogeneous Background Risks, Portfolio Choice, and Asset Returns: Evidence from Micro-Level Data. Journal of Money, Credit, and Banking, 2014,46(8):1687-1720.

[379] Palich, L., and Bagby, R. Using Cognitive Theory to Explain Entreneurial Risk-taking: Challenging Conventional Wisdom. Journal of Business Venturing, 1995, 10(6):425-438.

[380] Parker, A. M., Bruin, W. B., Yoong, J., and Willis, R. Inappropriate Confidence and Retirement Planning: Four Studies with a National Sample. Journal of Behavioral Decision Making, 2012,25(4):382-389.

[381] Pedhazur, E. J., and Schmelkin, L. P. Measurement, Design, and Analysis: An Integrated Approach [M]. Hillsdale, NJ: Lawrence Erlbaum Associates, Inc., 1991.

[382] Perraudin, W. R. M., and Sorensen, B. E. The Demand for Risky Assets:

Sample Selection and Household Portfolios. Journal of Econometrics, 2000(97):117 – 144.

[383] Piketty, T., Li Y., and Zucman, G. Capital Accumulation, Private Property, and Rising Inequality in China, 1978 – 2015. American Economic Review, 2019, 109(7):2469 – 2496.

[384] Polkovnichenko, V. Household Portfolio Diversification: A Case for Rank Dependent Preferences. Review of Financial Studies, 2005(18):1467 – 1502.

[385] Raijas. A., Anna-Riitta. L., and Johanna, L. Over-indebtedness in the Finnish Consumer Society. Journal of Consumer Policy, 2010,33(1):209 – 223.

[386] Remund, D. L. Financial Literacy Explicated: The Case for a Clearer Definition in an Increasingly Complex Economy. Journal of Consumer Affairs, 2010, 44(2), 276 – 295.

[387] Riitsalu, L., and Pōder, K. A Glimpse of the Complexity of Factors that Influence Financial Literacy: Complexity of Financial Literacy. International Journal of Consumer Studies, 2016,40(6),722 – 731.

[388] Robb, C. A. Financial Knowledge and Credit Card Behavior of College Students. Journal of Family and Economic Issues, 2011(32):690 – 698.

[389] Roberts, M. R., and Whited, T. M. Endogeneity in Empirical Corporate Finance. In Handbook of the Economics of Finance (eds), edited by Constantinides, G. M., Harris, M., and Stulz, R. M. Elsevier, 2013.

[390] Rosen, H. S., and Wu, S. Portfolio Choice and Health Status. Journal of Financial Economics, 2004,72(3):457 – 484.

[391] Rosenbaum, P. R., and Rubin, D. B. Constructing a Control Group Using Multivariate Matched Sampling Methods that Incorporate the Propensity Score. American Statistician, 1985,39(1):33 – 38.

[392] Rothwell, D. W., and Wu, S. Exploring the Relationship between Financial Education and Financial Knowledge and Efficacy: Evidence from the Canadian Financial Capability Survey. Journal of Consumer Affairs, 2019, 53(4):1725 – 1747.

[393] Rouwendal, J. Housing Wealth and Household Portfolios in Aging Society. De Economist, 2009,157(1):1 – 48.

[394] Saez, E., and Zucman, G. Wealth Inequality in the United States Since 1913: Evidence from Capitalized Income Tax Data. Quarterly Journal of Economics, 2016,131(2):519 – 578.

[395] Santini, F. D. O., Ladeira, W. J., Mette, F. M. B., and Ponchio, M. C. The Antecedents and Consequences of Financial Literacy: A Meta-analysis. International Journal of Bank Marketing, 2019,37(6),1462 – 1479.

[396] Santos, E., and Abreu, M. Financial Literacy, Financial Behavior and Individuals' Over-indebtedness. ISSN Working Papers, No.4548,2013.

[397] Schicks, J., and Rosenberg, R. Too Much Microcredit? A Survey of Issues and Evidence on Over-indebtedness among Micro-borrowers. CGAP Occasional Working Papers, No.19,2011.

[398] Schwer, R. K., and Yucelt, U. A Study of Risk-taking Propensities among Small Business Entrepreneurs and Managers: An Empirical Evaluation. American Journal of Small Business, 1984, 8(3):31 – 39.

[399] Sekita, S. Financial Literacy and Retirement Planning in Japan. Journal of Pension Economics and Finance, 2011, 10(4):637 – 56.

[400] Servon, L. J., and Robert, K. Consumer Financial Literacy and the Impact of Online Banking on the Financial Behavior of Lower-Income Bank Customers. Journal of Consumer Affairs, 2008(42):271 – 305.

[401] Sexton, D. L., and Bowman, N. B. The Entrepreneur: A Capable Executive and More. Journal of Business Venturing, 1985(1):129 – 140.

[402] Shapira, Z., and Venezia, I. Patterns of Behavior of Professionally Managed and Independent Investors. Journal of Banking & Finance, 2001, 25(8):1573 – 1587.

[403] Shen, C. H., Lin, S. J., Tang, D. P., and Hsiao, Y. J. The Relationship between Financial Disputes and Financial Literacy. Pacific-Basin Finance Journal, 2016(36):46 – 65.

[404] Shin, S. H., Seay, M., and Kim, K. T. Sources of Information and Portfolio Allocation. Journal of Economic Psychology, 2020, 76(1):1 – 21.

[405] Simkowitz, M. A., and William, L. B. Diversification in a Three-Moment World. Journal of Financial and Quantitative Analysis, 1978(13):927 – 941.

[406] Skagerlund, K., Lind, T., and Stromback, C. Financial Literacy and the Role of Numeracy: How Individuals' Attitude and Affinity with Numbers Influence Financial Literacy. Journal of Behavioral and Experimental Economics, 2018, 74(7):18 – 25.

[407] Skimmyhorn, W. Assessing Financial Education: Evidence from Boot Camp. American Economic Journal: Economic Policy, 2016, 8(2):322 – 243.

[408] Skinner, J. S., and Samwick, A. A. How Will 401K Pension Plans Affect Retirement Income? American Economic Review, 2004, 94(1):329 – 343.

[409] Slocum, J. W., and Mathews, H. L. Social Class and Income as Indicators of Consumer Credit Behavior. Journal of Marketing, 1970, 34(2):69 – 73.

[410] Smith, J., McArdle, J., and Willis, R. Financial Decision Making and Cognition in a Family Context. Economic Journal, 2010, 120(548):363 – 380.

[411] Stango, V., and Zinman, J. Exponential Growth Bias and Household Finance. Journal of Finance, 2009(64):2807 – 2849.

[412] Steidle, R. P. Determinants of Bank and Retail Credit Card Revolvers: An Application Using the Life-cycle Income Hypothesis. Consumer Interests Annual, 1994, 40(1):170 – 177.

[413] Stolper, O. A., and Walter, A. Financial Literacy, Financial Advice, and Financial Behavior. Journal of Business Economics, 2017(87):581 – 643.

[414] Stoughton, N. M., Wu, Y., and Zechner, J. Intermediated Investment Management. The Journal of Finance, 2011, 66(3):947 – 980.

[415] Stromback, C., Lind, T., and Skagerlund, K. Does Self-Control Predict Financial Behavior and Financial Well-Being? Journal of Behavioral and

Experimental Finance, 2017,14(7):30 – 38.

[416] Subrahmanyam, A. Optimal Financial Education. Review of Financial Economics, 2009(18):1 – 9.

[417] Tang, N., and Baker, A. Self-esteem, Financial Knowledge and Financial Behavior. Journal of Economic Psychology, 2016(54):164 – 176.

[418] Toplak, M. E., West, R. E., and Stanovich, K. E. Assessing Miserly Information Processing: An Expectation of the Cognitive Reflection Test. Thinking &.Reasoning, 2014,20(2):147 – 168.

[419] Urban, C., Schmeiser, M., Collins, J. M., and Brown, A. The Effects of High School Personal Financial Education Policies on Financial Behavior. Economics of Education Review, 2020,78(c):101786.

[420] U. S. Financial Literacy and Education Commission. Taking Ownership of the Future: The National for Financial Literacy. http://www. mymoney. gov/pdfs/ add07strategy. pdf, 2007.

[421] van Rooij, M., Lusardi, A., and Alessie, R. Financial Literacy and Stock Market Participation. Journal of Financial Economics, 2011,101(2):449 – 472.

[422] van Rooij, M., Lusardi, A., and Alessie R. Financial Literacy, Retirement Planning and Household Wealth. The Economic Journal, 2012,122(560):449 – 478.

[423] Vitt, L. A., Anderson, C., Kent, J., Deanna, M. L., Jurg, K. S., and Jeremy, W. Personal Finance and the Rush to Competence: Financial Literacy Education in U. S.. http://www. isfs. org/rep_finliteracy. pdf, 2000.

[424] Volpe, R. P., Chen, H. Y., and Joseph, J. P. Personal Investment Literacy among College Students: A Survey. Financial Practice and Education, 1996, 6 (2):86 – 94.

[425] von-Gaudecker, H. M. How Does Household Portfolio Diversification Vary with Financial Literacy and Financial Advice? The Journal of Finance, 2015,70(2): 489 – 507.

[426] Walstad, W., Rebeck, K., and Macdonald, R. The Effects of Financial Education on the Financial Knowledge of High School Students. Journal of Consumer Affairs, 2010,44(2):336 – 357.

[427] Wecker, C., Kohnel, C., and Fischer, F. Computer Literacy and Inquiry Learning: When Geeks Learn Less. Journal of Computer Assisted Learning, 2007,23(2):133 – 144.

[428] White, K. J. Consumer Choice and Use of Bank Credit Cards: A Model and Cross-section Results. Journal of Consumer Research, 1975,2(1):10 – 18.

[429] Widdowson, D., and Hailwood, K. Financial Literacy and Its Role in Promoting a Sound Financial System. Reserve Bank of New Zealand Bulletin, 2007,70(2): 37 – 47.

[430] Willis, L. E. The Financial Education Fallacy. American Economic Review, 2011,101(3):429 – 434.

[431] Wu, K., Li, Y. H., Cai, X. J., and Yin, J. M. Cognitive Ability and

Household Portfolio Diversification: Evidence from China. Pacific-Basin Finance Journal, 2022(75):101840.

[432] Xia, T., Wang, Z. W., and Li, K. P. Financial Literacy Overconfidence and Stock Market Participation. Social Indicators Research, 2014(119):1233 – 1245.

[433] Xiao, J. J. Handbook of Consumer Finance Research, New York: Springer, 2008:pp. 69 – 81.

[434] Xiao, J. J., Chen, C., and Chen, F. Z. Consumer Financial Capability and Financial Satisfaction. Social Indicators Research, 2014(118):415 – 432.

[435] Xiao, J. J., and O'Neill, B. Consumer Financial Education and Financial Capability. International Journal of Consumer Studies, 2016,40(6):712 – 721.

[436] Xue, R., Gepp, A., O'Neill, T. J., Stern, S., and Vanstone, B. J. Financial Well-being amongst Elderly Australians: The Role of Consumption Patterns and Financial Literacy. Accounting & Finance, 2019,60(4):1 – 26.

[437] Yao, R., and Zhang, H. H. Optimal Consumption and Portfolio Choices with Risky Housing and Borrowing Constraints. Review of Financial Studies, 2005,18 (1):197 – 239.

图书在版编目(CIP)数据

中国家庭微观调查数据的实证研究:基于金融素养
的视角/吴锟著.—上海:上海三联书店,2024.11.
ISBN 978-7-5426-8708-1

Ⅰ.F126.1

中国国家版本馆 CIP 数据核字第 202469KA79 号

中国家庭微观调查数据的实证研究:基于金融素养的视角

著　者/吴　锟

责任编辑/郑秀艳
装帧设计/一本好书
监　制/姚　军
责任校对/王凌霄

出版发行/上海三联书店
　　　　　(200041)中国上海市静安区威海路 755 号 30 楼
邮　箱/sdxsanlian@sina.com
联系电话/编辑部:021-22895517
　　　　　发行部:021-22895559
印　刷/上海惠敦印务科技有限公司

版　次/2024 年 11 月第 1 版
印　次/2024 年 11 月第 1 次印刷
开　本/710mm×1000mm　1/16
字　数/330 千字
印　张/19
书　号/ISBN 978-7-5426-8708-1/F·934
定　价/88.00 元

敬启读者,如发现本书有印装质量问题,请与印刷厂联系 13917066329